非税收入管理法制化建设研究

Study on the Legal Construction of Non-tax Revenue Management

谭建淋 著

中国财经出版传媒集团
中国财政经济出版社

图书在版编目（CIP）数据

非税收入管理法制化建设研究 / 谭建淋著. -- 北京：中国财政经济出版社，2023.6

ISBN 978-7-5223-2173-8

Ⅰ. ①非… Ⅱ. ①谭… Ⅲ. ①非税收收入—财政管理—研究—中国 Ⅳ. ①F812.43

中国国家版本馆CIP数据核字（2023）第072764号

责任编辑：陈志伟　　责任印制：史大鹏

封面设计：卜建辰　　责任校对：徐艳丽

非税收入管理法制化建设研究

FEISHUI SHOURU GUANLI FAZHIHUA JIANSHE YANJIU

中国财政经济出版社 出版

URL：http：//www.cfeph.cn

E-mail：cfeph@cfeph.cn

社址：北京市海淀区阜成路甲28号　邮政编码：100142

营销中心电话：010-88191522

天猫网店：中国财政经济出版社旗舰店

网址：https：//zgczjjcbs.tmall.com

北京时捷印刷有限公司印刷　各地新华书店经销

成品尺寸：170mm×240mm　16开　19.75印张　306 000字

2023年6月第1版　2023年6月北京第1次印刷

定价：68.00元

ISBN 978-7-5223-2173-8

（图书出现印装问题，本社负责调换，电话：010-88190548）

本社图书质量投诉电话：010-88190744

打击盗版举报热线：010-88191661　QQ：2242791300

前言

PREFACE

法者，治之端也。习近平总书记在党的二十大报告提出“在法治轨道上全面建设社会主义现代化国家”。法治是实现中国式现代化的制度根基，中国式现代化的进程必然也体现为国家治理的法治化进程。法治政府是推进国家治理体系和治理能力现代化的重要支撑。我国在2004年提出建设社会主义法治政府的目标，标志着国家治理从政策之治向法治之治的转型。在这个转型过程中，作为政府行政职能履行的基础保障，财税法治建设对于整个政府法治建设具有基础性和决定性的意义。党的十八大以来，我国法治政府建设步入了全面“规划”和系统推进时代。《法治政府建设实施纲要（2021—2025年）》对“十四五”时期法治政府建设作出了全面规划，明确提出“努力实现法治政府建设全面突破”的要求，是新时期法治政府建设的纲领性文件，体现了党和国家加快建设法治政府的决心。

党的二十大发出了“全面推进国家各方面工作法治化”的前进号令。非税收入与税收收入是国家财政收入的两大支柱。新时代税收服务中国式现代化增强其在国家治理中的基础性、支柱性、保障性作用，需要全面推进税费治理的法制化。新发展阶段，法治政府建设的关键是找出基本突破口，非税收入管理的法制化正是建设法治政府的一个重要突破口。建立现代财税制度，全面推进依法治国，最终实现国家治理体系和治理能力现代化，不仅要求税收法定，非税收入也应当法定，最终实现全部政府收入法定。非税收入划转税务部门征收作为财税领域改革的重要组成部分，是提升国家治理水平、推动高质量发展的重要举措。加快非税收入管理法制化进程，不仅有利于推动地方经济和社会各项事业的发展，提高财税工作科学化、精细化、法治化管理水平，而且有利于建立现代财税制度，推动财税体制改革的不断深化。

目前，我国非税收入制度框架逐步成型，征收管理渐趋规范，但距离财税法治化目标尚有较大差距，亟须深化改革予以改善。诸多现实问题仍然制约着我国财税法治乃至法治政府的建设进程，如何总结和梳理我国非税收入管理实践经验，借鉴国外非税收入管理经验，提升我国非税收入管理法制化水平，从而使政府税费管理走上规范化、法治化、现代化道路，成为当下理论与实务界研究的重要课题之一。

在此背景下，本书从理论与实践、历史与现实、国内与国外三个维度，以我国非税收入立法实践和征管实践为主要研究样本，研究税务系统和地方政府推进非税收入管理法制化的进程、问题、路径和经验，在此基础上，根据新发展阶段税费征管法制化建设新要求，提出未来（近期和中期）高质量推进非税收入管理规范化、法治化的措施和对策。

由于对非税收入管理法制化的理论研究和实践尚处于不断探索和完善阶段，加之作者水平有限，书中难免存在错漏和不足之处，恳请读者批评指正。

谭建淋

2023年5月于长沙

目录

CONTENTS

第一章　绪论

第一节　研究动态

2018年以来，我国非税收入征管体制经历重大改革，这段时期非税收入管理规范化、法治化研究取得了一定的成效，已有研究发现我国非税收入征管依然存在体制、机制和制度等方面的诸多问题。

规范非税收入是新时代市场经济条件下进一步理顺分配关系、健全公共财政职能的内在要求。对此，无论实务界和学术界都给予了较多关注。国家税务总局武汉市东湖生态旅游风景区税务局课题组（2021）提出非税收入划转税务部门征收后，有利于解决“九龙治水”的问题，因此整合税费征收职能，进一步完善政府公共服务和社会保障职能，更有必要性。李贞、张瑞婷（2021）从我们面临的双循环新格局的视角，针对当前非税收入管理存在的缺陷和不足，提出加强非税收入征管规范化建设、助推双循环新发展格局的政策建议。非税收入管理涉及征收管理、使用管理、监督管理等多项规范化事项，而征收管理是非税收入规范化、法治化建设的核心内容，在理论层面应当包括非税收入征管对象、征管标准以及征管体制、征管机制、征管制度、征管模式等在内的一体化建设问题。2018年以后，多项非税收入分批有序划转税务部门征收，大多数学者和非税管理实务界人士侧重就征管机制、征管制度等层面进行归纳和研究。

第一，在非税收入征管机制建设层面，不少学者进行了总结和探索。目前，我国已经初步建立了与现代财税制度相适应的非税收入管理制度。许文（2021）认为，现代财政国库管理制度的建立为规范非税收入管理建立了有效的执行机制，并直接推动了非税收入管理制度改革。王国强、郑继来（2019）认为，非税收入征管职责划转税务部门征收改革中，合理选择适宜的征收模式，明确执法权限及职责边界，是税务部门如何征收一项非税收入的关键问题，是影响征管效率、征管风险的制度基础。他们在对非税收入征管模式进行全面分析的基础上，提出了税务部门征管非税收入的模式选择策略建议。同时很多学者也关注到非税收入管理法制化问题，非税收入管理法制化是一个逐步推进的过程，自2018年以后，非税收入法制化建设成为摆在税务部门面前的重要课题。王晓洁、周楚涵（2021）从对非税收入管理法制化的阶段演进进行回顾入手，总结了地方经验做法，提出了非税收入管理法制化的近期、中期和远期目标。

第二，在非税收入征管制度建设层面，如何系统建构非税收入征管模式，是当前和今后非税收入面临的重大课题。高佳敏（2018）认为非税收入征管应当具有充分的理论支撑，然而我国中央和地方财政部门对于非税收入在立法上存在立法主体混乱、委托代征程序违法等问题，亟待厘清、补位与纠正，以促进现代非税收入征管程序归位。王明世、王鲁宁、陈新、王才桂（2020）通过阐述非税收入征管的基本逻辑，分析国外征管的通行做法，进而提出我国非税收入征管制度的建构路径，为推进新型非税收入征管制度建构提供了有益参考。河北省税务局课题组马列、马岩、赵波（2021）提出需要针对非税收入的征管特点，研究制定与之配套的制度办法乃至在法律法规层面予以完善，进一步加强非税收入的法制化管理。李珩（2021）则着眼更加具体的非税收入项目，从划转税务部门的国有土地使用权出让收入征管视角出发[①]，归纳出当前

① 一直以来，由自然资源部门征管国有土地使用权出让收入，助长了地方政府运营城市的动力，其间存在很多不规范的征管行为。如地方政府为招商引资无原则返还土地出让收入，降低国有资产收入；再如将本该由地方政府配套的设施转移给开发商进行配套，且不返还土地出让金，推高了房价。上述征管乱象对于国有土地使用权出让收入征管工作非常不利。将征收职责划转至税务部门，主要是想治理上述征管乱象，按照税制原则征管，该征的一定要征。不允许随意返还，避免土地出让金出现流失或低估等问题，降低地方政府经营城市的动力。将国有土地使用权出让收入征收职责划转至税务部门之后，相应支出纳入预算，这意味着国有土地使用权出让收入的征收和支出会越来越规范化，土地出让收入将主要用于补充“六稳六保”等地方基本公共服务支出。

非税收入征管存在制度规范缺失、费款追缴难度大、缴费便利性下降、部门协同不畅等问题，为非税收入规范化征管提供参考。

第三，更多的研究从非税收入征管体制、机制、制度以及征管模式等多维度进行综合分析。如吴卫兵、徐荣凯、周鹏（2019）基于当前推进全面减税降费和划转的大背景，从制度建设和管理机制、机构设置和人员配备、非税收入业务各个方面，分析当前征管面临的困境和亟须解决的问题，并提出相关建议。国家税务总局成都市税务局非税收入课题组（2021）建议，应立足于当前非税收入征管实际，借鉴国内外通行征管规则，通过法制建设、项目管理、征收管理、执法监管等角度深刻分析非税征管。朱秋平（2021）研究了目前我国事业单位非税收入管理的现状、存在的问题并提出对策建议。马奎升（2021）从税费征管改革协同推进的角度，提出设计非税收入治理新模式总体框架的设想，并从完善法律体系、迭代推进制度变迁、推行流程再造数字化转型、提供场景化标签化标准化差异服务、拓展标签化数据应用、推进信息共享和互联互通、融入智慧税务建设等方面推进非税收入治理新模式。李刚、徐中平、朱闰琪（2022）认为，当前非税收入面临法律体系不完备、征管流程不健全、协同治理方式不统一等问题。应从法治建设、征管职责、缴费责任、完善赋权等方面加强制度供给，以推进划转工作的顺利进行。

上述研究，对地方政府非税收入管理问题关系到的诸多方面进行了探讨，对造成目前我国非税收入管理问题的诸多原因进行了深度剖析，但法学层面的研究多将研究视角集中在社保费的划转征管研究上（黄家强，2019；任宛立，2020），对非税收入征管法律制度如何构建的研究还乏善可陈，在非税收入管理法制化方面深度研究和突破性成果不多，从国家治理的高度和法治政府建设层面分析非税收入管理法制化问题的研究起步很晚，且既有文献数量严重不足。

本书认为，站在法治政府建设的战略高度，当务之急是在已有研究基础上，进一步总结税收管理经验和非税划转以后的管理实践。首先在国家治理层面，要提出健全非税收入法治体系的政策和立法建议；其次在地方治理层面，要结合当地实际，进一步完善非税收入地方性法规，将非税收入全部纳入预算管理，加强法制化征管，构建非税收入多维度法制化管理体系。

第二节　研究价值

本书以我国非税收入征管实践和立法实践为主要研究样本，立足于用党的创新理论指导研究，全面贯彻中央全面依法治国工作会议提出的“习近平法治思想”和党中央提出的“必须推进国家治理的制度化、程序化、法治化”战略部署，“在法治轨道上推进国家治理体系和治理能力现代化，充分实现国家和社会治理的有法可依、有法必依、执法必严、违法必究”等要求，全面落实习近平总书记在党的二十大报告中提出的“全面推进国家各方面工作法治化”“加强重点领域、新兴领域、涉外领域立法”“扎实推进依法行政”“转变政府职能，优化政府职责体系和组织结构，推进机构、职能、权限、程序、责任法定化，提高行政效率和公信力”等要求，坚持应用法治思维、系统思维、历史思维和战略思维等科学思维方法，基于税收法治建设基本理论和税费法治的丰富实践和探索，在总结国内外研究文献的基础上，研究税务系统和地方政府推进非税收入管理法制化的进程、问题、路径和经验，在此基础上，根据新发展阶段税费法制化建设新要求，提出未来（近期和中期）高质量推进非税收入管理规范化法制化的措施和对策。

第三节　研究内容

一、研究对象

本书根据作者多年对国内外非税收入管理法制化历史进程和现状的观察分析、相关研究经验和实际工作经验，就非税收入的基本概念、特征和法制化演变进行详细阐述，针对地方政府非税收入管理中存在的不足和问题进行深入的总结和分析，并就非税收入的本土阶段演进、国际比较借鉴、地方经验探索进行研究，继而结合我国财税法治建设的总体目标和实际情况，提出我国非税收入管理近期的规范化目标、中期的法制化目标和远期的法治化目标，以期为政府部门、实务部门和相关决策者以及人员提供资政研究参考。

二、总体框架

本书从以下四个方面开展研究：

（1）非税收入管理的基本范畴。包括从法理上对我国政府税收与非税收入含义进行界定并分析国际上对非税收入定义的认识差异，在理论和学术上依据不同的标准对非税收入进行了分类，揭示了非税收入的主要特征，分析了非税收入的重要作用，揭示了不同类型非税收入取得的理论依据，并对我国现行非税收入管理制度、管理原则以及非税收入设立、征收、票据、资金和监督管理等方面内容进行了阐释。

（2）我国非税收入管理法制化现状。梳理我国非税收入管理法制化方面已取得的成果，以及主要非税收入项目的法制化现状。深入分析我国非税收入管理法制化存在的问题，包括征管法律制度体系不健全、相关法律规定内容不合理、征管执法风险较高、征管监督体系不够完善等。

（3）非税收入管理法制化实践。包括非税收入管理法制化的中国实践和国际借鉴。全面梳理了我国非税收入管理规范化法制化的阶段、演进与成效，对我国非税收入管理法制化地方经验进行了总结。对国外非税收入项目、标准、收缴管理、适用等方面进行比较研究，对美国、日本、法国、澳大利亚等代表性国家非税收入法制化实践进行对比分析，从政府与市场的关系、非税收入界定、相对人权益保护、税费法定理念等方面归纳了对我国推进非税收入法制化的启示。

（4）非税收入管理法制化展望。提出我国非税收入法制化的原则、目标和实践路径，并从非税收入职能定位、“费改税”、加强税费协同、信息共享、扩大地方管理权限、提升管理质效等方面提出具体对策建议。最后，针对税务部门征收非税收入过程中的实务问题进行了分析，提出了相应的思路与对策。

三、创新之处

本书从理论与实践、历史与现实、国内与国外三个维度结合起来进行研究。

一是坚持理论联系实际。非税收入征管模式作为一种在不同主体间进行利益分配的制度安排，必然受到现实的政治、经济、法律等多方面因素的影响。只有在充分认识到这些因素存在的基础上，采取相应措施，才能提高非税收入征管模式的有效性。根据制度经济学的基本原理和逻辑路径，本课题拟从非税收入的概念和内涵入手，廓清非税收入与税收、不同非税收入项目之间的差异，重新检视我国非税收入征管模式的制度目标体系，从理论与实践结合的角度分析适宜划转税务部门征收的非税项目，以及划转后的非税征管模式设计。希望能够对非税收入征管职责划转非税收入规范化、法治化改革提供有益借鉴。

二是坚持实证比较研究。结合以湖南、云南、辽宁等省为代表的非税收入管理规范化法制化地方实践，在阐述非税收入内涵的基础上，梳理归纳现行非税收入管理制度体系，评述既有制度的问题和缺陷，深入剖析当前非税治理面临的困境，并结合当下的宏观经济情境，就深化非税收入改革、推进非税收入管理规范化提出政策建议；分析介绍国际上具有代表性的市场经济国家非税收入管理方式，总结市场经济国家非税收入管理的特点以供借鉴：公共部门出台任何非税收入项目都要求有严格的法律依据和程序，若要变动收费项目也须经过严格的法律或行政审议程序；民主设置非税收入项目，制定出台非税政策，科学设置非税收入收费标准。

三是坚持法治政府视角。总体来讲，目前非税收入征管模式的制度目标应该是提高非税收入的征管质效，但是这一目标不够具体，可操作性不强。在考虑非税收入征管模式时，必须跳出单纯以征缴质效为主的思维，站在非税收入是一种与建立现代财税制度密不可分的制度安排的高度来考虑问题，于是，衡量非税收入征管模式优劣的标准也就应该是能否在推动发挥市场主体作用的同时，更好发挥政府职能作用。简而言之，就是要有利于建立服务型、法治型政府。本书将从法治政府建设视角提出优化非税收征管模式的立法建议。

总体而言，本书在研究方法、理论价值和应用价值上都有较大的创新。

第二章　非税收入管理的基本范畴

第一节　非税收入概述

一、非税收入的概念界定

非税收入，顾名思义，是税收之外的国家财政收入。非税收入是与税收收入并存的财政收入形式，是国家财政收入的两大支柱之一。探讨非税收入的概念特征时，不妨与税收概念进行对比研究。

相对于许多市场经济国家而言，税收与非税收入并存是当前我国财政收入格局的重要特征[①]。当前，我国财政收入仍以税收为主，所谓“税性比重”为85%[②]。但非税收入一直是我国政府财政收入的重要组成部分。近年来，随着减税降费的持续推进和疫情对经济发展的冲击，我国非税收入占政府财政收入的比重有所下降，但仍然保持在15%左右，规模也在3万亿上下浮动。由于我国地方政府不具有设立税种的权力，所以其对非税收入的依赖性更重，非税收入成为地方政府扩收的主要途径。结合我国结构性减税与普惠性减税措施加快推进的现状，非税收入作为财政收入的重要来源，其收入规模对于拉动

① 2022年全国一般公共预算收入203703亿元（人民币，下同），比上年增长0.6%，扣除留抵退税因素后增长9.1%。其中，全国税收收入166614亿元，比上年下降3.5%，扣除留抵退税因素后增长6.6%；非税收入37089亿元，比上年增长24.4%。

② 税性比重也叫税性收入比重，即税收收入占财政收入的比重、比例，是衡量财政收入质量的重要指标。

财政收入增长、促进财政收支平衡发挥着重要作用，为国家治理提供了物质保障[①]。因此，非税收入在国家治理视域中，应该获得与税收基本持平的地位，在政策法规、管理体制、监督保障等方面实现同步推进，体系化建设。

大多数国家的财政收入，都在不同程度上是税与非税的组合，关键是如何在不同的经济发展阶段中与不同的资源配置方式条件下，妥善地把握两者关系。众所周知，自我国走上市场经济导向的改革之路以来，有关税收与收费、预算内收入与预算外收入、税收与非税收入的争论就没有停止过，两者的关系始终处在变革调整中。新发展阶段，法治政府建设的关键是找出基本突破口，非税收入管理的法制化正是建设法治政府的一个重要突破口。

建立现代财税制度，全面推进依法治国，最终实现国家治理体系和治理能力现代化，不仅要税收法定，非税收入也应当法定，最终实现全部政府收入法定。对非税收入的概念进行法律上的精准界定，对非税收入管理的相关理论和实践问题从法制化视角进行比较研究，有利于探究非税收入法制化的内涵、路径与策略[②]。

（1）税收与非税收入。

按照国际惯例，政府收入通常分为经常性收入、资本性收入和赠与收入。其中，经常性收入由税收和非税收入组成。税收与非税收入的界定主要依据公

---

① 根据财政部公布的全国财政决算数据，2019年我国一般公共预算收入190390.08亿元，其中税收收入158000.46亿元，专项、罚没、行政事业性收费收入等非税收入32389.62亿元，占一般公共预算收入规模的17%；全国政府性基金收入84517.72亿元，全国国有资本经营收入3971.82亿元。按照《政府非税收入管理办法》对非税收入范围的界定，2019年我国非税收入总规模达到120879.16亿元，相当于全年税收收入的77%，对财政收入的重要性不言而喻。

② 我国理论界对政府非税收入的研究主要集中在经济学界，经济学研究的基本范式离不开成本与效率。这种模式往往注重于投入与产出的比较分析，但较为忽略财政行为的法治与公平，而且倾向于证明假设与前提而简化了具体法律制度的构建。反观我国法学界对非税收入的关注稍显不够，对于非税收入的一些基本概念和原理还没有充分研究，理论指导实践，如果理论层面上的研究无法辅佐实践，那么立法中的混乱也就可以理解了。譬如我国立法中对规费、使用费和受益费等行政费用的区分还不够精细，没有满足类型化的要求，笼统地以行政事业性收费的名称规制，忽略了行政收费和事业收费的本质区别，而社会公众对这些概念的内涵和差别更是不甚明了。

共产品（公共服务）的生产费用（或边际提供成本）和管理费用。不同的公共产品（公共服务）其生产成本的变动趋势是不一致的。相对于税收制度的固定性特征，非税收入的选择性更强，非税收入的收费费率可以根据生产成本和市场供求关系的变化进行灵活调整。税收与非税收入的征收原则不同，税收的征收标准按照“大者多收，小者少收，无者不收”的支付能力原则，而非税收入则根据收益公平原则，即“收益多者多负担，收益少者少负担，无收益者不负担”。一般说来，边际成本基本保持不变的公共产品和服务，宜采取税收制度；边际成本递增或递减的公共物品或准公共物品和服务，宜采取收费等制度来提供。

对某一具体的准公共物品的生产成本或费用，应当在多大范围和程度上用税收来补偿，在多大范围和程度上采取收费等非税收入的形式来补偿，主要取决于两个因素：一是受益程度，一般来说，受益范围不确定、受益差异不明显的准公共物品的提供，主要用税收来补偿，而受益范围确定、受益差异较明显的准公共物品的提供则主要通过收费来补偿。二是生产成本和交易成本的高低，就生产成本而言，边际生产成本大体保持不变的准公共物品的生产费用，应主要通过稳定性较强的税收来补偿，边际生产成本递增或递减的准公共物品的生产费用，主要采取灵活性较强的收费来补偿；就交易成本而言，征收成本较低的准公共物品的生产费用，可主要通过税收来补偿，征收成本较高的准公共物品的生产费用，应主要通过收费来补偿。

从管理费用方面，税收制度的管理费用主要包括立法费用和征收管理费用；收费制度的管理费用则主要是为实施排斥性而引发的费用和征管费用。如果某公共物品或服务的供给采取税收方式而引发的费用比采取收费方式而引发的费用更高，就应该采取收费方式；反之，则应该采取税收方式。如很多国家都对部分本应收费的项目征税，如道路使用费，本应由道路使用者缴纳，但如果在每一个道路上设卡收费则成本很大。所以，很多国家都把它放在燃油税中征收，如美国是在燃料消费税中征收的。这就是“费改税”时应考虑的成本标准。

税与费作为两个不同的分配范畴，在经济领域里发挥着各自的功能，不能简单地相互替代。从现实情况来看，我国许多收费是地方政府的临时性行为，是不规范的，主要原因是地方政府没有足够的收入来源，同时又没有相应的税收立法权，因此，只有依靠收费来解决支出需求问题。要从根本上解决问题不是简单地把费改为税，而是要通过赋予地方适当的立法权，使其有自己的收入来源，保留必要的收费形式，不能一味强调“费改税”。一些本来属于税收性质的收费，或者随着经济社会发展某些局部公共产品和服务转变为全局性的公共产品和服务，则可相应地将该项收费通过法定程序转变为税收收入形式。

总之，税收是政府为提供公共服务，凭借国家政治权力向法人或居民的强制性征收，而费是政府为提供个别的、特定的服务而对指定对象收取的费用，一般是服务对象自愿要求服务而引发的付费。这种服务的特点是必须依据政府的权力才能实现，并且是基于政府进行社会管理的需要。市场价格则是提供经营性服务的收费，不属于政府进行社会管理的需要。因此，从总体上说，提供公共服务所需的财力，应通过税收和收费方式来筹集；而经营性服务所需的财力，应通过市场以价格的形式取得补偿。

（2）国际上对非税收入的界定。

非税收入不仅仅是“中国造”，国际上对非税收入也有明确界定。

世界银行（World Bank）将非税收入定义为政府出于公共目的而取得的无须偿还的收入，如罚款、管理费、政府财产经营收入等，以及政府外的单位自愿和无偿地向政府支付的款项。不包括政府间拨款、借款、前期贷款收回以及固定资产、股票、土地、无形资产的售卖变现收入，也不包括来自非政府部门的以资本形成为目的的赠与收入。

国际货币基金组织（IMF）认为，非税收入应该主要包括收费、罚没收入、经营和资产收益等。国际货币基金组织（IMF）建立的政府财政统计（GFS）体系被世界各国政府广为使用，根据该政府财政统计体系，政府收入分为财政收入及捐赠收入，非税收入是指政府在税收之外取得的收入，包括政府因公共目的而获得的不需要归还的补偿性收入及非政府单位自愿和无偿向政府支付的款项。自2001年起，GFS将政府收入划分为税收收入、社会缴款、赠与收入和其他收入四大类[①]，极大地概括和简化了各国（地区）五花八门的收支体系，充分适应各国（地区）非税收入项目包罗万象的特点，使各经济体

---

① 政府财政统计（GFS）是国际货币基金组织（IMF）从1986年开始着手建立的一套财政收支统计标准，通过一一甄别和比对，能够最大限度地将各国财政收入纳入一个相同的口径进行统计分析和比较研究。目前该体系包含全球193个经济体（含区域板块、国家或地区）的财政数据，是世界上运用最为广泛的政府收支统计体系。

之间的非税收入规模具有了一定的可比性。

经济合作与发展组织（OECD）则以是否具有对应的报偿性作为界定税收和非税收入的标准，认为当政府征收的收入不超过其提供公共产品和服务的成本，且费用缴纳者是直接受益者，此时政府为费用缴纳者提供公共产品和服务而征收的收入，可认定为非税收入。

一般而言，非税收入通常由管理费和行政服务收费及使用费、罚款和没收收入、经营和财产资源收入、政府雇员养老金和福利基金缴款、其他非税收入五种类型组成，其中的前三种类型构成了各国非税收入的主体。其中，管理费和行政服务收费及使用费具体则包括规费、使用费以及政府提供水、电、医疗、交通等公共服务的收费收入。在实践中，非税收入的分类和在政府收入体系中的地位并不相同。例如，美国州级政府非税收入主要来源依次为经营和财产收入、管理费和服务收费及罚没收入；而州以下地方政府非税收入结构则相反，主要是管理费和服务收费及罚没收入，其次是经营和财产收入。

（3）我国对非税收入的界定。

非税收入是与税收收入并存的财政收入形式。我国“非税收入”这个名词出现的时间虽然不长，但非税收入作为一种财政收入方式，早在新中国成立之初就已经存在。新中国成立以来，随着我国经济体制由计划经济向市场经济转型和财政体制的不断完善，我国非税收入管理经历了由自收自支到逐步规范的发展过程。非税收入的形成经历了以下几个阶段：

第一阶段，提出概念。我国在《财政部 中国人民银行关于印发〈财政国库管理制度改革试点方案〉的通知》（财库〔2001〕24号）中最早提出“非税收入”一词。其后，《关于2002年中央和地方预算执行情况及2003年中央和地方预算草案的报告》也提出要“切实加强各种非税收入的征收管理”。

第二阶段，作出范围界定。2003年5月，《财政部 国家发展改革委 监察部 审计署关于加强中央部门和单位行政事业性收费等收入“收支两条线”管理的通知》（财综〔2003〕29号）中第一次对“非税收入”范围作了界定，即“中央部门和单位按照国家有关规定收取或取得的行政事业性收费、政府性基金、罚款和罚没收入、彩票公益金和发行费、国有资产经营收益、以政府名义接受的捐赠收入、主管部门集中收入等属于政府非税收入”。这表明对非税收入的认识开始从预算外资金形式转为财政收入形式。

第三阶段，以“非税收入”一词正式发文。2004年7月，财政部下发了《关于加强政府非税收入管理的通知》，进一步明确政府非税收入管理包括行政事业性收费、政府性基金、国有资源有偿使用收入、国有资产有偿使用收入、国有资本经营收益、彩票公益金、罚没收入、以政府名义接受的捐赠收入、主管部门集中收入以及政府财政资金产生的利息收入等，并强调社会保障基金、住房公积金不纳入政府非税收入管理范围，表明非税收入作为一种财政收入形式正式登上我国的历史舞台。

回顾“非税收入”从提出概念到界定范围再到正式发文的历程，可以发现，其概念是在预算外资金管理过程中逐步形成的，是对财政收入形式的一种新分类，揭示了预算外资金的实质内容。

从认识维度来看，长期以来，我国一直使用的是“预算外收入”的概念，从概念和管理模式上都区别于预算资金。由于各地方政府和部门都有强烈的财力动机，总是希望自己掌控的资金规模越大越好。除了尽力争取转移支付和财政拨款之外，在相当长一个时期内，各地方和部门还通过各种收费来扩大自身财力，“乱增收费项目，提高收费标准；乱罚款，甚至乱设关卡、乱找名目收费；乱集资、摊派”等“三乱”现象屡禁不止，严重影响了正常的经济社会秩序。面对乱收费、乱罚款、乱摊派这种状况，众多学者曾经提出了“费改税”的治理思路。但这个思路也一度出现了认识上的偏差，认为只有税是“好的”，非税都是“坏的”，以至于有人提出，要取消所有的收费，以根治“三乱”。这显然混淆了财政收入形式与财政收入管理中存在问题二者之间的区别。

随着实践的发展，人们渐渐认识到，收费等非税收入本身并不等于“三乱”，“三乱”现象产生的原因是长期以来人们对非税收入这种财政收入形式缺乏认识，从而导致管理失控。提出并使用政府非税收入概念，不只是深化了对财政收入形式分类的认识，更重要的是修正了长期以来仅从资金管理方式角度来观察财政运行的理财思想。非税收入理念的提出，使理财彻底跳出了预算内管理和预算外管理的框架，转而可以从收入取得方式的角度对政府财力结构进行分析，并探讨税收收入和非税收入的经济社会关系、功能作用以及管理方式等一系列问题。可见，非税收入的概念不是凭空产生的，是对我国当代财政实践的总结提炼，是对政府收入机制认识的深化，也是政府理财方式的进步。

从实践维度来看，2000年以前，我国非税收入主要以行政性和事业性收费、政府性基金及附加等形式存在，且大部分作为预算外资金管理。2000年以来，全国各地相继开展规范非税收入管理法制化探索。2001年7月，湖南率先按照“要逐步淡化预算外资金概念”的要求，在辰溪县进行了以规范非税收入管理为目标的改革试点。同年12月，《国务院办公厅转发财政部关于深化收支两条线改革进一步加强财政管理意见的通知》（国办发〔2001〕93号，已全文废止）中明确指出，“预算外资金收入收缴制度改革是实施财政收入收缴制度改革的第一步，今后还将对纳入预算管理的其他非税收入和税收收入收缴制度实施改革。”这标志着我国对规范非税收入管理取得了认识上的新突破。随着我国财政体制的不断完善，原来作为预算外收入管理的资金逐步纳入财政预算管理，演变为现在的非税收入。

近年来，学术界关于非税收入高速增长的研究较多，这在减税降费以改善营商环境的大背景下显得十分引人注目[①]。但是，学术界以及媒体和公众，对于非税收入的内涵并没有一个十分清晰的界定，而且中国国情下的非税收入与其他国家所使用的非税收入的内涵也有较大区别，这对政府及公众客观了解非税收入的功能和如何在法律上予以规范带来了较大困扰。

依据非税收入组成项目的不同，我国学术界对非税收入按照大、中、小三个口径进行统计分析。其中，小口径非税收入指一般公共预算中的非税收入[②]，包括专项收入、行政事业性收费、罚没收入、国有资源有偿使用收入及

---

① 比如有观点认为：“近些年，非税收入增速大大超过税收收入，非税收入占税收收入比重不断攀升；而且从国际比较来看，我国的非税收入也处于偏高水平。非税收入增长的背后一定有深层次的原因，根源还在于政府与市场的边界不清以及非对称分税制的驱动。在各级政府深度介入经济、政绩竞争、支出压力沉重的情况下，地方自主税权的缺乏，使得对非税收入追逐的内在机制不可能阻断。”参见李一花.非税收入的超常增长问题亟待解决［N］.社会科学报，2019-02-14.

② 据财政部发布的2022年10月财政收支情况，1—10月累计全国一般公共预算收入为173397亿元，扣除留抵退税因素后增长5.1%，按自然口径计算下降4.5%。数据显示，1—10月全国非税收入为30818亿元，比上年同期增长23.2%。全国政府性基金预算收入为52166亿元，比上年同期下降22.7%，其中，国有土地使用权出让收入比上年同期下降25.9%。对于今年以来的非税收入持续高增长态势，财政部解释说明，地方非税收入的增长主要是地方多渠道盘活闲置资产，以及与矿产资源有关的收入增加。中央非税收入的增长主要是原油价格上涨带动石油特别收益金专项收入增加等特殊因素。

其他；中口径非税收入一般与《政府非税收入管理办法》（财税〔2016〕33号）的界定相同，包含小口径非税收入以及一般公共预算外的政府性基金和国有资本经营收入；大口径非税收入是指除税收入以外的政府收入，即在中口径非税收入的基础上加入了社会保险费、住房公积金（指计入缴存人个人账户部分）。

广义上，非税收入是指政府通过合法程序获得的除税收以外的一切收入。广义的非税收入包括行政事业性收费、政府性基金、社会保障缴款、财产经营收入、出售商品及服务收入、政府债务收入、罚款和罚没收入、赠与收入、特许收入、主管部门集中收入、住房公积金及其他收入等。广义的非税收入定义为：非税收入是指除税收以外，由各级政府、国家机关、事业单位、代行政府职能的社会团体及其他组织依法利用政府权力、政府信誉、国家资源、国有资产或提供特定公共服务、准公共服务取得的财政性资金，是政府参与国民收入初次分配和再分配的一种形式，是政府财政收入的重要组成部分。

狭义上的非税收入通常不包括政府债务收入和社会保障缴款，即政府债务收入、保险基金、住房公积金不纳入非税收入管理。公债收入严格来说不属于政府收入范畴，因为无论是内债还是外债，都是以还本付息和自愿为前提的；而社会保障收入由于其特殊的收支特点和相对独立的运行管理方式，往往通过编制专门的社会保障预算来管理，独立于经常性预算，通常也不划入（经常性）非税收入的范畴。此外，政府间转移收入在我国尽管也划归在本级政府的一般预算收入之列，但对于整个政府体系来讲，并不是额外取得的收入，而且大部分转移支付的来源为税收，因此，政府间转移收入通常也不作为非税收入来考虑。

对“非税收入”进行定义时要考虑国际上的通行做法。国际上通常将非税收入的范围界定为税收收入和社会保险收入之外的收入（赠与收入+其他收入），这种统计方法把土地出让金排除在非税收入之外[①]。在目前中国的财政收

---

① 根据IMF《政府财政统计手册》的定义，政府收入是指增加政府权益或净值的交易，国有土地出让行为是一种非生产性资产的交易，结果只是政府土地资产的减少和货币资金的增加，并不带来政府净资产的变化，不增加政府的权益，因而不计作政府收入。

入中，基于土地出让的收入是广义的非税收入中最庞大的部分[①]。如果排除了基于最主要的国有资产所取得的收入，固然可以与其他国家进行相对较好的比较，但是也面临着脱离中国国情的问题。因此，在进行“非税收入”的国际比较时，可以借鉴国际货币基金组织的概念，但在考虑非税收入法律规制时，不能将庞大的土地出让金收入置于法律框架之外[②]。

对非税收入进行比较研究并予以法律规制，也要从法理上对我国非税收入的含义进行界定。基于中国国情，非税收入既非字面意义上的“除了税收以外所有的财政收入”，也非民间所理解的“政府收费”和传统上的“预算外收入”。对比国际机构对非税收入的定义，我们可以发现，我国政府的非税收入除包含经常性收入外，亦包含资本性收入。

在我国的法律性文件当中，2004年7月财政部发布的《关于加强政府非税收入管理的通知》（财综〔2004〕53号）首次对非税收入的概念作出规定：“政府非税收入是指除税收以外，由各级政府、国家机关、事业单位、代行政府职能的社会团体及其他组织依法利用政府权力、政府信誉、国家资源、国有资产或提供特定公共服务、准公共服务取得并用于满足社会公共需要或准公共需要的财政资金。”这个概念明确了非税收入的获取主体、获取依据、获取目的以及资金性质。

2016年财政部印发的《政府非税收入管理办法》（财税〔2016〕33号，以下简称《办法》）对非税收入的概念作出了系统性的规定：“本办法所称非税收入，是指除税收以外，由各级国家机关、事业单位、代行政府职能的社会团体及其他组织依法利用国家权力、政府信誉、国有资源（资产）所有者权益等取

---

① 据财政部数据显示，2020年，中国土地使用权出让收入达8.4万亿元，占全部财政收入的23.8%。勾股大数据发布中国44个主要城市土地依赖程度排行榜，土地高依赖程度的城市有20个，中依赖程度有19个。其中，高土地依赖城市的土地出让收入高出一般公共预算收入一倍。

② 权威观点认为，土地出让收入划归税务部门征收，中央政府可完全掌握地方土地出让收支的具体情况，土地出让金征管方式转变能够更好利用税务系统的征管优势，发挥规模效益、提高征收效率、降低征管成本，确保土地出让收入及时入库。此前土地市场复杂性和土地出让金征收不透明，也存在一些“猫腻”。新政会对地方政府行为产生引导，让地方政府在土地出让环节变得更加谨慎，将进一步推动地方政府摆脱对“土地财政”的依赖。

得的各项收入。”同时，《办法》第三条还明确了非税收入所包含的具体内容，“不包括社会保险费、住房公积金（指计入缴存人个人账户部分）”。虽然该概念并没有指出债务收入是否列入非税收入，单从所列示的具体内容来看，也并不包括政府债务收入。因此，该概念属于狭义上的非税收入范畴。

比较上述两个文件的内容可以发现，2016年财政部印发的《办法》中关于非税收入的概念相比2004年财政部《关于加强政府非税收入管理的通知》中的概念精炼了很多，但非税收入的范围在新文件中得到了进一步扩展：在财综〔2004〕53号文件中，非税收入的定义较为狭小，只是指除税收外，各级政府、国家机关等“取得并用于满足社会公共需要或准公共需要的财政资金”。在财税〔2016〕33号文件中，非税收入的定义则扩大到除税收外，各级政府、国家机关等“取得的各项收入”，定义范围进一步扩大。不过，2004年的概念虽然比较冗长，但与新定义一样也揭示了非税收入的一个重要理论基础——准公共产品属性，即相当一部分非税收入是政府在提供准公共产品时的成本收费，例如行政事业性收费。

非税收入作为与税收相区别的一种政府财政收入形式，有其独特的内涵。根据《办法》进行进一步分析，其内涵一般包括以下七方面：

（1）从征收主体来看，非税收入的征收主体是各级政府、国家机关、事业单位、代行政府职能的社会团体及其他组织。

（2）从征收依据来看，非税收入依据的是国家行使的公权力、提供的社会公共服务和财产（资产）所有权及国家信誉等。

（3）从征收范围来看，包括行政事业性收费、政府性基金、彩票公益金、国有资源有偿使用收入、国有资产有偿使用收入、国有资本经营收益、罚没收入、以政府名义接受的捐赠收入、主管部门集中收入、政府财政资金产生的利息收入、社保基金等。

（4）从征收目的来看，是为了实现公共利益、促进社会公平与合理负担，其资金使用一般具有特定用途，实行专款专用。

（5）从征收标准来看，非税收入是政府按照成本补偿或个人边际收益等确定，通常要低于政府提供该种产品或劳务的平均成本，平均成本与收费之间的差额（实际上是对使用者的补贴）由财政来弥补。

（6）从基本特征来看，非税收入具有非强制性或者半强制性的特征（如政府性基金）。

（7）从征收管理来看，非税收入必须依法征收和管理，其项目与标准要依法律程序确定、调整与变更，资金的征集与使用要依法进行。

对比国外对非税收入概念的界定，结合我国非税收入管理法制化实践，我国《办法》采取类型化列举非税收入的做法是符合中国国情的。

首先，只有各级国家机关、事业单位、代行政府职能的社会团体及组织才能取得非税收入。这是对非税收入主体的界定，其他组织比如企业或者个人取得的收入就不可能是非税收入。另外，非税收入的主体相比税收的征收主体也有不同。税收的征收主体仅限于国家，非税收入的取得主体相对宽泛一些。

其次，《办法》将非税收入的取得依据归纳为三种：国家权力、政府信誉、国有资源（资产）所有者权益。在列举的12种非税收入中，只有行政事业性收费、政府性基金、罚没收入属于基于国家权力取得的收入，而政府接受的捐赠收入、特许经营收入、彩票公益金收入则属于基于政府信誉取得的收入，国有资源有偿使用收入、国有资本收益属于基于国有资源（资产）所有权收益。

最后，非税收入是以实现公共目的为最终指向，进而为实现该目的筹措公共用途资金的收入分配行为。在现实中，无论非税收入是利用政府权力、政府信誉、国家资源、国有资产取得收入，抑或是前述主体通过提供特定公共服务、准公共服务取得收入，其收入目的都是用于应对社会公共需要的财政性资金。

综上所述，在进行国际比较（比如税负比较）时，可以采取国际货币基金组织的统计概念，将非税收入界定为赠与收入+其他收入（排除土地出让金）。在法律上探讨非税收入并予以规范时，应该采取比较中观的概念，将其定义为依据国家权力、政府信誉和国有资本（资产）所有者权益取得的各项收入。本书从法律视角探讨非税收入法制化问题，故主要采取法律规范意义上的概念。相比税收收入的共通性比较明显的特点，非税收入的最大特征是分类庞杂，各种非税收入的特征不同，所以要理清非税收入的法理依据，需要先对非税收入进行类型化处理。鉴于2022年版财政部《政府收支分类科目》统计口径略有差异，考虑到数据的可得性，本书非税收入的具体项目与财政部统计口径保持一致。

二、非税收入的基本分类

在理论和学术上，依据不同的标准，我们可以对非税收入进行不同分类。

（一）按非税收入取得依据分类

一是依据政府权力、国家资源、国有资产和政府信誉取得并用于满足社会公共需要或准公共需要的非税收入。如政府性基金、国有资产（资源）有偿使用收入、国有资本经营收益、彩票公益金收入、罚没收入、以政府名义接受的捐赠收入、主管部门集中收入、政府财政资金产生的利息收入等。

二是依据有关部门和单位在提供特定公共服务、准公共服务时从其消费者或者使用者取得，并且再用于满足社会公共需要或准公共需要的非税收入。如行政事业性收费。

（二）按非税收入经济性质分类

一是负外部效应矫正性非税收入。负外部效应矫正性非税收入主要包括：排污费或排污超标费（我国从2018年4月1日起将该类收费改为征收环境保护税）；对某些高能耗和可能引发公共风险行业（或行为）的限制性收费。

二是成本补偿性非税收入。成本补偿性非税收入主要包括：使用费和某些规费、证照性收费等。

三是资产资源性非税收入。资产资源性非税收入主要包括：国有资本经营收益；特许权收入（如专卖收入）；国有土地有偿使用收入（土地出让金）；资产利息、租金收入；水资源费；国有矿藏、森林、滩涂开采费等收入。

四是行政司法管理（管辖权）性非税收入。行政司法管理（管辖权）性非税收入主要包括：罚款、罚没收入；工商、司法收费；某些政府性基金（资金、附加）等。

五是其他非税收入。其他非税收入主要包括：彩票发行公益金、赠与收入、主管部门集中收入、无主财物变现收入等。

以上分类存在一定程度的交叉，例如，某些行政事业性收费可能具有成本补偿性，同时也是政府行使某种行政司法管理权而取得的收入，大多数规费就典型属于这种性质。而特许收入，既可以认为是政府的无形资产收入（即特许权力），划为资产资源性收入，但同时又可列为行政管理性收入，因为从某种意义上讲，正是因为政府首先具有了公共管理职能（行政管辖权），才有了代表公众获取某种（公共）资产资源的收益的可能。

（三）按预算管理和资金管理方式分类

一是按照预算管理方式，非税收入可以分为纳入预算管理的非税收入与纳入财政专户管理的非税收入。

二是按照资金管理方式，非税收入可以分为中央政府收入类、中央地方共享类、地方政府非税收入类。

（四）按非税收入来源分类

《办法》将我国非税收入划分为12大类：行政事业性收费收入、政府性基金收入、罚没收入、国有资源（资产）有偿使用收入、国有资本收益、彩票公益金收入、特许经营收入、中央银行收入、以政府名义接受的捐赠收入、主管部门集中收入、政府收入的利息收入、其他非税收入。

1. 行政事业性收费收入

行政事业性收费是指国家机关、事业单位、代行政府职能的社会团体和其他组织按照法律、法规和省级以上人民政府及其财政、价格部门规定，经过法定程序批准，在向公民、法人和其他组织提供特定服务过程中，按照成本补偿和非营利性原则向特定服务对象收取的费用。从性质看，行政事业性收费是基于准公共物品的非税收入，包括对特定受益者提供特定公共服务而收取的成本补偿，也包括实施社会公共管理（监管）方面的收费，其与国外的使用费或服务费和公用事业收费、权利许可证照收费等是一致的。

行政事业性收费分为行政性收费和事业性收费。行政性收费是指国家行政机关、司法机关和法律、法规授权的机构依据国家法律、法规行使其管理职能，向公民、法人和其他组织收取的费用；事业性收费是指事业单位根据法律、法规等有关规定，在向公民、法人和其他组织提供特定服务时，收取的费用。

行政性收费具有国家强制性、社会管理性、补偿性等特点。行政性收费的国家强制性表现在以国家强制力作为保证，是一种政府行为，是依据国家法律、法规行使管理职能而实施的收费，在某种特定情况下，单位和个人不能拒绝缴纳，如果拒绝，必将受到行政制裁。行政性收费的社会管理性表现在行政性收费是国家行政机关为行使管理职能而收取的费用，直接用于社会管理。行政性收费的补偿性表现在行政机关、司法机关以及国家授权的其他单位，在实施管理的过程中，需要消耗人力、财力和物力，这些消耗，有的可以通过财政拨款来解决，有的需要通过收取一定的费用来补偿。

事业性收费具有特定性、服务性、补偿性等特点。事业性收费的特定性首先表现为服务项目的特定性，这些项目是由国家法规、政策规定的，是社会发展所需要的一些服务，如教育收费等；其次表现为服务对象的特定性，某个专业的服务往往对应着某个范围、类别、层次的服务对象，具有较强的专业性，比如，公证收费就是针对需要对某个事项进行公证的单位或个人。事业性收费的服务性表现与行政性收费不同，事业性收费是因提供某种特定服务而收取的费用，具有很明显的服务性。这种服务性要求收费单位必须具备一定的条件，如资质、人员、场所等。事业性收费的补偿性表现与行政性收费相同，事业性收费单位在提供服务的过程中需要消耗人力、财力和物力，这些耗费不应当也不可能全部由国家财政负担，享受服务的单位和个人应适当付费补偿。

行政事业性收费可以从其所提供公共服务的内容、执收部门的不同、立项审批权限以及按照资金收入的归属四个方面进行分类。

一是按照所提供公共服务的内容分类。可以分为行政管理类收费、资源补偿类收费、鉴定类收费、考试类收费、教育类收费、惩罚类收费等。行政管理类收费指国家行政机关依据有关法律、法规规定，在行使国家管理职能时，向被管理对象收取的费用。其中，证照类收费指国家行政机关根据社会、经济、技术、资源管理的需要，依据法律法规和省以上人民政府的规定制发各种证件、牌照、簿卡而收取的工本费。主要包括注册费、登记费、手续费、审验费、审查费、签证费以及各种证照收费。资源补偿类收费指开采、利用自然和社会公共资源，按照法律、法规规定缴纳的费用。主要包括无线电频率占用费、水资源费等资源类收费和特许权等无形资产使用费；排污费、水土流失防费、林地补偿费、社会抚养费等补偿和治理类收费。鉴定类收费指按照法律、法规规定，从事检验、检测、鉴定、检定、认证、检疫等活动而收取的费用，主要包括检验费、检测费、鉴定费、检定费、认证费、检疫费等。考试类收费指国家行政机关、事业单位和社会团体按照法律、法规以及国务院或省级政府文件规定组织的考试，或实施经人事部批准的专业技术资格和执业资格考试，以及经劳动和社会保障部批准的职业资格考试而收取的费用。培训类收费指根据法律、法规规定开展强制性培训活动而收取的费用。

二是按照执收部门分类。分别以公检法司、工商、财政、税务、审计、人口、质监、出版、安全、档案、贸促会、人防办、文化、教育、科技、体育、发展与改革、统计、国土资源、建设、环保、旅游、海洋、测绘、交通运输、工业和信息产业、农业、林业、水利、卫生、民政、人力资源和社会保障、党校等部门为执收主体开展的收费。

三是按照立项审批权限分类。分为国家收费项目和省级收费项目。其中，国家收费项目如护照费、普通高中学费、社会抚养费、户籍管理证件工本费等。省级收费项目如普通高校招生体检费、中学学科奥林匹克竞赛参赛费、城市易地绿化补偿费、城市“四自”工程车辆通行费等。

四是按照资金收入归属分类。分为地方收费项目、中央收费项目、中央与地方共享的收费项目。

2. 政府性基金收入

作为非税收入的重要组成部分[①]，政府性基金对我国公共基础设施的建设和公用事业的发展发挥了非常重要的作用。

政府性基金是指各级人民政府及其所属部门根据法律、国家行政法规和中共中央、国务院有关文件的规定，并经国务院或财政部批准，为支持某项事业发展，向公民、法人和其他组织征收的政府性基金以及参照政府性基金管理或纳入基金预算、具有特定用途的财政资金（包括各种基金、资金、附加和专项收费）。

政府性基金（附加）按照法律、法规、国务院或者财政部的规定设定，各区县（自治县）不得自行设立政府性基金。由于我国财政历史沿革问题，

① 2021年全国政府性基金预算收支情况。（一）政府性基金预算收入情况。2021年，全国政府性基金预算收入98024亿元，同比增长4.8%。分中央和地方看，中央政府性基金预算收入4088亿元，同比增长14.8%；地方政府性基金预算本级收入93936亿元，同比增长4.5%，其中，国有土地使用权出让收入87051亿元，同比增长3.5%。（二）政府性基金预算支出情况。2021年，全国政府性基金预算支出113661亿元，同比下降3.7%。分中央和地方看，中央政府性基金预算本级支出3201亿元，同比增长17.9%；地方政府性基金预算支出110460亿元，同比下降4.2%，其中，国有土地使用权出让收入相关支出77540亿元，同比增长2.6%。

“政府性基金”作为一个包罗万象的概念，其中既有具有税收属性的收入科目，也有具有收费或国有资产收益等性质的收入科目。由于政府性基金类型和性质上的差别，这也导致对其进行立法的困难性。截至目前，我国共设立了铁路建设基金、国家重大水利工程建设基金、教育费附加等20项政府性基金①。

政府性基金具有统一性、专用性、非对等给付性等特点。一是项目名称、征收范围和征收标准具有统一性。从审批权限来看，政府性基金由财政部统一审批，重要的基金项目需报国务院批准，基金项目名称、征收标准、征收对象、征收范围、征收环节等在全国是统一的。各地和各部门不得扩大范围和提高标准，否则就是违规征收。二是资金使用范围明确，规定具体，使用上具有专用性。政府性基金必须用于实现特定经济社会政策所指向的用途，不得用于一般的财政需求，具有专款专用性。三是资金给付或报偿具有非对等给付性。政府性基金以实现特定经济社会政策为目的，无意授予负担群体利益，具有非对等给付性。但因政府性基金的缴纳义务与负担理由间存有特殊的法律关联关系，且需专用于特定经济社会政策目的所指向的用途，从而对负担群体形成一种特别的利益。不过，这一对于负担群体的特别利益，并非是对特定给付的个别报偿，这类利益并未充分具体化和特定化，尚未达到受益负担、规费所具有的对等给付程度，与对等给付特征下的个别报偿不能等同视之。

政府性基金按照征收对象、资金管理方式、项目名称、使用用途等方面可作如下分类：

一是按照征收对象不同，政府性基金可分为两类。第一类基本面向所有社会成员征收，如国家重大水利工程建设，是隐藏在电价中的；另一类面向特定行业或阶层征收，如铁路建设基金，主要面向铁路货运货主这一特定对象征收。

二是按照资金管理方式不同，政府性基金可分为三类。第一类是缴入中央国库的基金，包括铁路建设基金等；第二类是缴入中央和地方国库的基金，包括港口建设费②等；第三类是缴入地方国库的基金，包括城市基础设施配套

① 2022年发布的《全国政府性基金目录清单》中共包含20项政府性基金，其中铁路建设基金、民航发展基金等14项基金可在《2022年政府收支分类科目》中找到对应的政府性基金收入项目，其余6个项目则被纳入一般公共预算范畴。

② 2021年3月19日，财政部发布《关于取消港口建设费和调整民航发展基金有关政策的公告》（财政部公告2021年第8号），自2021年1月1日起取消港口建设费。

费等。

三是按照项目名称不同，政府性基金可以分为四类。一是基金类，如水利建设基金、旅游发展基金等；二是资金类，如国家电影事业发展专项资金、农网还贷资金等；三是附加类，如教育费附加、地方教育附加等；四是专项收费类，如森林植被恢复费、文化事业建设费等。

四是按照使用用途不同，政府性基金可以分为两类，一是集资类基金，如农网还贷资金、国家重大水利工程建设基金、港口建设费、民航发展基金等；二是支持专项事业发展的基金，如旅游发展基金、残疾人就业保障金、文化事业建设费、国家电影事业发展专项资金等。此外，还有少数补偿类基金，如森林植被恢复费等。

通常意义上说，基金就是具有特定目的和用途的资金。政府性基金与税的共同性在于两者均具有资金的财政性、征收的强制性和无偿性，最大区别在于用途上，即税收用来满足一般公共产品需要，而政府性基金是为确保专项事业或特定产业的发展。虽然政府性基金属于非税收入的一类，但政府性基金也不使缴费人直接受益，所以具有“准税收”性质。

政府性基金与行政事业性收费存在较强的内在沟通性，都属于政府非税收入。在很长一段时间内，政府性基金被作为广义的收费来对待，二者在适用中存在交叉领域，但也存在以下不同：

第一，政府性基金不与被征收主体发生直接管理或服务关系，行政事业性收费与提供具体服务或行使管理职责相联系。

第二，政府性基金是无偿、强制的，行政事业性收费是对准公共物品的成本补偿。

第三，政府性基金收入来源和形式多样，行政事业性收费只来源于被管理和被服务的对象。

第四，政府性基金数额较大，严格实行专款专用，行政事业性收费数额相对较小，用于相关管理和服务。

第五，政府性基金具有政府支持重大项目建设的特别目的，行政事业性收费并无此种特别目的性。

除征收管理的特殊性之外，政府性基金具有以下几个法律特征：

第一，成文性。政府性基金是对自然人或其他组织征收的，是一种侵权性规范，必须采取成文法形式，以对课征要件作出明确规定，特别是必须以法律形式规定其缴费义务。

第二，国家强制性。政府性基金征收是以无偿占有缴费义务人的财产或收入为主要目的，具有单方强制性，只体现国家单方面的意志，不体现缴费义务人的意志。国家的意志通过法律规定表现出来，只要当事人发生了政府性基金法律规范规定的应缴费的行为或事件，就产生了政府性基金征收法律关系。

第三，权利义务关系具有一定的对等性。政府性基金的征收是国家无偿占有特定缴费义务人的财产或收益，目的是扶持或补贴特定行业的发展，征收的财产转移具有双向特点。特定行业的缴费义务人有权在缴纳基金后申请相关部门用政府性基金通过国家财政补贴的形式来获得更好的发展机会。

第四，缴费人与基金征收目的和使用之间具有某种事实或法律上的联系。政府性基金是以实现特定经济社会政策为目的，需专用于特定经济社会政策目的所指向的用途，不得满足一般国家财政需求，具有专款专用性。政府性基金缴费人是一个特别群体，与政府性基金所要实现的目的具有特殊关联。这种具有事实或法律上的联系性也将免除毫无关联的其他主体缴纳政府性基金的义务。这样能够很好地体现收益的直接性和受益与负担相一致的原则，能够真实地反映社会成员对准公共产品的偏好选择，从而促进这种准公共产品的有效供给，提高经济效率，实现社会福利最大化。

3. 罚没收入

罚没收入是指执法机关按照法律、法规、规章规定，对公民、法人和其他组织实施行政处罚、刑事处罚取得的罚款、罚金、没收款以及没收非法财物的变价收入。罚没收入作为社会管理和再分配的法律措施与手段，就其目的而言，主要是维护社会秩序和进行社会再分配，它属于政府依据强制性权力对产生严重负作用的个体实施的经济惩罚。就其性质来说，主要包括以下三个方面。

一是罚没收入是社会管理方式的副产品。罚没收入是执罚机关行使执罚权力，针对违法行为实施者执行的剥夺其财产权的法律制裁，属于非税收入，是政府对社会进行管理的一种方式。罚没收入区别于其他社会管理方式是因为管理手段的差异性，罚没收入通过罚款和没收违法所得实现社会管理，并取得了一部分政府收入。例如，交通违法处罚决定，其本身是一种行政处罚行为，属于政府对社会进行管理的一种方式，而罚没收入本身则是这种管理方式所产生的“副产品”，这种“副产品”不是社会财富的产物，而是以被处罚人利益损失为前提，具有强制性。

二是罚没收入是基于违法行为产生的收入。执罚权力行使的前提是由于当事人的行为违反了相关的法律法规。执罚部门行使其执法权力与当事人违法举动具有直接因果关系。尽管执罚权力是依据国家法律、法规及规范性文件而行使的，是合法合规的权力，但“被处罚人具有违法行为”这个前提是不可替代的。

三是罚没收入是解决社会外部负效应的产物。执罚机关的执罚行为是针对社会发展过程中所产生的负外部效应而设定的，这种负外部效应在一定程度上阻碍了社会良好的发展进程，收费和罚款是抑制外部负效应产生以及对受损害人员进行补偿的方法之一。依据政府所具有的行政强制力，通过收费和罚款的方式，减少经济活动中负外部效应的发生。因此，罚没收入的产生从表象上看是由于被处罚人的违法行为导致的，但从其产生的历史根源来看，罚没收入是解决社会负外部效应的产物。

罚没收入是财政收入的一种特殊形式，具有强制性、非固定性、惩罚性、无偿性以及一次性的特点。罚没收入的强制性表现为罚没收入是对当事人违法违规行为的一种处罚，是国家执法部门依法向个人、企业以及其他组织强制征收的。在违反罚没收入相关法规的前提下，当事人必须无条件地履行缴纳罚款义务，否则就可能被国家强制来保证执行。罚没收入的非固定性主要体现在：一是征收时间的非固定性。罚没收入的执法者无法预料违法案件的发生，包括发生的时间以及事件发生的影响程度，而且罚没收入的意义是对违规事件进行惩戒，削减当事人的经济能力，而不是收取更多的罚没收入。二是征收数额的非固定性。即有些罚没收入的征收数额和征收对象是有特定联系的。罚没收入的惩罚性是指当事人对他人或社会公众造成危害的同时违反国家的法律法规，从而被处以相应的罚款的形式。罚没收入的无偿性表现为政府对违法者征收的罚没收入是无偿的，既不需要对当事人提供补偿和服务，也不需要支付任何报酬，是一种经济惩处的方式。罚没收入的一次性表现为罚没收入是针对违规违法行为实施的一种处罚方式，在违规者缴纳罚款后，执法机关在后续的处理中不再针对此件违法行为对当事人征收罚款，除非当事人再次违规违法，因此是属于一次性的。

从以上特征可以分析得出，罚没收入是比税收更加强制和无偿的一种财政收入的特殊形式，与税收相比，罚没收入缺乏固定性，具有定向性、一次性的特征，对取得财政收入缺乏稳定可靠的保证，不能成为政府稳定的收入来源。

罚没收入的分类。一是按罚没形式分类，可分为罚金、罚款、没收赃款赃物及其变相收入、没收财产等；二是按执法部门分类，可分为政法部门、行政执法机关、其他国民经济管理部门执收的罚没收入；三是按管理级次分类，可分为中央罚没收入、中央和地方共享罚没收入、地方罚没收入；四是按罚没收入来源的特殊性分类，可分为一般罚没及缉私、缉毒罚没收入。

4. 国有资源（资产）有偿使用收入

国有资源（资产）有偿使用收入是指有偿转让国有资源（资产）使用权取得的收入。国有资源有偿使用收入是各级人民政府代表国家以国有资源所有者的身份将一定年限内的资源使用权出让给资源使用者，资源使用者按规定的标准向国家缴纳的相关费用。我国作为公有制为主体的社会主义国家，国有资源资产属于全体人民。人民性是基本制度特征，故而自然资源资产属于全民所有，人民授权政府行使管理职权。资源资产作为生产要素投入生产过程，能够产生收益，甚至是重要收益。资源资产的产权属于全民，因此，资源资产使用所产生的收益也属于全民，但资源资产的使用却只能是特定使用者，因而资源资产的使用必须是有偿使用，且要根据资源资产的可再生性和损耗来确定补偿，合理补偿性收费是避免“公地悲剧”的根本保障。公平性是有偿使用国有资源资产的基本原则。有偿使用法定和补偿标准法定是确保公平性和国有资源资产保值增值的原则。

国有资源（资产）有偿使用收入可以分为国有资源有偿使用收入和国有资产有偿使用收入。国有自然资源有偿使用收入主要包括：土地出让金收入，新增建设用地土地有偿土地出让金收入，探矿权和采矿权使用费及价款收入，场地和矿区使用费收入，出租汽车经营权、公共交通线路经营权、汽车号车经营权、公共交通线路经营权、汽车号牌使用权等有偿出让取得的收入。

社会公共资源有偿使用收入主要包括：户外广告资源有偿使用收入，政府举办的广播电视机构占用国家无线电频率资源取得的广告收入，以及其他利用国有资源的开发权、使用权、冠名权、广告权、特许（垄断）经营权等取得的收入。

国有资产有偿使用收入（包括有形资产和无形资产），是指国家机关、事业单位（含参照《公务员法》管理的事业单位）、代行政府职能的社会团体以及其他组织出租、出借国有资产获取的收入；事业单位利用国有资产对外投资、担保产生的收入；行政单位附属后勤服务单位利用国有资产进行生产经营活动所上缴的国有资产占用费收入；行政单位未脱钩经济实体上缴国有资产占用费收入；世界遗产保护范围内实行特种经营项目的有偿出让收入和世界文化遗产的门票收入；利用政府投资建设的城市道路和公共场地设置停车泊位取得的收入；财政部门认定的其他收入，以及国有资产处置收入（包括国有资产的出售收入、置换差价收入、出让和转让收入、报废报损残值变价收入，以及零星、低值固定资产的变卖价款收入等）。

5. 国有资本收益

国有资本收益是指经营、使用国有财产等取得的收入①。具体指国家以出资人身份从国家出资企业依法取得的国有资本收入，包括国有资本分享的企业税后利润，国有股股利、红利、股息，企业国有产权（股权）出售、拍卖、转让收益和依法由国有资本享有的其他收益。

国有资本收益的分类。一是按资本收益管理权限划分，分为中央国有资本收益和地方国有资本收益。中央企业资本收益归属中央政府，地方企业资本收益归属地方政府；二是按行业产业划分，可以分为第一产业国有资本收益、第二产业国有资本收益、第三产业国有资本收益；三是按行业划分，根据2017年10月1日开始实施的《国民经济行业分类》（GB/T4754—2017），将国民经济按同质性原则划分为农林牧渔业、采矿业、制造业、建筑业、金融

① 2021年全国国有资本经营预算收支情况。（一）国有资本经营预算收入情况。2021年，全国国有资本经营预算收入5180亿元，同比增长8.5%。分中央和地方看，中央国有资本经营预算收入2007亿元，同比增长12.4%；地方国有资本经营预算本级收入3173亿元，同比增长6.1%。（二）国有资本经营预算支出情况。2021年，全国国有资本经营预算支出2625亿元，同比增长2.7%。分中央和地方看，中央国有资本经营预算本级支出937亿元，同比增长7.2%；地方国有资本经营预算支出1688亿元，同比增长0.3%。

业等19个行业，相应地可以分为采矿业国有资本收益、金融业国有资本收益等。

2014年12月9日，财政部发布《关于完善政府预算体系有关问题的通知》（财预〔2014〕368号，以下简称《通知》），《通知》就加大政府性基金预算与一般公共预算的统筹力度、加大国有资本经营预算与一般公共预算的统筹力度、加强一般公共预算各项资金的统筹使用等内容作出了要求。国有资本经营预算支出范围除调入一般公共预算和补充社保基金外，限定用于解决国有企业历史遗留问题及相关改革成本支出、对国有企业的资本金注入及国有企业政策性补贴等方面。

划转部分国有资本充实社保基金，是增强基本养老保险制度可持续性的重要举措。2017年11月，国务院印发《划转部分国有资本充实社保基金实施方案》，明确划转比例统一为企业国有股权的10%，弥补因实施视同缴费年限政策形成的企业职工基本养老保险基金缺口。为贯彻落实国务院决策部署，财政部、人力资源和社会保障部与国资委密切配合，全力推进划转工作。截至2020年末，符合条件的中央企业和中央金融机构划转工作全面完成，共划转93家中央企业和中央金融机构国有资本总额1.68万亿元。

6. 彩票公益金收入

彩票公益金是指按照国家规定发行彩票取得销售收入扣除返奖奖金、发行经费后的净收入。彩票公益金是按照规定比例从彩票发行销售收入中提取的，专项用于社会福利、体育等社会公益事业的资金。逾期未兑奖的奖金纳入彩票公益金。

国家发行彩票是为了集中社会闲散财力以用于支持国家的社会公益事业。其主要作用体现在：一是作为公益事业发展的补充资金；二是作为公益事业发展的专项资金；三是作为社会救助资金；四是作为社会公益建设的引导资金；五是作为社会投资的吸纳资金。

彩票公益金的分类。一是按层级划分，可以分为中央彩票公益金和地方彩票公益金，从2005年起，彩票公益金的分配政策在中央与地方之间调整为按50∶50的比例分配。二是按性质划分，可以分为福利彩票公益金收入、体育彩票公益金收入和其他彩票公益金收入。福利彩票是指以筹集社会福利资金为目的而发行的，印有号码、图形或文字供人们自愿购买并按特定规则确定购买获取或不获取奖金的有价凭证，该凭证必须冠以“中国福利彩票”字样，标明票面价格，印有发行单位和印制厂家名称。福利彩票不还本金、不挂失、不能流通使用。

福利彩票公益金主要包括销售中国福利彩票总额扣除兑奖和管理费用后的净收入、彩票销售中不设奖池的弃奖收入、社会福利基金的银行存款利息；体育彩票公益金是指经国务院批准，从体育彩票销售额中按规定比例提取的专项用于发展体育事业的资金。体育彩票公益金的来源及构成包括：从事体育彩票销售总额中按不低于30%的比例提取的资金、下级按规定比例上缴的公益金、体育彩票公益金利息收入、即开型彩票的弃奖收入。

彩票公益金纳入政府性基金预算管理，专款专用，结余结转下年继续使用。彩票公益金资金支付按照财政国库管理制度有关规定执行。

7. 特许经营收入

特许经营收入是指国家依法特许企业、组织或个人垄断经营某种产品或服务而获得的收入，属于非税收入的组成部分。特许经营收入主要包括烟草专卖收入、酒类产品专卖收入、免税商品专营收入、货币发行收入、印钞造币收入、纪念邮票（纪念币）发行收入、食盐批发专营收入等。

特许经营收入基于特许经营权，2004年，《财政部关于加强政府非税收入管理的通知》（财综〔2004〕53号，以下简称财综〔2004〕53号文件）对其征收领域有基本规定，包括“世界文化遗产保护范围内实行特许经营项目的有偿出让收入和世界文化遗产的门票收入”，“要积极探索城市基础设施开发权、使用权、冠名权、广告权、特许经营权等无形资产有效管理方式，通过进行社会招标和公开拍卖，广泛吸收社会资金参与经营，盘活城市现有基础设施存量资产，有关招标、拍卖收入全额上缴同级国库，增加政府非税收入”。

特许经营收入的征收主管部门按照《政府非税收入管理办法》规定为各级财政部门，由财政部门直接征收或者由财政部门委托的部门和单位征收。其批准设立依据国务院和省级人民政府及其财政部门的规定进行。

8. 中央银行收入

中央银行收入是指人民银行在履行中央银行职能、开展各项业务经营过程中发生的全部收入。

中央银行收入按其收入性质不同可以分为利息收入、业务收入、其他收入。利息收入是指中央银行对其债权按国家规定的利率向债务人计收的利息，包括金融机构再贷款利息收入、再贴现利息收入、邮政汇兑资金往来利息收入、专项贷款利息收入、金融债券利息收入和其他利息收入等。业务收入是指中央银行在行使中央银行职能、办理各项业务过程中所发生的除利息收入以外的收入，包括外汇储备经营收益、金银业务收入、手续费收入、证券买卖收益、预算外专项收入、其他业务收入等。其他收入是指与中央银行业务活动没有直接关系的收入，包括对外投资收益、租赁收入、赔款收入、其他收入等。

9. 政府性捐赠收入

政府性捐赠收入是指各级国家机关、实行公务员管理的事业单位、代行政府职能的社会团体及其他组织以政府名义接受的非定向捐赠货币收入。政府性捐赠收入按来源不同可以分为国外捐赠收入和国内捐赠收入。政府性捐赠收入不包括定向捐赠货币收入、实物捐赠收入以及以不实行公务员管理的事业单位，不代行政府职能的社会团体、企业、个人或者其他民间组织名义接受的捐赠收入。

接受政府性捐赠收入的部门单位，应设立专门备查台账，登记捐赠收支情况，由专人管理，自觉接受财政、审计等部门的监督检查。政府性捐赠收入的使用，必须严格按照国家规定的用途，专款专用。政府性捐赠收入已纳入当年财政部门预算的，按项目支出内容使用。未纳入当年部门预算的，由接受部门单位向财政部门提出申请，由财政部门会同接受部门单位统筹安排使用，并依法履行相关预算管理程序。

10. 政府收入的利息收入

政府收入的利息收入主要包括国库存款利息、政府持有的有价证券利息及其他利息收入。国库存款利息是指人民银行对国库存款计付的利息收入以及国库现金管理操作的利息收入。

11. 主管部门集中收入

主管部门集中收入是指政府主管部门从下属单位集中的收入。

12. 其他非税收入

其他非税收入是指除上述11个项目以外的其他非税收入。主要包括免税商品特许经营权收入、基本建设收入、差别电价收入、债务管理收入、南水北调工程基金收入以及其他非税收入。

根据《政府非税收入管理办法》，我国非税收入具体项目包括以上12大类，但在财政部的统计口径中，非税收入的具体项目与上述文件中的规定略有差别，根据《2019年政府收支分类科目》，财政部在统计我国非税收入时共列入政府性基金收入、专项收入、行政事业性收费收入、罚没收入、国有资本经营收入、国有资源（资产）有偿使用收入、捐赠收入、政府住房基金收入，专项债券对应项目专项收入和其他收入等10类，各类收入的含义和具体代表事项如表1所示。

表1　非税收入的具体类别

类别	定义	事项举例
行政事业性收费	向公民、法人等特定服务对象收取的费用	驾驶证工本费、签证费、法院诉讼费
专项收入	向公民、法人无偿征收的，纳入一般公共预算管理的具有专项用途的财政资金	教育费附加收入、地方教育附加收入、文化事业建设费收入
国有资本经营收入	从国家出资企业取得的国有资本收益	中国人民银行、国有独资企业利润收入、国有控股、参股企业的股利、股息收入、国有资产（含国有股权）转让或出售收入
国有资源（资产）有偿使用收入	政府有偿转让海域、矿产等国有资源（资产）的使用权等而取得的收入	海域使用金收入、场地和矿区使用费收入、特种矿产品出售收入
罚没收入	向公民、法人实施处罚取得的罚款（罚金）、没收款、账款，没收物质、赃物的变价款收入	公安罚没收入、法院罚没收入、海关罚没收入
政府性基金收入	指各级人民政府及其所属部门根据法律、行政法规规定并经国务院或财政部批准，为支持特定公共基础设施建设和公共事业发展，向公民、法人和其他组织无偿征收的具有专项用途的财政资金	铁路建设基金收入、民航发展基金收入、国家重大水利工程建设基金收入
捐赠收入	以政府名义接受的外国政府、非政府机构的无偿性收入	国外捐赠收入、国内捐赠收入
政府住房基金收入	按《住房公积金管理条例》等规定计提的资金、出租出售相应住房和商业配套措施所取得的收入	公共租赁住房租金收入配套商业设施租售收入
专项债券对应项目专项收入	反映以政府性基金项目为偿还资金来源举借的专项债券对应项目形成的、可用于偿付专项债券本息的经营收入	港口建设费专项债务对应项目专项收入、海南省高等级公路车辆通行附加费专项债务对应项目专项收入

续表

类别	定义	事项举例
其他收入	上述以外的其他非税收入	主管部门收入、免税商品特许经营费收入

注：资料来源于财政部2016年《政府非税收入管理办法》、2019年《政府收支分类科目》，考虑到数据的可得性，本书非税收入所包含的具体项目与财政部统计口径相同。

三、非税收入的基本特征

非税收入和税收收入一样，都是政府的财政收入来源，是政府为某一特定公共活动的需要，而在特定条件下采取的措施。相对非税收入的强制性、无偿性和固定性而言，非税收入具有灵活性、非普遍性、不稳定性、成本补偿性和专款专用性等特点。

1. 灵活性

非税收入的灵活性主要体现在其取得方式、取得时间及取得标准都相对灵活。在非税收入的取得形式上，政府在提供特定公共服务时，可以按照受益原则采取收费形式；在为发展特定产业、社会事业或者特定项目筹集资金时可以采取各种基金形式收取，如政府性基金、教育费附加等；为加强社会管理，矫正负外部效应采取收费形式，如交通违章罚款等。有的非税收入是政府为了某一特定活动的需要，而在特殊条件下出现的过渡性措施，一旦完成既定目标，就“功成身退”，具有明显的阶段性和时效性。非税收入的征收标准及依据多样，地方政府可以根据不同时期本地的实际情况制定不同的标准。

2. 非普遍性

非税收入总是和社会管理职能结合在一起，有特定的管理对象和收取对象。但不具有普遍性，未发生受管制行为的单位和个人排除在这一管理和征收范围之外。例如行政事业性收费，对提供服务和管理的部门来说，其收费对象具有特定性，未消费服务或不在管辖范围的单位和个人不属于征收对象。因此，非税收入一般不具有普遍性。

3. 不稳定性

非税收入的不稳定性主要体现在非税收入征收对象具有随机性，交款行为不具有连续性。由于非税收入是对特定的行为和特定管理对象征收或在特定的经济形势下征收，一旦该行为或该对象消失或剧减，或特定经济条件消失，某项非税收入也会随之消失或剧减。例如罚没收入，随着公民法治意识的增强，违法违规减少，相应的罚没收入就会减少。例如，罚没收入中交通违规罚款的多少主要取决于驾驶者对交通法规的重视程度和自身安全意识的高低，如果驾驶者都能够做到严守规则以及防患未然，则该项收入很可能在未来一段时间逐渐减少甚至消失。又如，油价调控风险准备金，是为了减轻国际市场油价过高或过低对国内市场的影响，保障国内能源长期安全，进一步完善成品油价格形成机制时设立的非税收入项目。按照有关规定，当国际市场原油价格低于“地板价”[①]时，汽油、柴油最高零售价格不降低，国内成品油价格未调金额全部纳入油价调控风险准备金，这是一种由国家制度安排形成的政策性非税收入，只有在国际市场原油价格低于规定标准时才触发征收条件，相关收入具有高度的不确定性。另外，国有资源（资产）的有偿使用也具有不可预期性。从整体上看，与税收收入相比，非税收入具有不稳定性的特点。

4. 成本补偿性

非税收入的成本补偿性是指非税收入的征收或收取主要是用于弥补政府提供准公共物品的各项成本开支。例如，行政事业性收费要满足行政事业性收费收入所必需的工本费[②]、代收费等支出，罚没收入需要考虑执法过程中所需的票据、案卷等直接与执法相关的工本费及执法部门因执法行为发生的专项办公支出、成本性支出等。

5. 专款专用性

非税收入的专款专用性在于非税收入的使用往往与其收入来源联系在一起，非税收入大多具有规定的专门用途，不能挪作他用。例如，行政事业性收费经常应用于补偿政府提供的公共服务的成本；国有资产与资源收益原则上

---

① “地板价”指国家规定的成品油价格调控下限。

② 目前属于中央与地方共用收入科目，反映公安部门收取的行政事业性收费项目，仅证件费、签证费和工本费就包括外国人签证费、外国人证件费、公民出入境证件费、中国国籍申请手续费、户籍管理证件工本费、居民身份证工本费、机动车号牌工本费、机动车行驶证工本费、机动车登记证书工本费、驾驶证工本费等数十项。

应用于国有资产运营和国有资源的开发等；政府性基金则是为了支持特定公共基础设施建设和公共事业发展，如教育费附加是为了发展地方性教育事业，扩大地方教育经费的资金来源；国家重大水利工程建设基金是国家为支持南水北调工程建设、解决三峡工程后续问题，以及加强中西部地区重大水利工程建设而设立的政府性基金。可再生能源发展基金、核电站乏燃料处理处置基金征收管理使用办法中也都明确筹集的资金必须专款专用，实行项目管理。正因为如此，绝大多数非税收入的设立都有明确的目的，资金使用具有特定性和专项用途，必须做到专款专用。

四、非税收入的主要作用

非税收入是政府财政收入的重要组成部分，随着非税收入征管职责划转改革的不断推进，优化、高效、统一的政府财政收入体系逐步建立，非税收入在国家治理中的作用将日益显现。

1. 建立现代财税制度的重要方面

非税收入是财政收入的重要组成部分，规范非税收入管理，对推进财政改革、建立现代财税制度有着深远的影响。非税收入具有为政府筹资的功能，不管非税收入在政府财政收入中所占比重多大，它总能够为政府带来一定的财政收入。对于某些国家在某些特殊时期，非税收入甚至可以是政府筹资的重要手段，如在我国，非税收入占政府收入中的比重曾一度超过税收收入。从世界各国非税收入在财政收入中的占比看，欧美等发达国家非税收入在其政府财政收入的比重整体上低于发展中国家，如美国联邦政府非税收入占经常性财政预算收入的5%左右。而在发展中国家，非税收入是政府筹集财政收入的重要工具，非税收入在政府财政收入中的比重较高。从税收管理体系来看，我国非税收入的管理体系不够完善，规范化和透明程度还有待提升。因此，逐步加强非税收入立法，完善规范化政策措施，逐步建立科学、规范、高效的非税收入法制化管理体制和运行机制，是建立现代财税制度的重要方面。

2. 政府宏观经济调控的重要工具

长期以来，我国有些政府部门认为，政府征收非税收入的主要目的是筹集税收以外的财政资金以弥补地方财政资金的不足。其实，非税收入与政府对经济活动的干预紧密相连，是政府合理利用不同收入渠道对经济进行宏观调整、实现资源优化配置、合理分配收入以及稳定经济的重要手段，是补偿政府提供准公共物品及服务的费用和矫正负外部效应的重要方式。政府征收非税收入虽然客观上筹集了一部分资金，但我们不应混淆目的与手段，更不能将征收非税收入的手段作为增加政府收入的主要目的。由于非税收入的设立和资金使用都有特定的目的性，合理设立和规范管理非税收入，更有利于加强宏观调控的针对性。

在市场经济条件下，一些企业生产可能会对它自己以外的主体带来损害，即带来“负外部性”。由于外部性的产权难以界定，损益的范围和大小也很难确定，受“负外部性”影响的主体很难因受害而向带来“负外部性”的生产者索赔，这样，客观上诱发“负外部性”生产者过度地从事这类活动，而相关治理成本却要由社会来承担，造成明显的不公平和社会福利的损失。为此，政府就可以就此征收“矫正性收费”，例如，征收土地闲置费能有效促进对土地的合理开发和利用。对高污染的生产企业征收排污权出让收入等，即政府通过对负外部性生产者征收一定数额的非税收入，有效矫正其私人成本与社会成本之间的差距，从而达到消除负外部性行为的目的，实现社会公平，增进社会福利。

3. 加强和促进国家治理的重要手段

非税收入不仅是政府财政收入的筹集方式，也是社会治理的重要手段。非税收入与人民群众生活息息相关，非税收入征收管理规范化法制化程度，不仅影响政府的廉洁和效率，更重要的是关系到广大人民群众的切身利益。不断推进非税收入立法，增强政策透明度和执法统一性，统一税收和非税收入征管服务标准，从源头上、制度上防治腐败。通过划转非税收入的征管职责等改革，逐步构建起优化高效统一的政府财政收入体系，为纳税人和缴费人提供更加优质高效便利服务，提高税法遵从度和社会满意度，提高征管效率，有助于进一步降低征纳成本，增强税费治理能力，夯实国家治理的基础。

五、非税收入的学理基础

非税收入的取得，凭借的是政府拥有的公共权力和对国有资产的产权权利。不同类型的非税收入，其取得的理论依据也不相同。

1. 成本补偿理论

公共物品一般分为纯公共物品和准公共物品。理论上讲，纯公共物品应由政府提供，其成本补偿由个人或企业向政府缴税；准公共物品则可以通过缴税或者缴费两种方式来解决。非税收入是政府提供准公共物品的成本补偿。

纯公共物品在消费上具有非排他性和非竞争性，而且存在效用的不可分割性（如作为纯公共物品的生态保护、社会治安等）。准公共物品则兼具公共物品和私人物品的双重性，其非竞争性和非排他性相对较弱。由于公共物品具有可共同消费的特点，许多人不付费也能消费，所以会导致“免费搭车”现象，如果要采取措施将不付费的人排斥出去，往往技术上做不到，或者即使能够做到，排斥成本也十分高昂。根据边际成本定价原则，政府在向社会提供纯公共物品时，不应该向使用者直接收费，也很难通过非税的方式来为纯公共物品筹集资金，政府提供纯公共物品的成本只能通过强制征税来加以弥补。

非税收入作为政府提高公共物品供给效率的重要途径，可以减少“免费搭乘”现象。比如，准公共物品如公路、高等教育等若完全由政府以税收方式筹资然后免费提供，容易导致过度消费，造成消费拥挤，降低分配效率；而如果完全由市场提供，则又会造成商品供给量低于社会效率水平，导致社会福利损失。采用收费方式提供，虽然要承担一定的排他成本（如设立收费站、围墙等），但可以有效限制消费量，避免拥挤状态和拥挤成本，从而促使这类物品的分配效率和社会福利实现最大化。因此，对准公共物品成本的补偿，应当采用非税的形式，按照消费主体从准公共物品使用中获得的收益收取相关费用。

在实践中，准公共物品分配效率最大化理论的运用范围是：容易发生拥挤的公共运输、高速公路及其他基础设施；集中供水、供暖、供气的公用事业（这一部分目前在我国已基本转为经营服务性收费）；高等教育、特殊医疗服务等。这类行政收费也可叫“准入性收费”或“拥挤性收费”。采取收费的机制实际上是在准公共产品的生产和消费方面适度引入市场机制，以便能够较好地显示消费者的真实偏好，有效地组织收入，从而有助于提高公共决策水平和实现准公共产品的有效供给。

公共收费也有助于公共部门灵活、便利地履行社会职能和实施必要调控。

对于那些具有较强区域性或时效性的公共服务，如某些社区公共事务、一次性公共服务、个别污染行为的治理和高峰时期道路交通拥挤现象的缓解等，可以通过收费机制，实现有效的规制和必要的筛选。

例如，为了解决繁忙路段拥堵问题，新加坡在全球率先采用了电子道路收费系统（ERP），鼓励大家减少在繁忙道路高峰时段驾车。政府在所有通往市中心的主要道路上都设置了电子收费闸门，并在每辆机动车上安装了收费读卡器。电子收费闸门在高峰时段定时开启，汽车如在这时经过，闸门上的传感器就会感应，“过路费”自动从汽车的读卡器里扣除。道路电子收费系统对于调节不同时段的车流量起到很显著的作用，人们可以选择绕道而行，或是在非高峰时段驾车，这有效减少了道路拥堵现象的发生①。

通过收费方式对准公共物品的成本进行补偿，可以改善公共资源的使用效率，降低经济制度的扭曲程度，改进公共资源的配置效率，提高公共服务质量。

2. 受益者负担理论

受益者负担制度是从古罗马时代就开始运用的一种公用负担制度。受益者负担理论也是现行行政收费制度的主要支撑点之一，并作为公共负担的理论基础而使用。

在行政管理过程中，行政主体与相对人之间就特定事务会发生特别支出和特别收益的关系，会使部分社会成员得到特别收益。由于行政主体的特别活动是针对个别人满足或增进个别人的利益，因此，应该根据收益大小和服务成本，由直接的受益者承担由特别活动引起的特别支出。所以，受益者负担理论可以归纳为：对于特定公共事业、公共设施或行政服务的特别受益者，在其受益范围内，以使用费、手续费、费用等形式使其承担该项公共服务经费的一部分或者全部的理论。

如某项公共事业的目的是为了全体居民的利益，但客观上部分公共事业的利益会被特定人所享用。因此，应当将这部分由特定人享有的公共利益还原，即将这部分由特定人享有的公共事业经费分配给受益者负担，剩余部分则由一般人负担。这体现了在同一个公共事业中由一般受益者与特别受益者共同

① 邓飞：《新加坡很少堵车的秘密》，《中国经济导报》2013年6月25日第6版。

分担事业经费的性质，即“谁受益谁负担”，或者“行政特别支出补偿”。

受益者负担理论有两大特点：一是存在于行政主体向特别相对人提供“准私人产品”的领域，如自来水、管道煤气供给，这些产品的消费不会产生巨大的“效应外溢”，向受益者收费还有利于资源节约。二是与行政主体特定的行政职能联系密切，但收费本身并不是该行政职能的主要内容，而是“附带性”的。如许可证费、注册登记费，行政机关的主体行政行为分别是行政许可行为和注册登记行为，收费并不是该行政行为的必要内容，其存在理由是遵循“谁受益谁负担”理论，避免“免费相送”产生的显失公平后果。

“谁受益谁负担”运用于行政主体向特别的相对人提供特定服务并使其取得收益的领域。在某些情况下，对损坏特定公共设施（或公共事业）的人，要让其负担该设施的维护或修理费用的全部或者一部分，也属于受益者负担。因为从“受益”的角度来看，让损坏特定设施或者特定事业的实施人承担部分或者全部费用，相对于一般公民来说，其实质都是一种相对的“受益”。如日本《下水道法》第十八条规定：“对于由于损坏公共下水道设施的行为而使有关公共下水道设施的工程产生必要的费用，在该产生必要的范围内，公共下水道管理者可以使实施该行为者负担该费用的全部或者一部分。”①

我国《民法典》规定，损害国家的、集体的财产或者他人财产的，应当恢复原状或者折价赔偿。受害人因此遭受其他重大损失的，侵害人应当赔偿损失。但如果是由于紧急避险造成损害的，则由引起险情发生的人承担民事责任，也是对损坏赔偿的规定。

3. 矫正负外部效应理论

经济社会中的外部效应可分为正外部效应和负外部效应。正外部效应指的是交易双方之外的第三者可以取得未在价格中反映的收益；负外部效应是指交易双方之外的第三者可能承担未在价格中反映的成本费用。由于外部效应的产权往往难以界定，损益的范围和大小也很难确定，因此，受外部效应影响的主体很难因受害而向负外部效应生产者索赔，这样，客观上诱发负外部效应生产者过度地从事这类活动，使负外部效应进一步加剧，而由此产生的治理成本

---

① 江利红：《日本受益者负担制度研究》，《四川农业大学学报》2007年第25卷，第2期。

却要由社会来承担，造成明显的不公平和社会福利的损失。因此，在负外部效应的领域，市场机制失去调节作用，政府就应该承担起矫正外部效应的责任。

政府用于矫正外部效应的措施一般有两类：即矫正负外部效应的税收和收费与矫正正外部效应的财政补贴。由于负外部效应带来的社会成本难以估算，因此应根据消除或减轻负外部效应所需的治理成本来确定税率或收费的标准，遵循“谁污染谁治理”的公平分配原则。如我国《排污费征收标准管理办法》（国家发展计划委员会　财政部　国家环境保护总局　国家经济贸易委员会令第31号）第二条规定：“直接向环境排放污染物的单位和个体工商户，必须按照本办法规定，缴纳排污费。”具体征收排污费的项目包括“污水排污”“废气排污”“固体废物及危险废物排污”“噪声超标排污”等。我国在1979年就已经确立了排污费制度，2015年全国征收排污费173亿元，缴费户数28万户[①]。

在非税收入中，各种罚没收入也属于矫正性收入。罚款与罚没收入，是政府在实施社会经济管理职能中取得的一项收入副产品，政府依据公共权力为了社会整体利益而对少数个人或单位实施经济性惩戒，收取罚款罚没收入并非是政府社会经济管理的主要目标和出发点。罚没收入作为带有惩罚性的非税收入形式，是政府利用利益机制约束微观主体产生负外部效应的重要手段，它与行政手段、法律手段相互配合，能够有效矫正微观主体的行为模式，从而约束其负外部效应的频繁发生。在治理负外部效应的效果上，收费明显优于税收，这类收费具有某种“惩戒性”，能使生产者自觉减少负外部效应的产生。按照社会治理“负外部效应”的所需成本来核定收费标准，可以有效修正社会成本与微观（个体）成本的差距，使生产者负担真实的活动成本。

例如，2015年2月10日，国家发展改革委宣布对美国移动芯片巨头高通公司处以人民币60.88亿元人民币罚款（约合9.75亿美元），并为智能手机厂商授权使用其技术设定了费率。至此，为期长达14个月的反垄断调查正式宣告结束。高通公司随之发表声明称，国家发展改革委判决该公司违反了《中华人民共和国反垄断法》，并表示该公司并未对此判决提出异议。国际上对于这种

---

① 《中华人民共和国环境保护税法》已于2016年12月25日由十二届全国人民代表大会常务委员会第二十五次会议表决通过，并于2018年1月1日起施行。2018年1月1日起，根据《环境保护税法》规定征收环境保护税，不再征收排污费。

垄断行为都有一定的处罚标准，通常罚款金额会远远超出企业的违法所得，这样才足以震慑企业，使其在经营过程中不敢存在侥幸心理。因此，旨在矫正负外部效应的行政收费也可以称为“矫正性收费”。

4. 国有资产有偿使用理论

我国资源管理基本上是遵循国家所有权理论以及产权和经营权分离理论。这些理论在具体实践中的应用主要体现为“国家所有权主体明确为国务院代表”“政府的社会经济管理职能与国有资产所有者职能分开行使”“国家所有权实行统一所有，分级监管”“国有资本授权持股，建立国有资产出资人制度”“国有企业经营权进一步明确为法人财产权”“出现了非经营性资产的使用权”“普遍使用了产权的概念”等①。

在我国，公共资源归国家所有，由国家进行合理配置，交有关主体占有、使用和经营。国有资源的使用产权如果不加以确立和建立资源收费制度，社会主体就会对国有资源进行掠夺性破坏，任何人都会从“共有的池塘”里滥捕鱼类，在“共有的森林”里滥伐树木。而界定产权的最好方式就是建立资源有偿使用制度，即费用征收制度。这样，一是可以使国有资源产权规范清晰，使产权主体能自觉合理地使用资源，避免资源的浪费；二是可以给国家在保护和再生国有资源方面的投资提供充足的经费保障。此类收费适用于国家所有并经行政程序进行合理配置以便实现最大使用效益的公共资源（主要是自然资源），也可叫“界定性收费”。目前，扩大“使用者付费”范围已经成为市场经济国家的流行趋势，以提高资源配置效率。在我国非税收入中，体现国有产权的收入为国有资源有偿使用收入、国有资产有偿使用收入和国有资本经营收益。

六、非税收入的法制要求

众所周知，财税制度在国家建设过程中扮演着不可或缺的角色，它在很大程度上决定着国家治理制度转型的成败。在此宏观背景下，作为国家财税制度的重要组成部分，非税收入管理法制化尤为重要。非税收入管理的法制化指

① 谢次昌：《国家所有权理论在实践中的运用和发展》，《中国法学》1996年第6期。

的是根据法律至上、人人平等、依法行政以及保护公民等原则，把非税收入征管的全过程（立项、征收以及分配等环节）纳入法律的框架之中，做到有法可依、有法必依、执法必严，基本实现非税收入征管的法制化。在此基础上，进而把非税收入管理的全过程（设立和征收管理、票据管理、资金管理、减免缓征管理、监督管理和违规处理等）全面纳入到法治的轨道上，实现非税管理领域的科学立法、严格执法、公正司法、全民守法，全面实现非税收入管理的法治化①。具体而言，非税收入管理的法治要求包括以下内容：

1. 法律至上

法律至上是法治最重要的一条原则，因为它既是法治区别于人治的根本特征，也是构成其他法治要件的基础。

首先，法律至上是法治区别于人治的最主要特征。人治的本质是统治者个人或集团具有最高权威，法律法规仅仅只是服从于发挥其最高权威的工具。与人治或专制不同，法治在本质上讲就是依法治理，这就必然意味着法律具有最高权威，所有组织和个体都必须遵守它，以其为行动的边界和规则。在法治社会中，法律是整个经济社会运行最核心的调节器，从国家层面的阶级关系、利益关系、社会公共事业到公民个体层面的私人关系、利益关系等，都必须以法律作为主要的调节方式。

其次，法律至上是其他法治要件的基础。若不存在或确立宪法法律至上，也就是说，如果允许某些群体或个人凌驾于法律之上，那么人人平等、制约公

---

① 本书在理论分析和国家治理语境下，有时会前后或者交叉使用法制与法治两个词。笔者认为，法治固然有诸多区别，但二者并非是绝然分离的，有着密切联系，不能简单地将法制与法治割裂开来，对立起来。法制作为法律制度的简称，相对于法治是较低层次的，处于相对静止的状态，要解决的是有法可依的问题；法治则包括立法、执法、守法、法律实施和法律监督全过程，是一个相互配合全面治理的系统工程，相对法制处于较高层次，是一个由许多运动中的状态联系成的一个使法律从观念走向现实、从精神走向物质的过程，无非是对法律制度的运用和实施，要解决的是有法必依、执法必严、违法必究的问题。因而，完全可以这样说，法制是法治的前提和基础，法治是法制的立足点和归宿。法制规定得好坏，关系到法治能否真正实现，统治是否实现，也关系到法制是否可以得到进一步发展和完备。综上所述，我们既要重视非税收入法制建设，更要努力推进非税收入法治进程，从法治的高度来完善我国的非税收入立法工作。

共权力、维护公民权利等原则只能是美好的愿望或“纸上的法律”，无法真正地付诸于实践。由此可见，法治的其他要求只有在宪法法律至上原则的基础上才有可能实现。

非税收入管理涉及国家与社会乃至公民个体的利益，因此在非税收入管理中必须遵循法律至上的理念，不仅要从形式层面健全法律制度建设，严惩违反法律法规的行为，确保法律能够得到有效执行，树立法律的至上权威；而且还要从实质层面出发，培养政府工作人员与社会公民的法律信仰，促使所有人在精神层面建立起对宪法法律至上的理性认同，始终以法律为非税收入征管的最高规范与准绳，只有这样才能在非税收入征管过程中实现公平、正义。

2. 人人平等

法律面前人人平等是法治的基本精神。因为在传统社会中，由于存在着界限分明的等级体系，处在不同的社会阶级的人们在法律规定的权利与义务方面实际上是存在很大的不公平性的，底层社会民众往往处于非常弱势或低贱的地位。从关于法的文字起源来看，法律与公平就是互相嵌套、密不可分的，例如拉丁文“JUS”以及汉字“灋”等，这些有关法的文字都内含着平等、正义等含义，正如洛克所说，“国家的法律应该是不论贫富、不论权贵和庄稼人都一视同仁，并不因特殊情况而有出入”①。法律面前人人平等的基本精神要求政府及其工作人员必须坚持以法律为最高准则，客观公正地执行国家的法律法规，不能因公民个体在民族、性别、收入以及地位等方面的差异而予以区别对待。非税收入征管工作直接面对广大的人民群众，关系到民众的切身利益的实现。因而，更应该遵守法律面前人人平等的原则，依法公正地进行非税收入的征管工作，秉持一视同仁的态度，维护好最广大人民的利益。

3. 依法行政

依法行政是一条重要的政府行政原则，其基本要求主要包括合法行政、合理行政、程序正当、高效便民、诚实守信、权责统一。由于国家的人口和辖域规模广大，所有国家或政府都不可能使得治理权完全掌握在所有的统治阶级成员手里，因而公共权力必须通过法定程序授权于特定的人员来代理行使，这就造成了公共权力所有权与执行权的分离。这种两权分离的制度设计导致公共

① ［英］洛克：《政府论》（下篇），商务印书馆，1996，第58页。

权力始终处于被滥用的边缘。由此可见，公共权力存在着所有权的公共性和掌握运用的私人性之间的深刻矛盾，再加上监督制度的缺位和个人的趋利动机，使得公共权力的异化不可避免，本应服务于公众的公共手段却演变为小集团或个体谋取私利的工具。因此，必须通过法治来对政府公共权力进行制约，以保障社会公共利益的实现。法治强调法律的最高权威，不允许有任何人、任何组织凌驾于法律之上，正所谓“法之不行自上犯之”，因而法治首先约束的不是普通公民，而是政府及其公务人员。“权力行使是实现西方制度理论家的社会价值的关键；他们所关心的是这样一个问题，即要保证政府的权力行使受到控制，以便政府的权力行使不致摧毁政府权力有意促进的价值”①。权力分立和对权力的制约是法治的重要支撑点，舍此则很可能演变成法律被束之高阁的人治局面。法治首先强调的是对公共权力的行使者本身的监督与约束，而不是对公共权力的所有者即民众的监督与约束，这也正是法治与人治的重要区别所在。非税收入征管权属于公共权力的重要内容，自然也必须通过法治来对非税收入征管权力进行规范和监督，严格依法行政，防止公共权力限制在法治的轨道之上。

4. 保护私权

有种观点认为，国家机关是法治的主体，而人民群众则是法治的客体，由此推出依法治国等同于依法治民，这种观点显然严重扭曲了法治的内涵。恰恰相反，人民才是法治的主体，而政府是法治的客体，因为“一个切实可行并有效的法律制度必须以民众的广泛接受为基础”②，“任何个人均享有不可让与、不可动摇的主观权利，且这种权利先于甚至高于国家的权力，人们建立国家的目的就在于保护个人的权利。”③当然，要根本地保护好公民的权利，不仅需要增强公民自身政治参与的意识与能力，而且更要以公共权力受到法律规制为前提，政府应为公民维权提供制度保障。在非税收入征管中，应该做到以下几点：首先，采取行政行为时必须尊重行政相对人的人格，既不能采取明令禁止的暴力行为，也不能对相对人采取精神侮辱性的行为。其次，建立健全法律及

---

① ［英］M.J.C.维尔：《宪政与分权》，苏力译，三联书店，1997，第1页。
② 李步云：《论法治》，社会科学文献出版社，2008。
③ ［美］E.博登海默：《法理学：法律哲学与法律方法》，邓正来译，中国政法大学出版社，1999，第358页。

其制度，诸如申诉、复议以及诉讼等，以切实保障公民的各项基本自由，包括人身、言论等自由。不能随便限制公民的自由，即便是出于公共利益的需要，这种限制也不能超过必要的限度。最后，保护公民的政治权利，这些权利主要包括担任国家公职权、参与国家管理权、对国家机关及其政府官员监督权、申诉控告检举权等。

第二节　非税收入的管理体系

非税收入是我国政府财政收入体系的重要组成部分，是各级政府除了税收收入以外最重要的收入来源，尤其在地方财政收入中占有举足轻重的地位。加强非税收入管理，是我国市场经济条件下理顺政府分配关系，健全公共财政职能的客观要求，也是推进政府职能转变、促进社会经济持续协调健康发展的重要举措，是全面贯彻党的十九大精神的必然选择。2014年，国务院发布《关于深化预算管理制度改革的决定》（国发〔2014〕45号），该决定明确要求："加强非税收入管理。各地区、各部门要依照法律法规切实加强非税收入管理。继续清理规范行政事业性收费和政府性基金，坚决取消不合法、不合理的收费基金项目。加快建立健全国有资源、国有资产有偿使用制度和收益共享机制。加强国有资本收益管理，完善国家以所有者身份参与国有企业利润分配制度，落实国有资本收益权。加强非税收入分类预算管理，完善非税收入征缴制度和监督体系，禁止通过违规调库、乱收费、乱罚款等手段虚增财政收入。"

我国非税收入管理经过多年来的不断改革和完善，特别是近年来随着《中华人民共和国行政许可法》（以下简称《行政许可法》）、《中华人民共和国预算法》（以下简称《预算法》）、《政府非税收入管理办法》等法律、文件的颁布，已经基本形成较为规范的非税收入管理体系。

一、非税收入的管理体制

非税收入管理体制是中央和地方以及地方各级政府部门之间，财政与相关职能部门、单位之间，关于非税收入立项、执行以及资金管理权限划分的行政规范。非税收入管理体制是我国财政管理体制不可或缺的组成部分，其概念、原则等也与财政收入管理体制一脉相承，但在具体管理方面也有其自身的特点。

1. 非税收入管理体制概念

非税收入管理体制是确定中央、地方以及地方各级政府之间、财政部门与相关职能部门、单位之间非税收入管理的职责权限和收支范围的一项根本制度。由于非税收入本身内容的独特性，非税收入管理体制不仅涉及非税收入在政府（包括中央政府、省级地方政府以及地方各级）之间的分配关系的规范，还涉及其在政府部门、单位之间的分配规范。

2. 非税收入管理原则

非税收入管理体制是一个包括资金取得管理、资金的预算管理及资金的分配使用管理等所组成的体系。非税收入预算管理除了要遵循财政收支预算的基本原则外，还要遵循其自身的特定原则。

（1）统一领导、分级分类管理原则。

统一领导、分级分类管理是我国制定财政管理体制的基本原则，也是制定非税收入管理体制的基本原则。根据《政府非税收入管理办法》的规定，非税收入是政府财政收入的重要组成部分，应当纳入财政预算管理，非税收入实行分类分级管理。统一领导、分级分类管理原则本质上是处理集权与分权的关系。一般来说，凡是关系全局的管理权限一定要集中于中央和地方政府，不能分散，以保证政府的集中统一领导；凡是需要由地方和部门、单位因时、因地制宜的管理权限，要下放给地方、部门和单位，不宜统得过死，以充分调动地方、相关职能部门和单位的积极性。

“统一领导”要求非税收入管理的政策、制度由政府（包括中央政府和地方政府）制定，并要求下属各级政府、各部门及单位遵照执行。“统一领导”主要体现在两个方面：一是非税收入的立项权、标准制定及审批权归政府，属于全国性的非税收入项目归中央负责，属于地方性的非税收入项目归地方政府负责（如《政府非税收入管理办法》明确，政府性基金的设立和征收权限在国务院和财政部，地方政府的非税项目设立和征收权限在省级人民政府）；二是非税收入管理制度的审批和发布由同级人大或政府负责；三是非税收入的收支管理必须纳入政府预算和财政国库进行管理。

“分级分类管理”既包括政府间的分级管理，也体现在政府内部职能部门之间、政府与单位之间的分级管理。一是指非税收入具体项目的审定、批准以及非税收入管理制度的制定与发布分别由中央和地方政府分权管理；二是在人大与政府之间、政府相关职能部门（财政部门、物价管理部门）之间、部门与相关单位之间在非税收入的立项、标准制定、征收管理与资金使用方面，按照分权与制衡原则对非税收入征收管理方式进行分权管理。

（2）财权、事权相匹配原则。

合理划分中央与地方财政事权和支出责任是政府有效提供基本公共服务的前提和保障，是建立现代财税制度的重要内容，也是推进国家治理体系和治理能力现代化的客观需要。2016年，国务院发布了《关于推进中央与地方财政事权和支出责任划分改革的指导意见》（国发〔2016〕49号），明确提出“通过合理划分中央与地方在基本公共服务提供方面的任务和职责，形成科学合理、职责明确的财政事权和支出责任划分体系”，中央与地方财政要“做到支出责任与财政事权相适应。按照‘谁的财政事权谁承担支出责任’的原则，确定各级政府支出责任。对属于中央并由中央组织实施的财政事权，原则上由中央承担支出责任；对属于地方并由地方组织实施的财政事权，原则上由地方承担支出责任；对属于中央与地方共同财政事权，根据基本公共服务的受益范围、影响程度，区分情况确定中央和地方的支出责任以及承担方式”。

财权、事权相匹配本质上是事权与支出责任相适应。事权是指政府、职能部门、单位等非税收入使用主体的职责范围（包括处理属于职责范围内行政事务的法律许可及应承担的运用非税资金提供基本公共服务）；财权是指在法律或上级机关赋予的非税收入资金各使用主体拥有支配非税收入的权利。

财权、事权相匹配就是要按照“谁的非税收入事权谁承担支出责任”的原则，确定非税收入使用主体支出责任。对属于中央并由中央组织实施的非税收入事权，原则上由中央承担支出责任；对属于地方、部门、单位并组织实施的非税收入事权，原则上由地方、部门、单位承担支出责任；对属于中央与地方共同的非税收入事权，根据基本公共服务的受益范围、影响程度，区分情况确定中央和地方的支出责任以及承担方式。

（3）依法、规范、透明、高效原则。

2016年，财政部发布的《政府非税收入管理办法》第六条明确规定："非税收入管理应当遵循依法、规范、透明、高效的原则。"遵循依法、规范、透明、高效的原则需要做到以下四点：

第一，要健全非税收入法律制度体系，并与相关法律和制度的修订完善相衔接。要依照法律法规切实加强非税收入管理，加强非税收入分类预算管理，积极推进预算公开，完善非税收入征缴制度和监督体系，注重运用法律和制度规范非税收入预算管理，提高政府公共管理和公共服务水平。

第二，要厘清税收、非税收入和价格的边界。属于市场能发挥作用、可以通过价格机制解决的问题，应该交由市场解决；属于纯公共产品涉及国家或区域均等公共服务的，应该采用税收方式解决；属于准公共产品和公共服务范围的可以采取非税收入方式解决，并且在条件成熟时改为征收税收。继续清理规范行政事业性收费和政府性基金，坚决取消不合法、不合理的收费基金项目。

第三，坚持将全部非税收入纳入预算管理，并着力推进预算公开透明。实施全面规范、公开透明的非税收入制度，将公开透明贯穿非税收入的立项、审批、征收、管理、使用全过程，强化对非税收入的监督和约束作用。

第四，加强非税收入绩效管理。全面推进非税收入绩效管理工作，强化支出责任和效率意识，逐步将绩效管理范围覆盖各非税收入主体和所有非税收入项目。开展非税项目的开征、执行、结果的绩效管理，对拟开设的非税项目，从收入规模、收入质量、收入管理、收入成本、收入潜力、社会影响进行测算和可行性评价等方面进行科学评估，严格项目立项审批；对项目执行进行经济、效率性评价，做好项目征收过程和征收结果的评估，将绩效评价重点由非税收入支出拓展到非税收入政策、制度、管理等方面，加强绩效评价结果应用，从社会整体的角度来评估其正面积极影响和负面消极影响，并将评价结果作为完善非税收入管理的重要依据。

二、非税收入的管理内容

按照相关法律、文件规定，我国现行非税收入管理主要包括非税收入设立、征收、票据、资金和监督管理等内容。

（一）非税收入管理范围

我国现行非税收入管理范围具体包括：行政事业性收费收入、政府性基金收入、罚没收入、国有资源（资产）有偿使用收入、国有资本收益、彩票公益金收入、特许经营收入、中央银行收入、以政府名义接受的捐赠收入、主管部门集中收入、政府收入的利息收入、其他非税收入。暂不包括社会保险费、住房公积金（指计入缴存人个人账户部分）。

（二）非税收入管理部门及职责

非税收入实行分级分类管理，根据非税收入不同类别和特点，制定与分类相适应的管理制度。鼓励各地区探索和建立符合本地实际的非税收入管理制度。各级财政部门是非税收入的主管部门。财政部负责制定全国非税收入管理制度和政策，按管理权限审批设立非税收入，征缴、管理和监督中央非税收入，指导地方非税收入管理工作。县级以上地方财政部门负责制定本行政区域非税收入管理制度和政策，按管理权限审批设立非税收入，征缴、管理和监督本行政区域非税收入。各级财政部门应当完善非税收入管理工作机制，建立健全非税收入管理系统和统计报告制度。省级财政部门可以根据财政部规定，结合本地区实际情况，制定本地区非税收入管理的具体实施办法。

（三）非税收入的设立和征收管理

1. 非税收入设立和征收权限

非税收入的设立和征收，应当依据法律、法规的规定或者按下列管理权限予以批准：

行政事业性收费设立和征收权限：按照国务院和省、自治区、直辖市（以下简称“省级”）人民政府及其财政、价格主管部门的规定设立和征收。收费项目实行中央和省两级审批制度。中央单位申请设立收费项目，应当向财政部、国家发展改革委提出书面申请，由财政部、国家发展改革委审批。中央单位申请设立下列收费项目，属于重要收费项目，应当向财政部、国家发展改革委提出书面申请，由财政部、国家发展改革委审核后报国务院批准：在全国范围内实施的资源类收费；在全国范围内实施的公共事业类收费；对国民经济和社会发展具有较大影响的其他收费。省级单位、省以下单位，申请设立一般收费项目，应当向省级财政、价格主管部门提出书面申请，由省级财政、价格主管部门审批。省级单位、省以下单位申请设立重要收费项目和设立专门面向企业的收费项目，应当向省级财政、价格主管部门提出书面申请，由省级财政、价格主管部门审核后报省级政府批准。

政府性基金设立和征收权限：按照国务院和财政部的规定设立和征收。政府性基金项目立项的总体原则是：符合法律法规和党中央国务院规定；有利促进国民经济持续稳定健康发展；符合国家财税政策和产业政策；来源合理，负担水平合理。政府性基金项目立项权限归财政部，重要的报国务院。《财政部关于公布保留的政府性基金项目的通知》（财综〔2002〕33号）第七条指出，今后除法律、国家行政法规规定外，国家原则上不再审批新的政府性基金项目。改变征收对象、调整征收范围，也要按照规定程序进行申报。《财政部关于加强政府性基金管理问题的通知》（财综字〔2000〕22号）明确，各地区、各部门申请设立政府性基金项目、变更项目名称，改变征收对象、调整征收范围或标准、减免政府性基金等，一律按照上述规定程序办理。其他任何部门和地区均无权批准设立政府性基金项目、改变征收对象、调整征收范围和标准、减免政府性基金，也不得以行政事业性收费名义变相批准设立政府性基金项目。

国有资源有偿使用收入、特许经营收入设立和征收权限：按照国务院和省级人民政府及其财政部门的规定设立和征收。

国有资产有偿使用收入、国有资本收益设立和征收权限：由拥有国有资产（资本）产权的人民政府及其财政部门按照国有资产（资本）收益管理规定征收。国有资源收益项目依据法律、法规和规章的相关规定具体设定，现行国有资源收益如矿产资源收益、土地资源收益、林业资源收益、水资源收益等，它们的设定分别由《中华人民共和国矿产资源法》（以下简称《矿产资源法》）《中华人民共和国土地管理法》（以下简称《土地管理法》）《中华人民共和国森林法》（以下简称《森林法》）《中华人民共和国水法》（以下简称《水法》）等规定设定。

彩票公益金设立和征收权限：按照国务院相关规定及《彩票公益金管理办法》（财综〔2012〕15号）等规定设立和征收。

中央银行收入设立和征收权限：按照国务院相关法律法规征收。

罚没收入设立和征收权限：按照《中华人民共和国行政处罚法》（以下简称《行政处罚法》）等法规和规章的规定征收。

主管部门集中收入、以政府名义接受的捐赠收入、政府收入的利息收入及其他非税收入按照同级人民政府及其财政部门的管理规定征收或者收取。

任何部门和单位不得违反规定设立非税收入项目或者设定非税收入的征收对象、范围、标准和期限。非税收入的取消、停征、减征、免征或者缓征，以及非税收入征收对象、范围、标准和期限的调整，按照设立和征收非税收入的管理权限予以批准，不许越权批准。取消法律、法规规定的非税收入项目，应当按照法定程序办理。

2. 非税收入缴纳义务人

公民、法人或者其他组织（以下简称“缴纳义务人”）应当按规定履行非税收入缴纳义务。对违规设立非税收入项目、扩大征收范围、提高征收标准的，缴纳义务人有权拒绝缴纳并向有关部门举报。缴纳义务人因特殊情况需要缓缴、减缴、免缴非税收入的，应当向执收单位提出书面申请，并由执收单位报有关部门按照规定审批。

3. 非税收入执收部门

非税收入目前仍由财政部门直接征收，或者由财政部门委托的部门和单位（以下简称“执收单位”）征收。未经财政部门批准，不得改变非税收入执收单位。法律、法规对非税收入执收单位已有规定的，从其规定。2018年通过的《深化党和国家机构改革方案》明确，将省级和省级以下国地税机构合并，具体承担所辖区内各项税收、非税收入征管等职能。国地税合并后，实行以国家税务总局为主与省（区、市）人民政府双重领导管理体制。税务机关将承担相应非税收入征管职责。

执收单位主要职责包括：公示非税收入征收依据和具体征收事项，包括项目、对象、范围、标准、期限和方式等；严格按照规定的非税收入项目、征收范围和征收标准进行征收，及时足额上缴非税收入，并对欠缴、少缴收入实施催缴；记录、汇总、核对并按规定向同级财政部门报送非税收入征缴情况；编报非税收入年度收入预算；执行非税收入管理的其他有关规定。

执收单位不得违规多征、提前征收或者减征、免征、缓征非税收入。财政部门不得向执收单位下达非税收入指标。

4. 非税收入的收缴管理

非税收入收缴实行国库集中收缴制度。非税收入应当全部上缴国库，任何部门、单位和个人不得截留、占用、挪用、坐支或者拖欠。

5. 非税收入项目实行清单管理

根据《财政部关于加强全国政府性基金和行政事业性收费目录清单“一张网”管理有关事项的通知》（财税〔2017〕69号）规定，为进一步加强和规范政府性基金和行政事业性收费管理，提高收费基金政策透明度，主动接受社会监督，按照国务院决策部署，财政部在门户网站公布全国政府性基金和行政事业性收费目录清单“一张网”，集中公示中央和各省（区、市）政府性基金和行政事业性收费目录清单。财政部负责编制“一张网”中的全国政府性基金目录清单、全国性及中央部门和单位行政事业性收费目录清单、全国性及中央部门和单位涉企行政事业性收费目录清单，对清单内容的完整性、准确性和时效性承担主体责任。各省（区、市）财政厅（局）负责编制“一张网”中各省（区、市）设立的行政事业性收费目录清单和涉企行政事业性收费目录清单，对清单内容的完整性、准确性和时效性承担主体责任。财政部指导和监督地方收费基金目录清单管理工作。未列入清单名录的非税收入项目不得征收。

（四）非税收入票据管理

《政府非税收入管理办法》对非税收入票据管理作了以下明确规定：非税收入票据是征收非税收入的法定凭证和会计核算的原始凭证，是财政、审计等部门进行监督检查的重要依据。非税收入票据种类包括非税收入通用票据、非税收入专用票据和非税收入一般缴款书。

具体适用下列范围：①非税收入通用票据，是指执收单位征收非税收入时开具的通用凭证；②非税收入专用票据，是指特定执收单位征收特定的非税收入时开具的专用凭证，主要包括行政事业性收费票据、政府性基金票据、国有资源（资产）收入票据、罚没票据等；③非税收入一般缴款书，是指实施非税收入收缴管理制度改革的执收单位收缴非税收入时开具的通用凭证。

各级财政部门应当通过加强非税收入票据管理，规范执收单位的征收行为，从源头上杜绝乱收费，并确保依法合规的非税收入及时足额上缴国库。非税收入票据实行凭证领取、分次限量、核旧领新制度。执收单位使用非税收入票据，一般按照财务隶属关系向同级财政部门申领。除财政部另有规定以外，执收单位征收非税收入，应当向缴纳义务人开具财政部或者省级财政部门统一监（印）制的非税收入票据。对附加在价格上征收或者需要依法纳税的有关非税收入，执收单位应当按规定向缴纳义务人开具税务发票。不开具前款规定票据的，缴纳义务人有权拒付款项。

非税收入票据使用单位不得转让、出借、代开、买卖、擅自销毁、涂改非税收入票据；不得串用非税收入票据，不得将非税收入票据与其他票据互相替代。非税收入票据使用完毕，使用单位应当按顺序清理票据存根、装订成册、妥善保管。非税收入票据存根的保存期限一般为5年。保存期满需要销毁的，报经原核发票据的财政部门查验后销毁。另外，2017年发布的《国家税务总局办公厅关于全面推行财政票据电子化管理系统的通知》（税总办发〔2017〕125号）要求从2018年1月1日起停止使用手工票据，全面实施财政票据电子化管理。

（五）非税收入资金管理

非税收入依照法律、法规规定或者按照管理权限确定的收入归属和缴库要求，缴入相应级次国库。非税收入通过国库单一账户体系收缴、存储、退付、清算和核算。

非税收入实行分成的，按照事权与支出责任相适应的原则确定分成比例，并按下列管理权限予以批准：涉及中央与地方分成的非税收入，其分成比例由国务院或者财政部规定；涉及省级与市、县级分成的非税收入，其分成比例由省级人民政府或者其财政部门规定；涉及部门、单位之间分成的非税收入，其分成比例按照隶属关系由财政部或者省级财政部门规定。上下级政府分成的非税收入，由财政部门按照分级划解、及时清算的原则办理。

未经国务院和省级人民政府及其财政部门批准，不得对非税收入实行分成或者调整分成比例。已上缴中央和地方财政的非税收入依照有关规定需要退付的，分别按照财政部和省级财政部门的规定执行。

非税收入根据性质不同，分别纳入一般公共预算、政府性基金预算和国有资本经营预算管理。

各级财政部门按照相关规定加强政府性基金、国有资本收益与一般公共预算资金统筹使用，建立健全预算绩效评价制度，提高资金使用效率。

（六）非税收入的减征、免征、缓征

执收单位或者其委托单位应当严格依法征收非税收入，确保应收尽收，不得多征、少征或者擅自减征、免征、缓征。根据财综〔2004〕53号文件规定，符合国家规定审批程序批准设立的行政事业性收费和政府性基金，必须严格按照规定范围和标准及时足额征收。未经财政部和省、自治区、直辖市财政部门批准，执收单位不得减免行政事业性收费；未经国务院或财政部批准，执收单位不得减免政府性基金。

根据《预算法》第五十五条规定，预算收入征收部门，必须依照法律、行政法规的规定，及时、足额征收应征的预算收入。不得违反法律、行政法规规定，擅自减征、免征或者缓征应征的预算收入，不得截留、占用或者挪用预算收入。

非税收入缴款义务人符合减征、免征、缓征非税收入条件的，可以提出书面申请，由国家、省以及市政府和市财政部门规定的机关批准。批准机关应当明确申办的依据、范围、条件、时限、程序，并由执收单位及其委托单位向社会公布。

按照现行分级财政管理体制，减征、免征、缓征非税收入只限于本级，不能跨级。减征、免征或者缓征非税收入，要报同级财政部门审批。属上级财政部门参与分成的收入，由上级财政部门审批。下级上缴上级主管部门非税收入的减缴、免缴或缓缴，由上级主管部门根据实际情况审核后报同级财政部门批准。如缴款义务人确因特殊情况需要减缴、免缴、缓缴非税收入的，可以提出书面申请，由法律、法规、规章、国务院和省人民政府规定的机关批准。

（七）非税收入监督管理

各级财政部门应当建立健全非税收入监督管理制度，加强非税收入政策执行情况的监督检查，依法处理非税收入违法违规行为。执收单位应当建立健全内部控制制度，接受财政部门和审计机关的监督检查，如实提供非税收入情

况和相关资料。

各级财政部门和执收单位应当通过政府网站和公共媒体等渠道，向社会公开非税收入项目名称、设立依据、征收方式和标准等，并加大预决算公开力度，提高非税收入透明度，接受公众监督。

任何单位和个人有权监督和举报非税收入管理中的违法违规行为。各级财政部门应当按职责受理、调查、处理举报或者投诉，并为举报人保密。对违反规定设立、征收、缴纳、管理非税收入的行为，依照《预算法》《财政违法行为处罚处分条例》（国务院令第427号）和《违反行政事业性收费和罚没收入收支两条线管理规定行政处分暂行规定》（国务院令第281号）等国家有关规定追究法律责任；涉嫌犯罪的，依法移送司法机关处理。

（八）非税收入的违规处理

对于非税收入管理中的违规行为，可依据《行政许可法》《违反行政事业性收费和罚没收入收支两条线管理规定行政处分暂行规定》《财政违法行为处罚处分条例》《行政事业性收费和政府性基金年度稽查暂行办法》（财综〔2002〕38号）等相关法律、法规进行处理。

违规的主要处罚有：对直接负责的主管人员和其他直接责任人员，视情节严重，给予以下处分；给予警告处分、给予记大过处分、给予降级或者撤职处分、给予开除处分、构成犯罪的，依法追究刑事责任。

三、非税收入征管职责划转

我国非税收入涉及主体多，覆盖企业、机关事业单位、社会组织、自然人等各类群体；涉及领域广，从土地、水、电、油到教育、文化、娱乐，几乎涵盖经济社会发展的方方面面。

为促进政府职能转变、优化营商环境、提升国家治理水平、推动高质量发展，党中央、国务院作出将非税收入征管职责划转到税务部门的重大决策部署，这既有利于构建起职责清晰、流程顺畅、征管规范、协作有力、便民高效的非税收入征缴体制机制，促进非税收入管理体制的完善，同时有力推进非税收入法制化进程提质加速。

（一）合理确定划转范围

2018年6月，中共中央办公厅、国务院办公厅印发的《国税地税征管体制改革方案》要求按照便民、高效的原则，合理确定非税收入征收职责划转到税务部门的范围，对依法保留、适宜划转的非税收入项目，成熟一批划转一批，逐步推进。结合非税收入征管实际，划转的范围分为以下两类：

第一类是对中央设立项目由财政部确定具体范围，经国务院同意后，统一划转税务部门征收。由相关部门对全国性非税收入项目逐项进行研判，将依法设立、具有公共性普遍性、适宜税务部门征收的项目报经国务院批准后划转税务部门。

第二类是省级设立的非税收入项目由省级人民政府比照国家确定的划转原则，商国家税务总局后确定划转范围。主要是从全国来看，省级非税收入项目数量较多，名称、对象、标准不尽一致，多为工本费用一类的项目，且费权在地方，不宜纳入全国统一划转范围，而由各省政府自行明确是否划转。

值得注意的是，教育费附加、地方教育附加、文化事业建设费、废弃电器电子产品处理基金、残疾人就业保障金等5项非税收入，明确税务部门继续履行征管职责。同时，对机构改革前各地国税、地税部门已征收的非税收入项目，原则上在原实施范围内由新组建的税务部门继续承接。个别省已委托地税部门征收的，由新组建的税务部门继续征收。

同时，我们还应注意到部分非税收入不适宜划转税务部门征收，不纳入划转范围。一是工本费用类。主要是随公民办事，当场缴纳、当场办结的费用和事项，如果交由税务部门征管，会增加办事环节，不符合“放管服”改革精神。如签证费、证照费、考试考务费等，地方设立的行政事业性收费也基本属于此类。二是直接缴库类。罚没收入、中央银行收入、以政府名义接受的捐赠收入、主管部门集中收入、政府收入的利息收入等就属于此类。这类收费由有关单位、企业、个人一次性通过银行缴纳或划转财政部门，渠道已经较为通畅。三是监管服务类。这类非税收入与职能部门的监管业务、技术手段等结合紧密，计费依据由相关部门确定，税务部门不具备单独当场办事、征收条件。如特种设备检验检测费、航空业务权补偿费等。四是待清理类。各地存在少数法律依据不充分、不明确、有争议、有待清理的非税收入，这类项目也不宜划转。

（二）始终坚守划转原则

着眼于有利于便民办事缴费、有利于财政收支管理、有利于税务征管高效、有利于部门正常履职，进而提高国家治理能力的考虑，非税收入征收职责划转改革遵循了“依法、统一、便民、高效”的原则：

一是依法。国务院大力清理非税收入，政府工作报告多次提出要为市场主体减轻负担，坚决取消不合理收费。税务部门统一征收的非税收入应该是符合国务院、财政部规定的项目。对可能纳入清理范围的非税收入，不纳入改革范围。

二是统一。征收范围较为普遍，征收标准相对统一的非税收入项目，可统一改由税务部门征收。例如，可再生能源发展基金、国家重大水利工程建设基金等随电价附征的政府性基金。

三是便民。非税收入划转税务部门征收，要能进一步简化缴费人办事环节，方便办理缴费。例如，财政部原驻各地监察专员办事处征收的非税收入项目如果划转税务部门征收就能够实现“税费统缴”，减轻企业负担。

四是高效。缴费人、计费依据等与税收具有关联性的非税收入由税务部门征收，更有利于发挥税务部门税费“同征、同管”的优势，也更有利于提高征收效率。例如，按营业收入或者流转税比例征收的水利建设基金。

（三）有序推进分步划转

第一批：自2019年1月1日起，财政部原驻各地专员办征收的11个项目[①]，以及北京的世界文化遗产门票收入[②]、山西的市政公共资源有偿使用收

① 自2019年1月1日起，原由财政部驻地方财政监察专员办事处负责征收的国家重大水利工程建设基金、农网还贷资金、可再生能源发展基金、中央水库移民扶持基金（含大中型水库移民后期扶持基金、三峡水库库区基金、跨省际大中型水库库区基金）、三峡电站水资源费、核电站乏燃料处理处置基金、免税商品特许经营费、油价调控风险准备金、核事故应急准备专项收入，以及国家留成油收入、石油特别收益金，划转至税务部门征收。

② 世界文化遗产保护范围内实行特许经营项目的有偿出让收入和世界文化遗产的门票收入属于国有资产有偿使用收入。根据北京市人民政府办公厅关于社会保险费和非税收入征管职责划转工作的有关要求，自2019年1月1日起，北京市成人高考招生经费、世界文化遗产门票收入（颐和园、天坛公园）和户外广告设施招标及拍卖收入3项非税收入将统一由税务部门负责征收。

入[①]、湖南的河道砂石资源开采权出让收入[②]等21个省级项目划转税务部门征收，收入规模约1400亿元。

第二批：自2020年1月1日起，水利建设基金和国家重大水利工程建设基金地方部分，以及园林绿化补偿费、绿化用地面积补偿费2个省级项目划转税务部门征收，收入规模约200亿元。

第三批：自2021年1月1日起，水土保持补偿费、地方水库移民扶持基金、排污权出让收入、防空地下室易地建设费4项，以及河道砂石经营收益、青海湖景区旅游门票等17个省级项目划转税务部门征收。

第四批：自2021年7月1日起，将自然资源部门负责征收的土地闲置费、住房城乡建设等部门负责征收的按行政事业性收费管理的城镇垃圾处理费划转至税务部门征收。

第五批：自2021年7月1日起，选择在河北省、内蒙古自治区、上海市、浙江省、安徽省、青岛市、云南省（自治区、直辖市、计划单列市）以省（区、市）为单位开展征管职责划转试点，明确将由自然资源部门负责征收的国有土地使用权出让收入、矿产资源专项收入、海域使用金、无居民海岛使用金等四项非税收入划转给税务部门负责征收，其他未开展征管划转试点地区自

① 根据财政部、国家发展改革委、住房和城乡建设部联合下发的《市政公共资源有偿使用收入管理办法》规定，市政公共资源是指政府为了满足城市公共需要，在城市的建成区和规划区内，投资建设或者依法行使所有者权益的市政设施、公共场地（所）、公共空间以及相关的无形资产、公共服务等。市政公共资源有偿使用收入，是指县级及县级以上地方人民政府出让或者以其他有偿方式（出租、出借等）转让市政公共资源的占有权、使用权、收益权、经营权及其相关权益，所取得的收入。包括但不限于以下收入：（一）城市公共场地、场所等有偿使用收入；（二）市政道路路内停车泊位及政府投资的公共停车场等有偿使用收入；（三）政府投资的城市地下人防设施等地下公共空间有偿使用收入；（四）市政公共设施、空间、地名等冠名权有偿使用收入；（五）公园绿地等城市绿地内配套服务设施（含临时设置）及场地有偿使用收入；（六）城市公共空间广告设置权等有偿使用收入。

② 河道砂石资源有偿使用收入包括河道砂石资源开采权出让收入和河道砂石资源政府统一开采上缴收入（原河道砂石经营收益）。根据《湖南省河道砂石资源有偿使用收入管理办法》规定，河道砂石资源有偿使用收入由县级以上财政部门负责管理，并按属地管辖原则，由所在地的税务部门负责征收。

2022年1月1日起全面实施征管划转工作。

四、税务部门非税收入管理特点

划转改革全面实施以来，税务部门充分利用税收征管工作经验，着眼于促进全国非税收入征管一体化、规范化，坚持税费皆重原则，有效提高非税收入征管效率，在保障非税收入安全方面发挥了重要作用，为非税收入管理的法制化提供了生动实践。

（一）抓好顶层设计，强化非税收入征管规范化法制化

税务部门抓住顶层设计这个关键，推进非税收入征管规范化。在非税收入征管方面充分借鉴税收征管的成功经验，既发挥税务部门的固有优势，也注意总结地方非税管理经验；既坚持“税费皆重”，也注意根据非税收入特点实现“一费一策”。一是注重加快推进非税收入征管流程、征管规范的顶层设计，推动非税收入征管流程的一体化，及时梳理和总结非税划转项目征管经验，分类制定非税收入征管流程和操作指引，有序推进非税收入管理法制化进程。二是借鉴税收风险管理的经验，探索完善非税收入风险分析模型和风险指标体系，初步建立了风险识别、风险推送、风险应对的闭环管理机制，非税收入征管风险管理能力和水平有效提升。

（二）抓好协同共治，强化非税收入治理集成式智能化

截至目前，非税收入划转改革已基本完成，税务部门在全国统一征收27项中央非税收入项目，部分地区征收40个省级项目，收入规模近9万亿元，税务部门税费皆重、协同发展的征管格局逐渐形成。

非税收入征收过程涉及各职能管理部门、各执收执罚单位、代收银行等，与各机构协同共治是非税收入治理的必然趋势和现实需要。目前，各地在非税收入收缴管理电子化方面进行了许多有益的探索，形成了宝贵的经验，同时利用税务系统现有信息系统架构和资源，按照税费协同的理念，积极推进税费智慧体系建设。

一是大力推进非税收入大数据与税收大数据的资源集成，探索建立税费通用的大数据采集、处理、更新、应用、交换的制度、规范和方法。加强数据

共治，完善非税收入数据交换机制，扩展数据共享交换的深度和广度，拓展与其他相关部门业务协同范围，探索构建开放、互信、安全的协同共治体系。

二是落实《国务院办公厅关于加快推进政务服务“跨省通办”的指导意见》（国办发〔2020〕35号）有关决策部署，方便缴款人跨省异地缴纳政府非税收入，就“跨省通办”政务服务事项涉及的政府非税收入，打造线上缴款为主、线下缴款为辅的多样化缴款模式，方便缴款人自主选择缴款渠道，确保如期实施政务服务“跨省通办”。

税收现代化，关键在于人的现代化。国家治理能力现代化视域下的非税收入管理法制化，关键在于高素质专业化非税人才培养，各级税务部门应将更多政治素质高、法治意识强，业务能力优的年轻干部充实到非税收入管理部门，并结合基层单位意见建议和人员岗位变动实际情况，通过选拔测试对团队人员实时调整，配齐配强专业化团队人员，更好地适应了税费皆重的工作要求，高质量推进税费治理体系和治理能力现代化。

五、非税收入管理与非税收入法定

建立现代财税制度，全面推进依法治国，最终实现国家治理体系和治理能力现代化，不仅要求税收法定，还要求非税收入也要法定，最终实现全部政府收入法定。落实非税收入法定进而实现全部政府收入法定，对于建立现代财税制度、全面推进依法治国，发展社会主义民主政治，实现国家治理体系和治理能力现代化具有十分重要的意义。

（一）非税收入法定的由来

非税收入同样是政府收入的重要来源。包括非税收入在内的政府收入法定原则的确立，来源于确立税收法定原则的原理和内涵。

税收法定原则伴随着近代资产阶级革命逐步确立起来，其出发点是限制和约束国王或政府的征税权，最终结果体现为民意代表机关取得对征税权的控制。税收法定原则之所以为当今各国所接受，主要是因为其蕴含着以下重要功能：一是体现了现代法治国家保护公民权利（私权利）、限制政府权力（公权力）的要义；二是体现和保障了税收民主，国家征税要经过公民的同意，应当体现公民意志；三是能够给公民的经济社会生活带来稳定性和可预期性，同时，也能够依法保障国家的税收收入。

非税收入同样是政府对公民财产的征收，上述原理和内涵同样适用于非税收入等全部政府收入。这是民主原则、法治原则在财政领域的具体体现和必然要求。

（二）非税收入管理与法定现状

长期以来，我国非税收入一直与“乱收费、乱集资、乱摊派”等现象联系在一起，社会的负面反响仍然比较普遍。其中的根本原因在于法治建设滞后，非税收入管理法制化程度不高。

党的十八大以来，我国非税收入制度建设取得长足进展。2016年，财政部制定了《政府非税收入管理办法》。近年来，财政部和相关部门按照分类管理、分类施策原则，陆续制定了一批专项管理规定。这些部门规范性文件基本构成了我国目前非税收入管理制度体系，相关部门主要依据这些规范性文件进行非税收入法制化管理。

为有效遏制各种“乱收费、乱集资、乱摊派”，进一步规范收费基金管理，2013年以来，中央政府采取了一系列降费措施，清理取消了一些收费基金项目。2017年，财政部公布了全国政府性基金和行政事业性收费目录清单“一张网”，明确清单之外一律不得收费，力求从源头上防范乱收费。2019年，又进一步减免降低部分收费基金。截至目前，中央设立的行政事业性收费由185项减少至49项，减少幅度为73%，其中涉企收费由106项减少到33项，减少幅度为69%；政府性基金由30项减少至21项，减少幅度为30%。各省（区、市）也对本辖区设立的行政事业性收费项目进行了清理规范，设立的行政事业性收费平均约14项，其中涉企收费平均约3项，大幅减轻了企业负担。但是，企业对涉企收费项目过多、负担过重、收取不规范、不合理高价等问题的反映依然强烈。这些违规涉企收费问题严重影响企业获得感，对减税降费产生较大的冲抵效应。要贯彻落实好各项减税降费措施，就必须规范涉企收费行为，加强违规收费治理，确保减税降费的改革红利充分释放。2019年，国家市场监管总局、国家发展改革委等七部委联合印发《关于进一步加强违规涉企收费治理工作的通知》(以下简称《通知》)，系统部署了规范涉企收费行为、加强违规收费治理的各项工作，对全面落实简政减费政策，优化营商环境，推动涉企收费治理的规范化、法制化具有重要作用。

首先，规范涉企收费行为是世界各国税费治理的普遍需要。世界上绝大多数国家的企业支出中，均同时包含“税”和“费”两个方面。国际货币基金组织（International Monetary Fund，简称IMF）的政府财政统计数据显示，世界各国的财政收入中都有一定比重的“费”，平均占比在20%左右。在美国，“使用者收费”一直是其政府非税收入中不可或缺的组成部分，政府所有的企业和公共财产收入、公共设施使用费、行政性收费、罚款和没收资产收入等是其非税收入的主要来源，占州政府财政收入的20%左右；在加拿大，国有自然资源开发收费、政府特许权收费、教育服务收费和国有资产经营收益等是政府非税收入的主要组成部分，占联邦财政收入的10%—11%左右。总体上，各国的涉企收费都与政府职能密切相关，都存在规范收费行为、统一立法等治理需要。我国企业乃至社会公众对涉企收费的感受不佳，很大程度上是源于部分政府部门下属单位、中介机构、商业银行等市场主体借助优势地位“隐性”乱收费问题还比较突出。《通知》并没有简单复制世界其他国家收费治理模式，而是紧扣当前我国涉企收费存在的问题，提出有针对性的治理措施，充分体现了中国政府治理违规涉企收费坚持问题导向的务实态度和敢啃硬骨头的担当精神。

其次，零“乱收费”是我国必须达到的税费治理良善目标。近年来，面对疫情等国内外超预期因素叠加冲击，我国经济在应对挑战、克服困难中前行。党中央、国务院把宏观政策着力点聚焦到市场主体这个经济发展的根基上，直面市场形势变化和市场主体需求，实施大规模减税降费、缓税缓费等政策，公平普惠帮扶市场主体尤其是中小微企业和个体工商户渡难关。数据显示，2022年，我国新增减税降费及退税缓税缓费超过4.2万亿元；截至2023年1月，我国市场主体达1.7亿户，其中全国登记在册个体工商户1.14亿户。减税降费、缓税缓费等政策切实让企业得到了实惠，但从长远来看，明明白白缴费、轻轻松松办事，企业才能持续发展。违规涉企收费，尤其是政府部门下属单位、中介机构等收费主体强制收费的行为于法无据、扰民渔利，不仅影响市场主体稳定发展的预期，还会冲抵政策效力，蚕食改革红利，破坏营商环境和损害政府公信力。在政府已经大幅减少行政事业性收费项目、降低收费标准的背景下，当前涉企收费治理的关键就在于对各类涉企收费行为的规范和监管，提升涉企收费的透明度，杜绝各类违规收费行为，切实做到零“乱收费”，让政府的减税降费政策发挥更大效应，让企业看到实实在在的变化。

最后，规范收费行为对增强企业获得感，激发企业活力意义深远。改革开放40多年的实践证明，市场主体发展得好，经济社会发展就有动力和活力。随着国家稳经济一揽子政策措施持续发挥效应和优化调整疫情防控措施的落实，当前经济运行正在回升。但也要清醒看到，我国发展面临的外部环境依然严峻，国内需求恢复基础尚不牢固，市场主体特别是中小微企业、个体工商户困难较多，经济平稳运行仍面临不少风险挑战。在这个关键节点上，必须健全长效机制，坚持标本兼治，把整治涉企违规收费与落实助企纾困政策、优化营商环境、激发市场活力紧密结合起来。要持续完善收费清单等制度，从根本上杜绝利用行政权力乱收费、借行政影响力强制诱导收费等行为；对搞变通、打折扣的涉企违规行为，要严肃查处、绝不姑息，让市场主体放心安心去发展创造。减税降费，不单纯是收费项目减少、费用降低，更关键的是规范政府部门及其下属单位、中介机构及商业银行等各类收费主体的行为，推动涉企收费治理的规范化、法治化，让涉企收费行为有规则、受监督、可评估，让企业明明白白缴费。这些治理措施将对进一步简政放权，保障企业合法利益，改善营商环境，激发企业活力，尤其是对发挥市场配置资源的决定性作用，更好发挥政府作用具有积极意义和深远影响。

进一步治理违规涉企收费，关键是要正确处理好政府与市场的关系。市场经济也是法治经济，我们要努力做到让市场主体“法无禁止即可为”，让政府部门“法无授权不可为”。《国税地税征管体制改革方案》对非税收入征管职责划转税务部门的表述是“对依法保留、适宜划转的非税收入项目成熟一批划转一批，逐步推进”。“依法保留”实际上意味着我国现有的非税收入项目还需要进一步清理，将重复、交叉的非税收入项目清理，尤其是涉及企业的不合理不合法的行政事业性收费和政府性基金等项目，一些政府部门履行管理职能而对管理对象征收的行政管理费原则上也应予以取消。

遗憾的是，当前我国还没有法律法规对“涉企收费”作出准确定义。社会公众和企业所谈及的收费，既包括依法收取的行政事业性收费和政府性基金，也包括经营服务性收费，以及行业协会、商会、中介机构等单位收取的会费、其他收费等。这些不同的收费，法律性质不同，治理的路径也不同。对于行政事业性收费和政府性基金，关键在于明确收费项目、收费标准、服务内容以及征收程序；对于经营服务性收费，关键在于确立公平竞争、平等自愿、等价有偿、诚实信用等市场基本规则。

目前，总体来看，我国政府性收费项目已大幅减少，企业缴费负担明显减轻，但在迈向非税收入法制化管理道路上还存在不少问题。

第一，非税收入管理立法层级低，规范性和科学性较差。现行收费基金等非税收入的基本管理制度是2016年财政部发布《政府非税收入管理办法》（财税〔2016〕33号），其仍然属于部门规章的范畴，其他有关收费基金的立项、征收标准、预算管理、处罚监督等管理制度也基本上都属于部门规章。显然，现行收费基金等非税收入立法存在着典型的立法层级低、权威性弱等问题。在建设法治国家的大背景下，有必要重新检讨和思考现行的以行政管理为核心的非税收入管理实践，以法治视角重新审视非税收入的管理。

第二，中央与地方在非税收入管理权限上划分不合理。中央与地方的非税收入管理权限划分，与税收管理权限划分之间具有类似性，都应该在中央与地方的事权和支出责任划分基础上加以明确。从国际经验看，基于中央与地方的事权和支出责任，中央是以税收收入为主、收费等非税收入较少，而地方政府的收费等非税收入占比相对较高。而我国的收费基金政策主要是由中央层面制定，权力相对集中于中央，在一定程度上不利于地方结合当地实际实行“差别化”管理。

第三，部分非税收入存在的合理性和必要性存在争议。从行政事业性收费看，在经过对收费的清理规范后，目前总体上较为规范。问题主要表现在政府性基金上：一是部分属于准税收性质的政府性基金有待进一步改革。包括教育费附加、地方教育附加、残疾人就业保障金、文化事业建设费等，部分可以进行费改税，部分则可以取消；二是部分到期后应该取消的政府性基金尚未取消，如三峡水利基金在到期后改为了重大水利工程建设基金，民航发展基金（包括旅游发展基金）等应到期取消未能实现[①]。

① 根据《财政部关于民航发展基金等3项政府性基金有关政策的通知》，自2021年1月1日起继续征收民航发展基金、旅游发展基金、水利建设基金，截止日期另行明确。

第四，非税收入管理职能权限分散、机构不统一。《政府非税收入管理办法》中明确了各级财政部门是非税收入的主管部门。但从实际管理看，目前非税收入仍存在各部门分散管理的局面，被称为“九龙治水”。其中，收费基金管理权限分散在财政、价格、市场监督、税务、工业与信息化等主管部门，实行多头控管。而从国外看，也主要是由财政部门负责管理收费基金。收费基金的管理职能权限和管理机构的不统一，不利于收费基金的统一规范管理。

第五，非税收入管理制度上的评估、监督和透明度等方面有待完善。与国外有关收费的管理制度相比，我国现行收费基金的管理制度在收费基金执行和存续方面缺乏规范的定期评估制度；尽管目前对于收费基金实施了清单管理办法，但在具体收费基金的项目和标准设置程序公开不够，公众参与的程度不够；对收费基金的监督也缺乏从法律上明确和构建包括社会监督和人大监督的全流程监督。

目前，我国已经按照“放管服”改革和减税降费政策的要求，综合采取清理、降标、规范、治乱等方式，对收费基金进行了清理和规范，并加强相关制度方面的建设和管理，取得了一定的成绩。但现行收费基金还未能针对上述突出问题深入进行清理、改革和规范。改革完善收费基金的目标应该是合理判定相关收费基金存在合理性的基础上，通过对收费基金的进一步清理、改革和规范，构建符合现代财税制度和高质量发展需要的公平、规范、科学的收费基金制度。

从改革路径上看，按照“分流归位”的要求采取“一清、二转、三改、四留”办法进行改革的思路已经提出多年，关键是未能执行下去，尤其是其中对政府性基金的改革。以政府性基金为例来看，其中典型的如教育费附加、地方教育附加①等可以改为税收；能够保留的是部分针对特定行业的不特定对象开征、具有强制性和无偿性、专款专用，且其设立目的还未能完全实现的项目，其他能够取消的应尽快改革取消（尽管部分有法律依据）。

在推动收费基金的公开透明方面，尽管目前已经实行了全国收费基金目

① 教育费附加，是为加快发展地方教育事业，扩大地方教育经费的资金来源，对缴纳增值税、消费税的单位和个人征收的政府性基金。地方教育附加，是指省、自治区、直辖市人民政府根据《中华人民共和国教育法》和国务院的有关规定，开征的用于教育的政府性基金。

录清单“一张网”制度，对于已有的收费基金项目是公开的，但对于部分收费基金的设立目的，存续的必要性等方面还缺乏透明度，公众参与不足。同样，尽管《行政事业性收费标准管理办法》对定价原则、权限和程序已有初步规定，未来应建立更为全面完善的收费基金评估制度。收费基金的评估制度应包括：预期目标评估。即对收费基金的预期目标进行评估，分析、评估目标实现情况、制约因素等；收费基金的收入测算。即在确定收费基金的征收范围和收费额时，做好收入的测算，为此，充分考虑居民和其他的负担状况，以及公共服务的资金需求，实现二者的平衡；收费基金征收成本的评估。区别不同来源的收费基金，核定其征收成本。分析、评估收费基金支出结构，分部门、分单位、逐项对收费基金进行成本核算评估，据此合理核定预算支出标准，以便加强对支出的控制，压缩行政事业运行成本；风险评估。通过密切监控征缴运行，分析收入和自己使用动态，做好风险评估，防范收费基金征缴、使用等各环节的风险。

第三章 我国非税收入管理法制化现状

第一节 我国非税收入管理法制化现状分析

近年来，我国非税收入征管在法治建设方面已经取得了一些成就，但同时也应看到，我国非税收入管理法制化建设刚刚起步，其中存在的问题依然不少。只有深入弄清楚当前存在的问题，并分析问题产生的原因，才能在此基础上进一步推动我国非税收入征管的法制化进程。

一、非税收入管理法制化的前期努力

1. 颁布了非税收入征管的一系列法律法规

随着经济社会的不断发展，对我国非税收入管理法制化建设提出了更高的要求和挑战，诸如非税收入征收主体不明确、立项审批不合理等问题日益突出，这些问题不仅影响非税收入征管工作本身的效率和效益，更危害到社会公平和正义的实现。为了有效解决这些问题，自2001年财政部首次采用“非税收入”替代“预算外资金”以来，非税收入征管方面规范性文件与日俱增。2004年财政部颁布《关于加强非税收入管理的通知》，明确界定了非税收入的基本内容、具体范围等。此后，关于非税收入征管的地方法制建设也纷纷启动，截至2022年，全国省级行政区中，共有30个省级地方颁布了非税收入征管的专门性规定，包括地方性法规、政府规章和其他规范性文件。

为了加强非税收入管理，规范政府收支行为，健全公共财政职能，保护公民、法人和其他社会组织的合法权益，2016年3月18日，国家财政部颁发

了《政府非税收入管理办法》，对非税收入进行合理界定，并明确非税收入实行分级分类管理，根据非税收入不同类别和特点，制定与分类相适应的管理制度。此外，我国还对非税收入的票据管理、资金管理以及监督管理等方面作出了系统而细致的规定。客观地讲，虽然《政府非税收入管理办法》尚属于行政性法规层次，但从此可以看到，国务院、财政部对推进我国非税收入管理法制化建设的重视和决心。

2. 规定了非税收入征管的审批程序

一国政府行政管理活动是一个动态、立体的系统过程，非税收入征管更是如此。非税收入项目的审批一直是组织非税收入征管工作的前提和基础，因而自然是非税收入征管活动的重中之重，可见，评价一国非税收入征管是否符合法治的标准就集中于此。总的来说，我国当前非税收入的立项审批程序主要体现在以下几个文件之中：2004年颁布的财政部《关于加强政府非税收入管理的通知》中对收费基金审批作了明确的规定：

首先，在行政事业性收费方面，财政部和省、自治区、直辖市财政部门会同同级价格主管部门审批行政事业性收费项目，必须严格按照《国务院关于加强预算外资金管理的决定》（国发〔1996〕29号）和《中共中央 国务院关于治理向企业乱收费、乱罚款和各种摊派等问题的决定》（中发〔1997〕14号）规定执行，坚持以法律、法规为依据。

其次，在政府性基金审批方面。征收政府性基金必须按照国务院规定统一报财政部审批，重要的政府性基金项目由财政部报国务院审批。2005年颁布的《行政事业性收费项目审批管理暂行办法》第四条规定：收费项目实行中央和省两级审批制度。第八条规定：除法律、行政法规和国务院另有规定外，中央国家机关、事业单位、代行政府职能的社会团体及其他组织申请设立收费项目，应当向财政部、国家发展改革委提出书面申请，由财政部、国家发展改革委审批。第九条规定：省级单位、省以下单位申请设立专门面向企业的收费项目，应当向省级财政、价格主管部门提出书面申请，经省级财政、价格主管部门审核后报省级政府审批，省级政府在审批之前应当按照中发〔1997〕14号文件的规定征得财政部和国家发展改革委同意。

可见，以上这些制度性规定明确了行政事业性收费的审批主体及程序，使得非税收入的审批有法可依，有章可循，这对于推进非税收入管理法制化有着不可小觑的意义。

3. 基本明确了非税收入的归属

在非税收入完成征收之后，必须对这些收入资金在不同层级政府间进行重新分配。在这方面，我国相关政策法规对此进行了较为系统的规定。按照非税收入预算管理权限的划分，非税收入的归属与管理体制如下：

首先，在中央固定收入方面。中央固定收入具体包括中央机关及其他组织或单位取得的非税收入，以及中央驻地方的各部门或单位取得的收费、政府性基金等（如我国海关、商检取得的非税收入、三峡工程建设基金等）。对于这一类收入的征收和入库，可以由中央非税收入征收管理机构负责，或委托各级政府非税收入征收管理局征收入库后直接缴入中央国库或财政专户。

其次，中央与地方分成收入方面。该类收入项目较多，构成复杂，分配形式多样，不同的收入有不同的分成比例。如罚没收入中，我国海关、外汇、铁道部门的罚没收入，50%上缴中央，50%上缴省级财政等。对于这一类收入，由各级政府非税收入征收管理机构征收入库后，按照分成比例分别解缴。

最后，地方固定收入方面。这是由地方政府及其相关部门取得的非税收入，如交通、教育、城建、卫生、公安、工商、农业、林业等部门取得的行政事业费收入、政府性基金收入、罚没收入等。对于地方各级政府固定的非税收入，由地方各级政府非税收入征收管理机构负责征收，收入缴入地方国库或财政专户。

二、主要非税收入项目的法制化现状

（一）行政事业性收费法制化现状

2013年以来，国家力推“放管服”改革，清理收费是其中的重要内容之一。几年来，从中央到地方，都对本级收费特别是涉企收费进行了全面的清理整顿。据统计，中央设立的行政事业收费已经由185项减少到51项，减少的幅度达到70%以上，其中涉企收费由106项减少到33项，减少的幅度接近70%。各省设立的行政事业性收费项目，也在大幅减少。除了收费项目的减少，相关管理也有所强化。这主要表现在实行了“收费清单公示制度”，2017年6月29日，财政部在门户网站公布了中央和地方两级行政事业性收费目录清单“一张网”，各级政府网站上都能查到清理后的本级政府收费清单目录，实现了行政事业性收费项目全覆盖。另外，国家发展改革委于2018年6月29日发布了《行政事业性收费标准管理办法》，对各项收费标准作出了程序性规定。虽然前几年清理收费工作取得了重大成绩，但目前看，收费项目仍然偏多，且一些深层次的体制机制问题并未完全理顺，需要进一步深入研究。

2017年公布的收费目录清单，包括收费项目、执收部门、资金管理方式及政策依据等方面内容（见表2）。

表2　全国性及中央部门和单位行政事业性收费目录清单

序号	部门	项目序号	项目名称	资金管理方式	政策依据
一	外交部门				
		1	认证费（含加急）	缴入中央和地方国库	计价格〔1999〕466号 价费字〔1992〕198号
		2	签证费		
			（1）代办外国签证（含加急，限于各国家机关收取的）	缴入中央和地方国库	财综〔2003〕45号 计价格〔1999〕466号 价费字〔1992〕198号
			（2）代填外国签证申请表（限于国家机关）	缴入中央和地方国库	财综〔2003〕45号 计价格〔1999〕466号 价费字〔1992〕198号
		3	驻外使领馆收费	缴入中央国库	计价格〔1999〕466号 价费字〔1992〕198号 公境外〔1992〕898号 公通字〔1996〕89号
二	教育部门				
		4	公办幼儿园保教费、住宿费	缴入中央和地方国库	《幼儿园管理条例》 发改价格〔2011〕3207号 教财〔2020〕5号
		5	普通高中学费、住宿费	缴入中央和地方财政专户	《中华人民共和国教育法》 教财〔2003〕4号 教财〔1996〕101号 教财〔2020〕5号

续表

序号	部门	项目序号	项目名称	资金管理方式	政策依据
		6	中等职业学校学费、住宿费	缴入中央和地方财政专户	《中华人民共和国教育法》 财综〔2004〕4号 教财〔2003〕4号 教财〔1996〕101号 教财〔2020〕5号
		7	高等学校（含科研院所、各级党校等）学费、住宿费、委托培养费、函大电大夜大及短期培训费	缴入中央和地方财政专户	《中华人民共和国教育法》 《中华人民共和国高等教育法》 财教〔2013〕19号 发改价格〔2013〕887号 教财〔2006〕2号 发改价格〔2005〕2528号 教财〔2003〕4号 计价格〔2002〕665号 计办价格〔2000〕906号 教财〔1996〕101号 价费字〔1992〕367号 教财〔1992〕42号 发改价格〔2006〕702号 教财〔2006〕7号 教电〔2005〕333号 教财〔2005〕22号 教高〔2015〕6号 教财〔2020〕5号
		8	国家开放大学收费	缴入中央和地方财政专户	财综〔2014〕21号 发改价格〔2009〕2555号 计价格〔2002〕838号 教财厅〔2000〕110号 财办综〔2003〕203号 教财〔2020〕5号
三	公安部门				
		9	证照费		
			（1）外国人证件费		价费字〔1992〕240号 公办〔2022〕136号
			①居留许可	缴入中央和地方国库	财综〔2004〕60号 发改价格〔2004〕2230号

续表

序号	部门	项目序号	项目名称	资金管理方式	政策依据
			②永久居留申请	缴入中央和地方国库	财综〔2004〕32号 发改价格〔2004〕1267号
			③永久居留身份证工本费	缴入中央国库	财综〔2004〕32号 发改价格〔2004〕1267号 财税〔2018〕10号
			④出入境证	缴入地方国库	公通字〔1996〕89号
			⑤旅行证	缴入地方国库	公通字〔1996〕89号
			（2）公民出入境证件费		《中华人民共和国护照法》 价费字〔1993〕164号 价费字〔1992〕240号 发改价格〔2017〕1186号 财税函〔2018〕1号 发改价格〔2019〕914号 公办〔2022〕136号
			①因私护照（含护照贴纸加注）	缴入中央和地方国库	发改价格〔2013〕1494号 计价格〔2000〕293号 价费字〔1993〕164号 发改价格〔2019〕914号
			②出入境通行证	缴入中央和地方国库	价费字〔1993〕164号 公办〔2022〕136号
			③往来（含前往）港澳通行证（含签注）	缴入中央和地方国库	发改价格〔2005〕77号 计价格〔2002〕1097号 发改价格〔2019〕914号
			④港澳居民来往内地通行证（限于补发、换发）	缴入中央和地方国库	财税〔2020〕46号 发改价格〔2020〕1516号
			⑤台湾居民来往大陆通行证	缴入中央和地方国库	计价格〔2001〕1835号 发改价格〔2004〕334号 价费字〔1993〕164号 发改价格规〔2019〕1931号
			⑥台湾同胞定居证	缴入地方国库	发改价格〔2004〕2839号 价费字〔1993〕164号

续表

序号	部门	项目序号	项目名称	资金管理方式	政策依据
			⑦大陆居民往来台湾通行证（含签注）	缴入中央和地方国库	发改价格〔2016〕352号 计价格〔2001〕1835号 价费字〔1993〕164号 发改价格规〔2019〕1931号
			（3）户籍管理证件工本费（限于丢失、补办和过期失效重办）	缴入地方国库	财综〔2012〕97号 价费字〔1992〕240号
			①居民户口簿		《中华人民共和国户口登记条例》
			②户口迁移证件		《中华人民共和国户口登记条例》
			（4）居民身份证工本费	缴入地方国库	《中华人民共和国居民身份证法》 财综〔2007〕34号 发改价格〔2005〕436号 财综〔2004〕8号 发改价格〔2003〕2322号 财税〔2018〕37号
			（5）机动车号牌工本费	缴入地方国库	《中华人民共和国道路交通安全法》 发改价格〔2004〕2831号 计价格〔1994〕783号 价费字〔1992〕240号 行业标准GA36–2014 发改价格规〔2019〕1931号
			①号牌（含临时）		
			②号牌专用固封装置		
			③号牌架		
			（6）机动车行驶证、登记证、驾驶证工本费	缴入地方国库	《中华人民共和国道路交通安全法》 发改价格〔2004〕2831号 财综〔2001〕67号 计价格〔2001〕1979号 计价格〔1994〕783号 价费字〔1992〕240号 发改价格〔2017〕1186号
			（7）临时入境机动车号牌和行驶证、临时机动车驾驶许可工本费	缴入地方国库	《中华人民共和国道路交通安全法》 财综〔2008〕36号 发改价格〔2008〕1575号 发改价格〔2017〕1186号

续表

序号	部门	项目序号	项目名称	资金管理方式	政策依据
		10	外国人签证费	缴入中央和地方国库	计价格〔2003〕392号 价费字〔1992〕240号 公办〔2022〕136号
		11	中国国籍申请手续费（含证书费）	缴入地方国库	价费字〔1992〕240号 公通字〔1996〕89号 公办〔2022〕136号
四	民政部门				
		12	殡葬收费	缴入地方国库	价费字〔1992〕249号 发改价格〔2012〕673号
五	自然资源部门				
		13	土地复垦费	缴入地方国库	《中华人民共和国土地管理法》 《土地复垦条例》 财税〔2014〕77号 财政部 税务总局 发展改革委 民政部 商务部 卫生健康委公告2019年第76号
		14	土地闲置费	缴入地方国库	《中华人民共和国土地管理法》 《中华人民共和国城市房地产管理法》 国发〔2008〕3号 财税〔2014〕77号 财政部 税务总局 发展改革委 民政部 商务部 卫生健康委公告2019年第76号
		15	不动产登记费	缴入中央和地方国库	《中华人民共和国民法典》 财税〔2014〕77号 财税〔2016〕79号 发改价格规〔2016〕2559号 财税〔2019〕45号 财税〔2019〕53号 财政部 税务总局 发展改革委 民政部 商务部 卫生健康委公告2019年第76号

续表

序号	部门	项目序号	项目名称	资金管理方式	政策依据
		16	耕地开垦费	缴入地方国库	《中华人民共和国土地管理法》 《中华人民共和国土地管理法实施条例》 财税〔2014〕77号 财政部 税务总局 发展改革委 民政部 商务部 卫生健康委公告2019年第76号
六	生态环境部门				
		17	海洋废弃物倾倒费	缴入中央国库	《中华人民共和国海洋环境保护法》 发改价格〔2008〕1927号
七	住房城乡建设部门				
		18	污水处理费	缴入地方国库	《中华人民共和国水污染防治法》 《城镇排水与污水处理条例》 财税〔2014〕151号 发改价格〔2015〕119号
		19	生活垃圾处理费	缴入地方国库	《中华人民共和国固体废物污染环境防治法》 《城市市容和环境卫生管理条例》 国发〔2011〕9号 计价格〔2002〕872号
		20	城市道路占用、挖掘修复费	缴入地方国库	《城市道路管理条例》 建城〔1993〕410号 财税〔2015〕68号
八	交通运输部门				
		21	车辆通行费（限于政府还贷）	缴入地方国库	《中华人民共和国公路法》 《收费公路管理条例》 交公路发〔1994〕686号

续表

序号	部门	项目序号	项目名称	资金管理方式	政策依据
		22	长江干线船舶引航收费	缴入中央国库	发改价格〔2013〕1494号 发改价格〔2011〕1536号 财综〔2007〕60号 财税〔2014〕101号 财办税〔2015〕14号
九	工业和信息化部门				
		23	无线电频率占用费	缴入中央和地方国库	《中华人民共和国无线电管理条例》 计价格〔2000〕1015号 发改价格〔2013〕2396号 发改价格〔2011〕749号 发改价格〔2005〕2812号 发改价格〔2003〕2300号 计价费〔1998〕218号 发改价格〔2017〕1186号 发改价格〔2018〕601号 发改价格〔2019〕914号
		24	电信网码号资源占用费	缴入中央国库	《中华人民共和国电信条例》 信部联清〔2004〕517号 信部联清〔2005〕401号 发改价格〔2017〕1186号
十	水利部门				
		25	水资源费	缴入中央和地方国库	《中华人民共和国水法》 《取水许可和水资源费征收管理条例》 财税〔2016〕2号 发改价格〔2014〕1959号 发改价格〔2013〕29号 财综〔2011〕19号 发改价格〔2009〕1779号 财综〔2008〕79号 财综〔2003〕89号 价费字〔1992〕181号 财税〔2018〕147号 财税〔2020〕15号

续表

序号	部门	项目序号	项目名称	资金管理方式	政策依据
		26	水土保持补偿费	缴入中央和地方国库	《中华人民共和国水土保持法》 财综〔2014〕8号 发改价格〔2017〕1186号
十一	农业农村部门				
		27	农药实验费	缴入中央和地方国库	《农药管理条例》 价费字〔1992〕452号 发改价格〔2015〕2136号 发改价格〔2017〕1186号
			（1）田间试验费		
			（2）残留试验费		
			（3）药效试验费		
		28	渔业资源增殖保护费	缴入中央和地方国库	《中华人民共和国渔业法》 财税〔2014〕101号 财综〔2012〕97号 计价格〔1994〕400号 价费字〔1992〕452号
十二	林业和草原部门				
		29	草原植被恢复费	缴入地方国库	《中华人民共和国草原法》 财综〔2010〕29号 发改价格〔2010〕1235号
十三	卫生健康部门				
		30	预防接种服务费	缴入地方国库	《疫苗流通和预防接种管理条例》 财税〔2016〕14号 财综〔2008〕47号 发改价格〔2016〕488号
		31	鉴定费		

续表

序号	部门	项目序号	项目名称	资金管理方式	政策依据
			（1）医疗事故鉴定费	缴入中央和地方国库	《医疗事故处理条例》 财税〔2016〕14号 财综〔2003〕27号 发改价格〔2016〕488号
			（2）职业病诊断鉴定费	缴入地方国库	《中华人民共和国职业病防治法》 财税〔2016〕14号 发改价格〔2016〕488号
			（3）预防接种异常反应鉴定费	缴入地方国库	《疫苗流通和预防接种管理条例》 《医疗事故处理条例》 财税〔2016〕14号 财综〔2008〕70号 发改价格〔2016〕488号
		32	非免疫规划疫苗储存运输费	缴入地方国库	《中华人民共和国疫苗管理法》 财税〔2020〕17号
十四	人防部门				
		33	防空地下室易地建设费	缴入中央和地方国库	中发〔2001〕9号 计价格〔2000〕474号 财税〔2014〕77号 财税〔2019〕53号 财政部 税务总局 发展改革委 民政部 商务部 卫生健康委公告2019年第76号
十五	法院				
		34	诉讼费	缴入中央和地方国库	《中华人民共和国民事诉讼法》 《中华人民共和国行政诉讼法》 《诉讼费用交纳办法》（国务院令481号）
十六	市场监管部门				
		35	特种设备检验检测费	缴入地方国库	《中华人民共和国特种设备安全法》 《特种设备安全监察条例》 发改价格〔2015〕1299号 财综〔2011〕16号 财综〔2001〕10号

续表

序号	部门	项目序号	项目名称	资金管理方式	政策依据
十七	民航部门				
		36	航空业务权补偿费	缴入中央国库	发改价格〔2011〕3214号 财综〔2002〕54号
		37	适航审查费	缴入中央国库	发改价格〔2011〕3214号 财综〔2002〕54号
十八	体育部门				
		38	外国团体来华登山注册费	缴入中央和地方国库	财综〔2004〕7号 价费字〔1992〕207号
十九	药品监管部门				
		39	药品注册费	缴入中央和地方国库	《中华人民共和国药品管理法实施条例》 财税〔2015〕2号 发改价格〔2015〕1006号 食药监公告2015第53号 财政部 国家发展改革委公告2020年第11号 食药监公告2020年75号 财政部 税务总局公告2020年第28号 财政部 国家发展改革委公告2021年第9号 财政部 发展改革委公告2022年第5号
			（1）新药注册费		
			（2）仿制药注册费		
			（3）补充申请注册费		
			（4）再注册费		
			（5）加急费		

续表

序号	部门	项目序号	项目名称	资金管理方式	政策依据
		40	医疗器械产品注册费	缴入中央和地方国库	《医疗器械监督管理条例》 财税〔2015〕2号 发改价格〔2015〕1006号 食药监公告2015第53号 财政部 国家发展改革委公告2020年第11号 财政部 税务总局公告2020年第28号 财政部 国家发展改革委公告2021年第9号 财政部 发展改革委公告2022年第5号
			（1）首次注册费		
			（2）变更注册费		
			（3）延续注册费		
			（4）临床试验申请费		
			（5）加急费		
二十	知识产权部门				
		41	商标注册收费	缴入中央国库	《中华人民共和国商标法》 《中华人民共和国商标法实施条例》 发改价格〔2015〕2136号 财税〔2017〕20号 发改价格〔2013〕1494号 发改价格〔2008〕2579号 财综〔2004〕11号 计价费〔1998〕1077号 财综字〔1995〕88号 计价格〔1995〕2404号 价费字〔1992〕414号 发改价格〔2015〕2136号 财税〔2017〕20号 发改价格〔2019〕914号

续表

序号	部门	项目序号	项目名称	资金管理方式	政策依据
			（1）受理商标注册费		
			（2）补发商标注册证费（含刊登遗失声明费用）		
			（3）受理转让注册商标费		
			（4）受理商标续展注册费		
			（5）受理商标注册延迟费		
			（6）受理商标评审费		
			（7）变更费		
			（8）出具商标证明费		
			（9）受理集体商标注册费		
			（10）受理证明商标注册费		
			（11）商标异议费		
			（12）撤销商标费		
			（13）商标使用许可合同备案费		
		42	专利收费	缴入中央国库	
			（1）专利收费（国内部分）		《中华人民共和国专利法》 《中华人民共和国专利法实施细则》 财税〔2017〕8号 发改价格〔2017〕270号 财税〔2016〕78号 财税〔2018〕37号 财税〔2019〕45号

续表

序号	部门	项目序号	项目名称	资金管理方式	政策依据
			①申请费、申请附加费、公布印刷费、优先权要求费		
			②发明专利申请实质审查费、复审费		
			③专利登记费、公告印刷费、年费、年费滞纳金		
			④恢复权利请求费、延长期限请求费		
			⑤著录事项变更费、专利权评价报告请求费、无效宣告请求费		
			⑥专利文件副本证明费		
			（2）PCT专利申请收费		《中华人民共和国专利法》 《中华人民共和国专利法实施细则》 财税〔2017〕8号 发改价格〔2017〕270号 财税〔2018〕37号
			①申请国际阶段收取的国际申请费和手续费，传送费、检索费、优先权文件费、初步审查费、单一性异议费、副本复制费、后提交费、恢复权利请求费、滞纳金		
			②申请进入中国国家阶段收取的宽限费、译文改正费、单一性恢复费、优先权恢复费		
			（3）为其他国家和地区提供检索和审查服务收费		《中华人民共和国专利法》 《中华人民共和国专利法实施细则》 财税〔2017〕8号 发改价格〔2017〕270号

续表

序号	部门	项目序号	项目名称	资金管理方式	政策依据
			（4）单独指定费		《中华人民共和国专利法》 《中华人民共和国专利法实施细则》 财税〔2017〕8号 财税〔2022〕13号 发改价格〔2022〕465号
		43	集成电路布图设计保护收费	缴入中央国库	《集成电路布图设计保护条例》 财税〔2017〕8号 发改价格〔2017〕270号 发改价格〔2017〕1186号
			（1）布图设计登记费		
			（2）布图设计登记复审请求费		
			（3）著录事项变更手续费		
			（4）延长期限请求费		
			（5）恢复布图设计登记权利请求费		
			（6）非自愿许可使用布图设计请求费		
			（7）报酬裁决费		
二十一	银保监会				
		44	银行业监管费	缴入中央国库	财税〔2015〕21号 财税〔2017〕52号
		45	保险业监管费	缴入中央国库	财税〔2015〕22号 财税〔2017〕52号
二十二	证监会				
		46	证券、期货业监管费	缴入中央国库	财税〔2015〕20号 财税〔2018〕37号 发改价格规〔2018〕917号

续表

序号	部门	项目序号	项目名称	资金管理方式	政策依据
二十三	仲裁部门				
		47	仲裁收费	缴入地方国库	《中华人民共和国仲裁法》 财综〔2010〕19号 国办发〔1995〕44号
二十四	红十字会				
		48	造血干细胞配型费	缴入中央国库	财税〔2016〕115号 发改价格〔2016〕2492号
二十五	相关行政机关				
		49	信息公开处理费	缴入中央和地方国库	《中华人民共和国政府信息公开条例》 国办函〔2020〕109号
二十六	相关部门				
		50	考试考务费	缴入中央和地方国库或财政专户	《全国性考试考务费目录清单》

备注：此表来源于财政部网站，按照“谁设立，谁公开”原则，该目录的有效性、准确性、及时性以财政部最新公布为准。

（1）49项收费（不含考试考务费）涉及23个执收部门，体现了行政事业性收费的行政垄断性特征。目录清单中公布的中央行政事业性收费项目包括：教育、自然资源等2个部门各5项；外交、公安、住建、卫生、知识产权等5个部门各3项；交通运输、工信、水利、农业、民航、药监、保监等7个部门各2项；民政、林草、人防、法院、市场监管、体育、证监、仲裁、红十字会等10个部门各1项。此外，目录清单中的相关部门的考试考务费，还涉及25个部门3类101项具体收费。与2004年中央行政事业性收费305项、涉及执收部门58个相比，收费项目和执收部门大幅度减少。上述执收部门表明行政事业性收费的主体是国家机关或代行政府职能的相关机构，包括事业单位和社会团体；司法机关等其他非行政部门虽然不属于政府职能部门，但其收费具有行政事业性收费的基本特点，也纳入了行政事业性收费管理范围。实施行政事业性收费的主体即执收部门具有行政垄断性和排他性，未经法律授权许可，社会其他服务机构不具备提供该类特定服务的资格。因此，对行政事业性收费的严格监管是政府相关管理部门的重要职责①。

（2）446件收费政策依据和4种资金管理方式，反映了行政事业性收费区别于经营服务性收费的管理体制。目录清单中列出的收费政策依据共446件，平均每项收费对应超过9件。剔除重复政策依据仍有210件，其中，国家法律法规31件，中央国务院文件4件，部门规章规范性文件175件。收费政策依据既反映了收费对象的特定性，还反映出政府对行政事业性收费管理不同于经营服务性收费管理的现状。经营服务性收费没有收费立项审批环节，经营者只要按规定要求提供服务即具有相应收费资格；而对行政事业性收费实行收费立项与收费标准分离管理的方式，即收费项目立项以财政部门为主会同价格主管部门审批，收费标准以价格主管部门为主会同财政部门审批。目录清单公布的收费资金管理方式，包括缴入中央国库、地方国库、中央和地方国库、中央和地方财政专户等4种。这种收费资金管理方式要求行政事业性收费实行收支两条线，即行政事业性收费收入应按规定全额上缴国库或预算外资金财政专户，执收单位使用资金时，由财政部门根据需要统筹安排核准后，从国库或预算外资金财政专户拨付。因此，行政事业性收费主体不能像经营服务性收费一样量入为出，其收入来源并非直接的收费收入，而是财政拨付的资金。

（3）6类不同类型的收费，显示了行政事业性收费标准审核原则的多元化。目录清单公布的收费项目中包括行政管理类、资源补偿类、鉴定类、考试类、培训类及其他共6类不同性质的收费。按照现行行政事业性收费管理相关规定，对执收单位按照补偿服务成本和非营利的原则，对不同性质的收费实行

① 在我国当前的预算管理中，非税收入主要包括行政事业性收费、政府性基金收入、罚没收入、国有资源（资产）有偿使用收入、国有资本收益，彩票公益金收入、特许经营收入等。其中，国有资源（资产）有偿使用收入和国有资本收益与其他非税收入有明显区别，是基于国家所有者身份获取的收益。目前，国有资产监督管理的立法正在推进过程中。而罚没收入主要依据行政处罚法和刑法来确定，反映在财政领域主要是预算管理问题。

分类审核。其中，行政管理类收费中的证件、牌照、簿卡等证照按照印制发放的印制费用、运输费用、仓储费用及合理损耗等成本审核，印制费用按照招标价格确定。鉴定类收费标准，按照鉴定的场地费用、人员劳务费、仪器设备折旧、流动耗材损耗及其他成本审核。考试类收费标准，按照考务工作、组织报名、租用考试场地、聘请监考人员等组织考试的成本审核。培训类收费标准按照聘请师资、租用培训场地、编制培训资料、交通支出等培训成本审核。资源补偿类收费标准，参考相关资源的价值或者其稀缺性，并考虑可持续发展等因素审核；对开采利用自然资源造成生态破坏、环境污染或者其他环境损坏的，收费标准应当考虑相关生态环境治理和恢复成本。收费涉及与其他国家或者地区关系的，收费标准按照国际惯例和对等原则审核。

（二）政府性基金法制化现状

在财政实践中，政府性基金长期以预算外、制度外资金的形式出现，与乱收费这类财政“三乱”现象也有难以割舍的复杂联系，一度沦为个别政府和部门滥用财政权、侵犯财产权的不正当财政工具。加强政府性基金立法，规范政府性基金的设立、征收、使用等基本行为，已成为财政领域中保障财产权的迫切需要。

根据《立法法》的规定，财政基本制度应当制定法律。设立《政府性基金法》不仅可以规范政府财政权力合法行使，保障公民财产权，对于实现政府性基金发展特定事业的设立目标也大有裨益。目前，没有法律法规依据的政府性基金有10项，包括：铁路建设基金、港口建设费、民航发展基金、国家重大水利工程建设基金、水利建设基金、城市基础设施配套费、农网还贷资金、文化事业建设费、旅游发展基金、地方水库移民扶持基金等（详见表3）。

表3　尚无法律法规依据的政府性基金

序号	项目名称	法律、法规依据	其他依据	相关规定
1	铁路建设基金	无	国发〔1992〕37号 财工字〔1996〕371号	《国务院关于提高铁路货运、煤炭、天然气价格的通知》（国发〔1992〕37号）决定从提价中提取建设基金。《铁路建设基金管理办法》（财工字〔1996〕371号）对征收作了具体规定

续表

序号	项目名称	法律、法规依据	其他依据	相关规定
2	港口建设费	无	国发〔1985〕124号 财综〔2011〕29号	《国务院关于发布〈港口建设费征收办法〉的通知》（国发〔1985〕124号）对征收港口建设费作了规定。《港口建设费征收使用管理办法》（财综〔2011〕29号）对征收作了具体规定
3	民航发展基金	无	国发〔2012〕24号 财综〔2012〕17号	《国务院关于促进民航业发展的若干意见》（国发〔2012〕24号）规定加强民航发展基金的征收和使用。《民航发展基金征收使用管理暂行办法》（财综〔2012〕17号）对征收作了具体规定
4	国家重大水利工程建设基金	无	财综〔2009〕90号	《国家重大水利工程建设基金征收使用管理暂行办法》（财综〔2009〕90号）对征收作了具体规定
5	水利建设基金	无	财综〔2011〕2号	《水利建设基金筹集和使用管理办法》（财综〔2011〕2号）对征收作了具体规定
6	城市基础设施配套费	无	国发〔1998〕34号	《关于加强房地产价格调控加快住房建设意见的通知》（国发〔1998〕34号）要求专项治理城市基础设施配套费，未开征的城市一律不得开征。《关于全面整顿住房建设收费取消部分收费项目的通知》（计价格〔2001〕585号）规定由省级财政、价格主管部门对各类专项配套费进行整顿，将其统一归并为城市基础设施配套费。当前城市基础设施配套费由各地自行征收、做法不一
7	农网还贷资金	无	财企〔2001〕820号	《农网还贷资金征收使用管理办法》（财企〔2001〕820号）对征收作了具体规定
8	文化事业建设费	无	国发〔1996〕37号 财文字〔1997〕243号 财税〔2016〕25号	《国务院关于进一步完善文化经济政策的若干规定》（国发〔1996〕37号）规定开征文化事业建设费。《文化事业建设费使用管理办法》（财文字〔1997〕243号）对征收和使用作了规定。《关于营业税改征增值税试点有关文化事业建设费政策及征收管理问题的通知》（财税〔2016〕25号）对征收作了更新规定

续表

序号	项目名称		法律、法规依据	其他依据	相关规定
9	旅游发展基金		无	财综〔2012〕17号	《旅游发展基金征收使用管理暂行规定》（财外字〔1996〕396号）对征收作了具体规定。《民航发展基金征收使用管理暂行办法》（财综〔2012〕17号）对继续征收作了更新规定
10	地方水库移民扶持基金	省级大中型水库库区基金	无	国发〔2006〕17号 财综〔2007〕26	《国务院关于完善大中型水库移民后期扶持政策的意见》（国发〔2006〕17号），规定了水库移民扶持资金的筹集。省级大中型水库库区基金依据《大中型水库库区基金征收使用管理暂行办法》（财综〔2007〕26号）的具体规定设立。小型水库移民扶助基金依据国发〔2006〕17号文，由各省自行出台征收办法设立
		小型水库移民扶助基金			

有法律法规依据的有11项，包括：教育费附加、地方教育附加、森林植被恢复费、可再生能源发展基金、船舶油污损害赔偿基金、残疾人就业保障金、高等级公路车辆通行附加费（海南）、国家电影事业发展专项资金、中央水库移民扶持基金、废弃电器电子产品处理基金、核电站乏燃料处理处置基金等（详见表4）。

表4　　有法律法规依据的政府性基金

序号	项目名称	法律法规依据	其他依据	相关规定
1	地方教育附加	《教育法》	财综〔2010〕98号	《教育法》第五十八条规定：税务机关依法足额征收教育费附加，由教育行政部门统筹管理，主要用于实施义务教育。省、自治区、直辖市人民政府根据国务院的有关规定，可以决定开征用于教育的地方附加费，专款专用。《财政部关于统一地方教育附加政策有关问题的通知》（财综〔2010〕98号）对征收作了具体规定

续表

序号	项目名称	法律法规依据	其他依据	相关规定
2	教育费附加	《教育法》 《国务院关于征收教育费附加的暂行规定》（国发〔1986〕50号，1990年国务院令第60号修改发布）		《教育法》第五十八条规定：税务机关依法足额征收教育费附加，由教育行政部门统筹管理，主要用于实施义务教育。省、自治区、直辖市人民政府根据国务院的有关规定，可以决定开征用于教育的地方附加费，专款专用。《国务院关于征收教育费附加的暂行规定》（国发〔1986〕50号）对征收作了具体规定
3	森林植被恢复费	《森林法》	财综〔2002〕73号	《森林法》第十八条规定：进行勘查、开采矿藏和各项建设工程，应当不占或者少占林地；必须占用或者征收、征用林地的，经县级以上人民政府林业主管部门审核同意后，依照有关土地管理的法律、行政法规办理建设用地审批手续，并由用地单位依照国务院有关规定缴纳森林植被恢复费。《森林植被恢复费征收使用管理暂行办法》（财综〔2002〕73号）对征收作了具体规定
4	可再生能源发展基金	《可再生能源法》	财综〔2011〕115号	《可再生能源法》第二十条规定：电网企业依照本法第十九条规定确定的上网电价收购可再生能源电量所发生的费用，高于按照常规能源发电平均上网电价计算所发生费用之间的差额，附加在销售电价中分摊。具体办法由国务院价格主管部门制定。《可再生能源发展基金征收使用管理暂行办法》（财综〔2011〕115号）对征收作了具体规定
5	船舶油污损害赔偿基金	《海洋环境保护法》 《防治船舶污染海洋环境管理条例》	财综〔2012〕33号	《海洋环境保护法》第六十六条规定：国家完善并实施船舶油污损害民事赔偿责任制度；按照船舶油污损害赔偿责任由船东和货主共同承担风险的原则，建立船舶油污保险、油污损害赔偿基金制度。实施船舶油污保险、油污损害赔偿基金制度的具体办法由国务院规定。《防治船舶污染海洋环境管理条例》第五十四条规定：在中华人民共和国管辖水域接收海上运输的持久性油类物质货物的货物所有人或者代理人应当缴纳船舶油污损害赔偿基金。船舶油污损害赔偿基金征收、使用和管理的具体办法由国务院财政部门会同国务院交通运输主管部门制定。《船舶油污损害赔偿基金征收使用管理办法》（财综〔2012〕33号）对征收作了具体规定

续表

序号	项目名称		法律法规依据	其他依据	相关规定
6	残疾人就业保障金		《残疾人就业条例》	财税〔2015〕72号	《残疾人就业条例》第九条规定：用人单位安排残疾人就业达不到其所在地省、自治区、直辖市人民政府规定比例的，应当缴纳残疾人就业保障金。第十六条规定：残疾人就业保障金征收、使用、管理的具体办法，由国务院财政部门会同国务院有关部门规定。《残疾人就业保障金管理暂行规定》（财税〔2015〕72号）对征收作了具体规定
7	高等级公路车辆通行附加费（海南）		《海南经济特区机动车辆通行附加费征收管理条例》		《海南经济特区机动车辆通行附加费征收管理条例》对征收作了具体规定
8	国家电影事业发展专项资金		《电影管理条例》	财税〔2015〕91号	《电影管理条例》第四十八条规定：国家建立电影事业发展专项资金，并采取其他优惠措施，支持电影事业的发展。电影事业发展专项资金缴纳单位应当按照国家有关规定履行缴纳义务。《国家电影事业发展专项资金征收使用管理办法》（财税〔2015〕91号）对征收作了具体规定
9	中央水库移民扶持基金	大中型水库移民后期扶持基金	《大中型水利水电工程建设征地补偿和移民安置条例》《长江三峡工程建设移民条例》	财综〔2006〕29号	《大中型水利水电工程建设征地补偿和移民安置条例》第四十条规定：具体扶持标准、期限和资金的筹集、使用管理依照国务院有关规定执行。《长江三峡工程建设移民条例》第四十五条规定：国家从三峡电站的电价收入中提取一定资金设立三峡库区移民后期扶持基金，分配给湖北省、重庆市和接收外迁移民的省、自治区、直辖市人民政府，用于移民的后期扶持。具体办法由财政部会同国务院有关部门制定，报国务院批准后执行。《大中型水库移民后期扶持基金征收使用管理暂行办法》（财综〔2006〕29号）对征收作了具体规定
		跨省大中型水库库区基金			
		三峡水库库区基金			
10	废弃电器电子产品处理基金		《废弃电器电子产品回收处理管理条例》	财综〔2012〕34号	《废弃电器电子产品回收处理管理条例》第七条规定：国家建立废弃电器电子产品处理基金，用于废弃电器电子产品回收处理费用的补贴。废弃电器电子产品处理基金应当纳入预算管理，其征收、使用、管理的具体办法由国务院财政部门会同国务院生态环境、资源综合利用、工业信息产业主管部门制订，报国务院批准后施行。《废弃电器电子产品处理基金征收使用管理办法》（财综〔2012〕34号）对征收作了具体规定

续表

序号	项目名称	法律法规依据	其他依据	相关规定
11	核电站乏燃料处理处置基金	《核安全法》	财综〔2010〕58号	《核安全法》第四十八条规定：核设施营运单位应当按照国家规定缴纳乏燃料处理处置费用，列入生产成本。核设施营运单位应当预提核设施退役费用、放射性废物处置费用，列入投资概算、生产成本，专门用于核设施退役、放射性废物处置。具体办法由国务院财政部门、价格主管部门会同国务院核安全监督管理部门、核工业主管部门和能源主管部门制定。《核电站乏燃料处理处置基金征收使用管理暂行办法》（财综〔2010〕58号）对征收作了具体规定

目前，没有法律法规依据的全国性及中央部门和单位行政事业性收费项目有16项，包括：认证费（含加急）、签证费、驻外使领馆收费、国家开放大学收费、中国国籍申请手续费（含证书费）、殡葬收费、长江干线船舶引航收费、防空地下室易地建设费、航空业务权补偿费、适航审查费、外国团体来华登山注册费、银行业监管费、保险业监管费、证券和期货业监管费①、造血干细胞配型费、考试考务费等（详见表5）。

表5　尚无法律法规依据的全国性及中央部门和单位行政事业性收费项目

序号	项目名称	法律法规依据	其他依据	相关规定
1	认证费（含加急）	无	价费字〔1992〕198号 计价格〔1999〕466号	《关于发布外交部行政事业性收费项目及标准的通知》（价费字〔1992〕198号）对收费作了规定。《关于调整护照、认证和签证、认证代办费标准及有关问题的通知》（计价格〔1999〕466号）对收费标准作了规定

① 为进一步减轻企业负担，促进实体经济发展，经国务院同意，财政部、发展改革委下发《关于暂免征银行业监管费和保险业监管费的通知》（财税〔2017〕52号），自2017年7月1日至2020年12月31日，银保监会暂免征银行业监管费和保险业监管费（免征银行业监管费，包括机构监管费和业务监管费，免征保险业监管费，包括机构监管费和业务监管费）。根据《财政部 发展改革委关于证券期货业、银行业和保险业监管费有关问题的通知》（财税〔2021〕65号），自2021年1月1日起，银保监会恢复征收银行业监管费、保险业监管费，证监会恢复征收证券期货业机构监管费。

续表

序号	项目名称	法律法规依据	其他依据	相关规定
2	签证费			
	（1）代办外国签证（含加急，限于各国家机关收取的）	无	价费字〔1992〕198号 计价格〔1999〕466号 财综〔2003〕45号	《关于发布外交部行政事业性收费项目及标准的通知》（价费字〔1992〕198号）对收费作了规定。《关于调整护照、认证和签证、认证代办费标准及有关问题的通知》（计价格〔1999〕466号）对收费标准作了规定。《关于同意将代办外国领事认证费等五项收费转为经营服务性收费的复函》（财综〔2003〕45号）对转化和保留的收费作了规定
	（2）代填外国签证申请表（限于国家机关）	无	同上	同上
3	驻外使领馆收费	无	公境外〔1992〕898号 公通字〔1996〕89号 计价格〔1999〕466号	《关于受理审批国籍申请的程序和注意事项》（公境外〔1992〕898号）对申请和收费作了规定。《关于调整外国人签证、证件收费标准的通知》（公通字〔1996〕89号）对收费标准作了规定。《关于调整护照、认证和签证、认证代办费标准及有关问题的通知》（计价格〔1999〕466号）对收费标准作了规定
4	国家开放大学收费	无	计价格〔2002〕838号 发改价格〔2009〕2555号	《关于中央广播电视大学直属教学点收费问题的通知》（计价格〔2002〕838号）和《关于重新核定中央广播电视大学中专教育收费标准》（发改价格〔2009〕2555号）对收费作了规定
5	中国国籍申请手续费（含证书费）	无	价费字〔1992〕240号 公通字〔1996〕89号 公通字〔2000〕99号	《关于发布中央管理的公安系统行政事业性收费项目及标准的通知》（价费字〔1992〕240号）和《关于公安出入境证照收费有关问题的通知》（公通字〔2000〕99号）对收费作了规定。《关于调整外国人签证、证件收费标准的通知》（公通字〔1996〕89号）对收费标准作了规定
6	殡葬收费	无	价费字〔1992〕249号 发改价格〔2012〕673号	《关于发布民政系统行政事业性收费项目及标准的通知》（价费字〔1992〕249号）和《关于进一步加强殡葬服务收费管理有关问题的指导意见》（发改价格〔2012〕673号）对收费作了规定。

续表

序号	项目名称	法律法规依据	其他依据	相关规定
7	长江干线船舶引航收费	无	财综〔2007〕60号 发改价格〔2011〕1536号	《关于航行长江干线船舶引航费收费标准等有关问题的通知》(财综〔2007〕60号)和《关于重新核定航行长江干线船舶引航费收费标准等有关问题的通知》(发改价格〔2011〕1536号)对收费作了规定
8	防空地下室易地建设费	无	计价格〔2000〕474号	《关于规范防空地下室易地建设收费的规定的通知》(计价格〔2000〕474号)对收费作了规定
9	航空业务权补偿费	无	财综〔2002〕54号 发改价格〔2011〕3214号	《关于批准民航系统行政事业性收费项目的通知》(财综〔2002〕54号)和《关于重新发布民航系统行政事业性收费标准及有关问题的通知》(发改价格〔2011〕3214号)对收费作了规定
10	适航审查费	无	同上	同上
11	外国团体来华登山注册费	无	价费字〔1992〕207号 财综〔2004〕7号	《关于发布中央管理的体育系统行政事业性收费项目及标准的通知》(价费字〔1992〕207号)等对收费作了规定
12	银行业监管费	无	财税〔2015〕21号 财税〔2017〕52号	《关于重新发布中国银行业监督管理委员会行政事业性收费项目的通知》(财税〔2015〕21号)对收费作了规定。《关于暂免征银行业监管费和保险业监管费的通知》(财税〔2017〕52号)规定了暂免征收
13	保险业监管费	无	财税〔2015〕22号 财税〔2017〕52号	《关于重新发布中国保险监督管理委员会行政事业性收费项目的通知》(财税〔2015〕22号)对收费作了规定。《关于暂免征银行业监管费和保险业监管费的通知》(财税〔2017〕52号)规定了暂免征收
14	证券、期货业监管费	无	财税〔2015〕20号 财税〔2018〕37号 发改价格规〔2018〕917号	《关于重新发布中国证券监督管理委员会行政事业性收费项目的通知》(财税〔2015〕20号)对收费作了规定。《关于停征免征和调整部分行政事业性收费有关政策的通知》(财税〔2018〕37号)和《关于证券期货业监管费标准等有关问题的通知》(发改价格规〔2018〕917号)规定了机构监管费暂免征收

续表

序号	项目名称	法律法规依据	其他依据	相关规定
15	造血干细胞配型费	无	财税〔2016〕115号 发改价格〔2016〕2492号	《关于重新发布中国红十字总会行政事业性收费项目的通知》(财税〔2016〕115号)和《关于重新核发中国红十字会总会行政事业性收费标准等有关问题的通知》(发改价格〔2016〕2492号)对收费作了规定
16	考试考务费	无	发改价格〔2015〕1217号 财税〔2015〕68号 财税〔2015〕69号 财税〔2016〕14号等	《关于改革全国性职业资格考试收费标准管理方式的通知》(发改价格〔2015〕1217号)、《关于重新发布中央管理的住房城乡建设部门行政事业性收费项目的通知》(财税〔2015〕68号)等对收费作了规定。生态环境部门、财政部门、交通运输部门、工信部门、教育部门等均有文件对收费作了规定

有法律法规依据的全国性及中央部门和单位行政事业性收费项目有33项，包括：公办幼儿园保教费、住宿费、普通高中学费、住宿费、中等职业学校学费、住宿费、高等学校（含科研院所、各级党校等）学费、住宿费、委托培养费、函大电大夜大及短期培训费、证照费、外国人签证费、土地复垦费、土地闲置费、耕地开垦费、不动产登记费、海洋废弃物倾倒费、污水处理费、城镇垃圾处理费、城市道路占用、挖掘修复费、车辆通行费（限于政府还贷）、无线电频率占用费、电信网码号资源占用费、水资源费、水土保持补偿费、农药实验费、渔业资源增殖保护费、草原植被恢复费、预防接种服务费、鉴定费、社会抚养费、诉讼费、特种设备检验检测费、药品注册费、医疗器械产品注册费、商标注册收费、专利收费、集成电路布图设计保护收费、仲裁收费等（详见附表6）。

表6　有法律法规依据的全国性及中央部门和单位行政事业性收费项目

序号	项目名称	法律、法规依据	其他依据	相关规定
1	公办幼儿园保教费、住宿费	《幼儿园管理条例》	发改价格〔2011〕3207号	《幼儿园管理条例》第二十四条规定：幼儿园可以依据本省、自治区、直辖市人民政府制定的收费标准，向幼儿家长收取保育费、教育费。《幼儿园收费管理暂行办法》(发改价格〔2011〕3207号)对收费作了规定

续表

序号	项目名称	法律、法规依据	其他依据	相关规定
2	普通高中学费、住宿费	《教育法》	教财〔2003〕4号	《教育法》第三十条规定：学校及其他教育机构应当履行下列义务：（五）遵照国家有关规定收取费用并公开收费项目。《关于做好2003年学校收费工作有关问题的通知》（教财〔2003〕4号）就有关收费问题作了规定
3	中等职业学校学费、住宿费	《教育法》	同上	同上
4	高等学校（含科研院所、各级党校等）学费、住宿费、委托培养费、函大电大夜大及短期培训费	《教育法》《高等教育法》	教财〔2003〕4号	《教育法》第三十条规定：学校及其他教育机构应当履行下列义务：（五）遵照国家有关规定收取费用并公开收费项目。《高等教育法》第五十四条规定：高等学校的学生应当按照国家规定缴纳学费。第六十四条规定：高等学校收取的学费应当按照国家有关规定管理和使用，其他任何组织和个人不得挪用。《关于做好2003年学校收费工作有关问题的通知》（教财〔2003〕4号）就有关收费问题作了规定
5	证照费			
	（1）外国人证件费	《出境入境管理法》	价费字〔1992〕240号 公通字〔2000〕99号	《出境入境管理法》第九十二条规定：外国人申请办理签证、外国人停留居留证等出境入境证件或者申请办理证件延期、变更的，应当按照规定缴纳签证费、证件费。《关于发布中央管理的公安系统行政事业性收费项目及标准的通知》（价费字〔1992〕240号）和《关于公安出入境证照收费有关问题的通知》（公通字〔2000〕99号）对收费作了规定
	（2）公民出入境证件费	《护照法》	发改价格〔2019〕914号	《护照法》第二十二条规定：护照签发机关可以收取护照的工本费、加注费。收取的工本费和加注费上缴国库。护照工本费和加注费的标准由国务院价格行政部门会同国务院财政部门规定、公布。《关于降低部分行政事业性收费标准的通知》（发改价格〔2019〕914号）降低了公民出入境证件费

续表

序号	项目名称	法律、法规依据	其他依据	相关规定
	（3）户籍管理证件工本费（限于丢失、补办和过期失效重办）	《户口登记条例》	财综〔2012〕97号	《户口登记条例》第二十二条规定：公民领取户口簿和迁移证应当缴纳工本费。《关于公布取消和免征部分行政事业性收费的通知》（财综〔2012〕97号）取消了户口簿工本费（不含丢失、损坏补办户口簿收取的工本费）
	（4）居民身份证工本费	《居民身份证法》	财税〔2018〕37号	《居民身份证法》第二十一条规定：公民申请领取、换领、补领居民身份证，应当缴纳证件工本费。居民身份证工本费标准，由国务院价格主管部门会同国务院财政部门核定。《关于停征免征和调整部分行政事业性收费有关政策的通知》（财税〔2018〕37号）停征了首次申领居民身份证工本费
	（5）机动车号牌工本费	《道路交通安全法》	发改价格〔2004〕2831号	《道路交通安全法》第八十一条规定：依照本法发放牌证等收取工本费，应当严格执行国务院价格主管部门核定的收费标准，并全部上缴国库。《关于加强和规范机动车牌证工本费等收费标准管理有关问题的通知》（发改价格〔2004〕2831号）规定了收费标准等
	（6）机动车行驶证、登记证、驾驶证工本费	《道路交通安全法》	同上	同上
	（7）临时入境机动车号牌和行驶证、临时机动车驾驶许可工本费	《道路交通安全法》	发改价格〔2008〕1575号	《道路交通安全法》第八十一条规定：依照本法发放牌证等收取工本费，应当严格执行国务院价格主管部门核定的收费标准，并全部上缴国库。《关于临时入境机动车牌证工本费收费标准及有关问题的通知》（发改价格〔2008〕1575号）规定了收费标准等
6	外国人签证费	《出境入境管理法》	价费字〔1992〕240号 公通字〔2000〕99号	《出境入境管理法》第九十二条规定：外国人申请办理签证、外国人停留居留证等出境入境证件或者申请办理证件延期、变更的，应当按照规定缴纳签证费、证件费。《关于发布中央管理的公安系统行政事业性收费项目及标准的通知》（价费字〔1992〕240号）和《关于公安出入境证照收费有关问题的通知》（公通字〔2000〕99号）对收费作了规定

续表

序号	项目名称	法律、法规依据	其他依据	相关规定
7	土地复垦费	《土地管理法》《土地复垦条例》		《土地管理法》第四十二条规定：因挖损、塌陷、压占等造成土地破坏，用地单位和个人应当按照国家有关规定负责复垦；没有条件复垦或者复垦不符合要求的，应当缴纳土地复垦费，专项用于土地复垦。《土地复垦条例》第十八条规定：土地复垦费的具体征收使用管理办法，由国务院财政、价格主管部门商国务院有关部门制定
8	土地闲置费	《土地管理法》《城市房地产管理法》		《土地管理法》第三十七条规定：禁止任何单位和个人闲置、荒芜耕地。已经办理审批手续的非农业建设占用耕地，一年内不用而又可以耕种并收获的，应当由原耕种该幅耕地的集体或者个人恢复耕种，也可以由用地单位组织耕种；一年以上未动工建设的，应当按照省、自治区、直辖市的规定缴纳闲置费。《城市房地产管理法》第二十六条规定：以出让方式取得土地使用权进行房地产开发的，必须按照土地使用权出让合同约定的土地用途、动工开发期限开发土地。超过出让合同约定的动工开发日期满一年未动工开发的，可以征收相当于土地使用权出让金百分之二十以下的土地闲置费
9	耕地开垦费	《土地管理法》《土地管理法实施条例》		《土地管理法》第三十一条规定：国家保护耕地，严格控制耕地转为非耕地。国家实行占用耕地补偿制度。非农业建设经批准占用耕地的，按照“占多少，垦多少”的原则，由占用耕地的单位负责开垦与所占用耕地的数量和质量相当的耕地；没有条件开垦或者开垦的耕地不符合要求的，应当按照省、自治区、直辖市的规定缴纳耕地开垦费，专款用于开垦新的耕地
10	不动产登记费	《物权法》	发改价格规〔2016〕2559号	《物权法》第二十二条规定：不动产登记费按件收取，不得按照不动产的面积、体积或者价款的比例收取。具体收费标准由国务院有关部门会同价格主管部门规定。《关于不动产登记收费标准等有关问题的通知》(发改价格规〔2016〕2559号)规定了具体收费标准

续表

序号	项目名称	法律、法规依据	其他依据	相关规定
11	海洋废弃物倾倒费	《海洋环境保护法》	发改价格〔2008〕1927号	《海洋环境保护法》第十二条规定：直接向海洋排放污染物的单位和个人，必须按照国家规定缴纳排污费。依照法律规定缴纳环境保护税的，不再缴纳排污费。向海洋倾倒废弃物，必须按照国家规定缴纳倾倒费。根据本法规定征收的排污费、倾倒费，必须用于海洋环境污染的整治，不得挪作他用。具体办法由国务院规定。《关于废弃物海洋倾倒费收费标准及有关问题的通知》（发改价格〔2008〕1927号）规定了具体收费标准
12	污水处理费	《水污染防治法》《城镇排水和污水处理条例》	发改价格〔2015〕119号	《水污染防治法》第四十九条规定：城镇污水集中处理设施的运营单位按照国家规定向排污者提供污水处理的有偿服务，收取污水处理费用，保证污水集中处理设施的正常运行。收取的污水处理费用应当用于城镇污水集中处理设施的建设运行和污泥处理处置，不得挪作他用。城镇污水集中处理设施的污水处理收费、管理以及使用的具体办法，由国务院规定。《关于制定和调整污水处理收费标准等有关问题的通知》（发改价格〔2015〕119号）规定了具体收费标准
13	城镇垃圾处理费	《城市市容和环境卫生管理条例》		《城市市容和环境卫生管理条例》第二十九条规定：环境卫生管理应当逐步实行社会化服务。有条件的城市，可以成立环境卫生服务公司。凡委托环境卫生专业单位清扫、收集、运输和处理废弃物的，应当交纳服务费。具体办法由省、自治区、直辖市人民政府制定
14	城市道路占用、挖掘修复费	《城市道路管理条例》		《城市道路管理条例》第三十七条规定：占用或者挖掘由市政工程行政主管部门管理的城市道路的，应当向市政工程行政主管部门交纳城市道路占用费或者城市道路挖掘修复费。城市道路占用费的收费标准，由省、自治区人民政府的建设行政主管部门、直辖市人民政府的市政工程行政主管部门拟订，报同级财政、物价主管部门核定；城市道路挖掘修复费的收费标准，由省、自治区人民政府的建设行政主管部门、直辖市人民政府的市政工程行政主管部门制定，报同级财政、物价主管部门备案

续表

序号	项目名称	法律、法规依据	其他依据	相关规定
15	车辆通行费（限于政府还贷）	《公路法》 《收费公路条例》		《公路法》第六十三条规定：收费公路车辆通行费的收费标准，由公路收费单位提出方案，报省、自治区、直辖市人民政府交通主管部门会同同级物价行政主管部门审查批准。《收费公路条例》第十五条规定：车辆通行费的收费标准，应当依照价格法律、行政法规的规定进行听证，并按照下列程序审查批准：（一）政府还贷公路的收费标准，由省、自治区、直辖市人民政府交通主管部门会同同级价格主管部门、财政部门审核后，报本级人民政府审查批准。（二）经营性公路的收费标准，由省、自治区、直辖市人民政府交通主管部门会同同级价格主管部门审核后，报本级人民政府审查批准
16	无线电频率占用费	《无线电管理条例》	财建〔2009〕462号	《无线电管理条例》第二十一条规定：使用无线电频率应当按照国家有关规定缴纳无线电频率占用费。无线电频率占用费的项目、标准，由国务院财政部门、价格主管部门制定。《无线电频率占用费管理办法》（财建〔2009〕462号）规定了征收办法
17	电信网码号资源占用费	《电信条例》	信部联清〔2004〕517号	《电信条例》第二十七条规定：电信业务经营者占有、使用电信资源，应当缴纳电信资源费。具体收费办法由国务院信息产业主管部门会同国务院财政部门、价格主管部门制定，报国务院批准后公布施行。《电信网码号资源占用费征收管理暂行办法》（信部联清〔2004〕517号）规定了收费标准等
18	水资源费	《水法》 《取水许可和水资源费征收管理条例》	发改价格〔2013〕29号	《水法》第四十八条规定：直接从江河、湖泊或者地下取用水资源的单位和个人，应当按照国家取水许可制度和水资源有偿使用制度的规定，向水行政主管部门或者流域管理机构申请领取取水许可证，并缴纳水资源费，取得取水权。实施取水许可制度和征收管理水资源费的具体办法，由国务院规定。《取水许可和水资源费征收管理条例》和《关于水资源费征收标准有关问题的通知》（发改价格〔2013〕29号）对收费作了具体规定

续表

序号	项目名称	法律、法规依据	其他依据	相关规定
19	水土保持补偿费	《水土保持法》	财综〔2014〕8号	《水土保持法》第三十二条规定：在山区、丘陵区、风沙区以及水土保持规划确定的容易发生水土流失的其他区域开办生产建设项目或者从事其他生产建设活动，损坏水土保持设施、地貌植被，不能恢复原有水土保持功能的，应当缴纳水土保持补偿费，专项用于水土流失预防和治理。专项水土流失预防和治理由水行政主管部门负责组织实施。水土保持补偿费的收取使用管理办法由国务院财政部门、国务院价格主管部门会同国务院水行政主管部门制定。《水土保持补偿费征收使用管理办法》（财综〔2014〕8号）对收费作了具体规定
20	农药实验费	《农药管理条例》	价费字〔1992〕452号	《农药管理条例》第六十五条申请农药登记的，申请人应当按照自愿有偿的原则，与登记试验单位协商确定登记试验费用。《关于发布农业系统行政事业性收费项目和标准的通知》（价费字〔1992〕452号）对收费作了具体规定
21	渔业资源增殖保护费	《渔业法》	价费字〔1992〕452号	《渔业法》第二十八条规定：县级以上人民政府渔业行政主管部门应当对其管理的渔业水域统一规划，采取措施，增殖渔业资源。县级以上人民政府渔业行政主管部门可以向受益的单位和个人征收渔业资源增殖保护费，专门用于增殖和保护渔业资源。渔业资源增殖保护费的征收办法由国务院渔业行政主管部门会同财政部门制定，报国务院批准后施行。《关于发布农业系统行政事业性收费项目和标准的通知》（价费字〔1992〕452号）对收费作了具体规定
22	草原植被恢复费	《草原法》	发改价格〔2010〕1235号	《草原法》第三十九条规定：因建设征收、征用或者使用草原的，应当交纳草原植被恢复费。草原植被恢复费专款专用，由草原行政主管部门按照规定用于恢复草原植被，任何单位和个人不得截留、挪用。草原植被恢复费的征收、使用和管理办法，由国务院价格主管部门和国务院财政部门会同国务院草原行政主管部门制定。《关于草原植被恢复费收费标准及有关问题的通知》（发改价格〔2010〕1235号）对收费额进行了规定

续表

序号	项目名称	法律、法规依据	其他依据	相关规定
23	预防接种服务费	《疫苗流通和预防接种管理条例》		《疫苗流通和预防接种管理条例》第三十条规定：接种单位接种第一类疫苗不得收取任何费用。接种单位接种第二类疫苗可以收取服务费、接种耗材费，具体收费标准由所在地的省、自治区、直辖市人民政府价格主管部门核定
24	鉴定费			
	（1）医疗事故鉴定费	《医疗事故处理条例》	发改价格〔2016〕488号	《医疗事故处理条例》第三十四条规定：医疗事故技术鉴定，可以收取鉴定费用。经鉴定，属于医疗事故的，鉴定费用由医疗机构支付；不属于医疗事故的，鉴定费用由提出医疗事故处理申请的一方支付。鉴定费用标准由省、自治区、直辖市人民政府价格主管部门会同同级财政部门、卫生行政部门规定。《关于重新核发中央管理的卫生计生部门行政事业性收费标准等有关问题的通知》（发改价格〔2016〕488号）对收费作了规定
	（2）预防接种异常反应鉴定费	《疫苗流通和预防接种管理条例》 《医疗事故处理条例》	发改价格〔2016〕488号	《疫苗流通和预防接种管理条例》第四十五条规定：预防接种异常反应的鉴定参照《医疗事故处理条例》执行，具体办法由国务院卫生主管部门会同国务院药品监督管理部门制定。《医疗事故处理条例》第三十四条规定：医疗事故技术鉴定，可以收取鉴定费用。经鉴定，属于医疗事故的，鉴定费用由医疗机构支付；不属于医疗事故的，鉴定费用由提出医疗事故处理申请的一方支付。鉴定费用标准由省、自治区、直辖市人民政府价格主管部门会同同级财政部门、卫生行政部门规定。《关于重新核发中央管理的卫生计生部门行政事业性收费标准等有关问题的通知》（发改价格〔2016〕488号）对收费作了规定
	（3）职业病诊断鉴定费	《职业病防治法》	发改价格〔2016〕488号	《职业病防治法》第五十三条规定：职业病诊断鉴定委员会应当按照国务院卫生行政部门颁布的职业病诊断标准和职业病诊断、鉴定办法进行职业病诊断鉴定，向当事人出具职业病诊断鉴定书。职业病诊断、鉴定费用由用人单位承担。《关于重新核发中央管理的卫生计生部门行政事业性收费标准等有关问题的通知》（发改价格〔2016〕488号）对收费作了规定

续表

序号	项目名称	法律、法规依据	其他依据	相关规定
25	社会抚养费	《人口与计划生育法》 《社会抚养费征收管理办法》（国务院令第357号）		《人口与计划生育法》第四十一条规定：不符合本法第十八条规定生育子女的公民，应当依法缴纳社会抚养费。《社会抚养费征收管理办法》（国务院令第357号）对收费作了规定
26	诉讼费	《民事诉讼法》 《行政诉讼法》 《诉讼费用交纳办法》（国务院令481号）		《民事诉讼法》第一百一十八条规定：当事人进行民事诉讼，应当按照规定交纳案件受理费。《行政诉讼法》第一百零二条规定：人民法院审理行政案件，应当收取诉讼费用。《诉讼费用交纳办法》（国务院令481号）对收费作了规定
27	特种设备检验检测费	《特种设备安全法》 《特种设备安全监察条例》	发改价格〔2009〕3212号	《特种设备安全法》第九十九条规定：特种设备行政许可、检验的收费，依照法律、行政法规的规定执行。《关于特种设备检验检测收费标准等有关问题的通知》（发改价格〔2009〕3212号）对收费作了规定
28	药品注册费	《药品管理法实施条例》	发改价格〔2015〕1006号	《药品管理法实施条例》第五十七条规定：依据《药品管理法》和本条例的规定核发证书、进行药品注册、药品认证和实施药品审批检验及其强制性检验，可以收取费用。具体收费标准由国务院财政部门、国务院价格主管部门制定。《药品、医疗器械产品注册收费标准管理办法》（发改价格〔2015〕1006号）对收费作了规定
29	医疗器械产品注册费	《医疗器械监督管理条例》	发改价格〔2015〕1006号	《医疗器械监督管理条例》第七十七条规定：医疗器械产品注册可以收取费用。具体收费项目、标准分别由国务院财政、价格主管部门按照国家有关规定制定。《药品、医疗器械产品注册收费标准管理办法》（发改价格〔2015〕1006号）对收费作了规定
30	商标注册收费	《商标法》 《商标法实施条例》	计价格〔1995〕2404号	《商标法》第七十二条规定：申请商标注册和办理其他商标事宜的，应当缴纳费用，具体收费标准另定。《关于商标业务收费标准的通知》（计价格〔1995〕2404号）对收费作了规定
31	专利收费			

续表

序号	项目名称	法律、法规依据	其他依据	相关规定
	（1）专利收费（国内部分）	《专利法》《专利法实施细则》	发改价格〔2017〕270号	《专利法》第七十五条规定：向国务院专利行政部门申请专利和办理其他手续，应当按照规定缴纳费用。《关于重新核发国家知识产权局行政事业性收费标准等有关问题的通知》（发改价格〔2017〕270号）对收费作了规定
	（2）PCT专利申请收费	《专利法》《专利法实施细则》	同上	同上
	（3）为其他国家和地区提供检索和审查服务收费	《专利法》《专利法实施细则》	同上	同上
32	集成电路布图设计保护收费	《集成电路布图设计保护条例》	发改价格〔2017〕270号	《集成电路布图设计保护条例》第三十五条规定：申请布图设计登记和办理其他手续，应当按照规定缴纳费用。缴费标准由国务院物价主管部门、国务院知识产权行政部门制定，并由国务院知识产权行政部门公告。《关于重新核发国家知识产权局行政事业性收费标准等有关问题的通知》（发改价格〔2017〕270号）对收费作了规定
33	仲裁收费	《仲裁法》	财综〔2010〕19号	《仲裁法》第七十六条规定：当事人应当按照规定交纳仲裁费用。收取仲裁费用的办法，应当报物价管理部门核准。《关于调整仲裁收费管理政策有关问题的通知》（财综〔2010〕19号）对收费作了规定

（三）罚没收入法制化现状

随着我国经济体制改革的逐渐深入，财税法律体系的建构也在不断推进和完善。但作为财政收入重要组成部分的政府非税收入，虽然近年来在政府收入中的地位日益提高，重要性与日俱增，然而总体来看，由于受传统观念的影响和概念界定不清，我国政府非税收入的立法缺位现象较为严重，与税法相比尚显薄弱。罚没收入作为非税收入的组成部分之一，也不例外。以下针对罚没收入的法制化现状进行分析。

目前，在对罚没收入进行检索时，可以发现我国已有的涉及相关内容的法律法规涵盖各个层次，其中包含法律20部，行政法规48部，司法解释9部以及地方政府规章421部，如表7所示。

表7　　罚没收入相关法律、法规、规章及规范性文件数量

类别	数量	法律、法规、规章及规范性文件
法律	20	《中华人民共和国税收征收管理法》《中华人民共和国海关法》等
行政法规	48	《国务院关于促进市场公平竞争 维护市场正常秩序的若干意见》等
司法解释	9	《最高人民法院 最高人民检察院关于适用犯罪嫌疑人、被告人逃匿、死亡案件违法所得没收程序若干问题的规定》等
地方政府规章和规范性文件	421	《湖北省罚没收入管理办法》《甘肃省罚款没收财物管理办法》《河北省罚没收入审计暂行办法》;《罚没财物管理办法》(财税〔2020〕54号)等

除此之外，目前概括来看，我国罚没收入的标准主要包括限额罚款、倍数罚款和比例罚款三种形式，具体概念和规定如表8所示。

表8　　中国现行罚没收入的标准①

罚没收入标准	概念	相关规定
限额罚款	直接限定罚款数额	例如《公司法》：对提交虚假材料或者采取其他欺诈手段隐瞒重要事实的公司，处以五万元以上五十万元以下的罚款
倍数罚款	确定一个基准，以若干倍的方式，间接规定罚款数额	例如《食品安全法》：生产不符合食品安全标准的食品或者经营明知是不符合食品安全标准的食品，消费者除要求赔偿损失外，还可以向生产者或者经营者要求支付价款十倍或者损失三倍的赔偿金
比例罚款	确定一个基准，以一定比例的方式，间接规定罚款数额	例如《城市房地产开发经营管理条例》：擅自预售商品房的，由县级以上人民政府房地产开发主管部门责令停止违法行为，没收违法所得，可以并处已收取的预付款的1%以下的罚款

罚没收入之所以作为一种社会管理方式的“副产品”而存在，理论依据就是为了矫正负外部效应。因此，罚没收入应当在阻止违法行为产生、降低

① 于国安：《政府非税收入管理新探》（2008年版），齐鲁书社，2008，第48页。

社会外部负效应发生、保障人民群众生命安全等方面发挥作用。但从表7和表8呈现的相关内容可以看出，罚没收入的法制化存在诸多不尽完善的地方，其矫正负外部效应的本质没有很好地展现出来，具体来看，存在以下三个方面的问题。

（1）罚没收入相关内容不集中，较为零散。现有的各类法律法规大都会涉及罚没收入的各类违法行为，法律规定中的处罚措施且罚没收入的征收主体也存在分散和多元化的情况，如表9所示。

表9 中国罚没收入征收主体

序号	罚没收入	征收主体
1	政法机关罚没收入	公安、检察、审判等机关
2	行政执法机关罚没收入	市监、海关、物价、审计等部门
3	其他国民经济管理部门罚没收入	林草、渔政、烟草、外汇等部门

（2）罚没收入尚未形成完整的法律体系和统一的模式和框架。缺乏法律层面的约束，因此在各省、各行业均呈现各自的特点，罚没标准尚不明朗，与税收征管体系相比较来看，仍存在较大差距。

（3）罚没收入法规颁布时间较早，部分内容与现行针对罚没收入的管理不适宜，影响罚没收入管理的有效性①。此外，通过整理与归纳各省罚没收入的相关法规可以发现，罚没收入的分配方式主要为执法、执收机构对下一年的经费支出做出预算，并报予财政部门审核，但其在各级政府及部门之间分配的相关规定较为零散，对于如何进行具体分配、按怎样的比例进行分配等问题并没有形成统一的标准。

（四）国有资源资产有偿使用收入的法制化现状

国有资源资产是国民经济与社会发展的物质基础，国有资源资产有偿使用收入是政府财政收入的重要组成部分。实行国有资源资产有偿使用，推行“使用者付费”制度，是市场经济国家的通行做法。近年来，随着经济和社会的快速发展，各地为适应国有资源资产使用制度改革和政府非税收入管理工作

① 樊孟然：《浅析罚没收入管理制度》，《法制与社会》2016年第21期。

的需要，积极探索国有资源资产开发、管理、使用的有效形式，不断加强和规范国有资源资产有偿使用收入管理，取得了初步成效。

建立与社会主义市场经济体制相适应的国有资源资产有偿使用制度，全面推进国有资源有度开发、有序利用、有偿使用，是贯彻落实科学发展观、实现经济社会又好又快发展的内在要求，也是推动经济增长方式转变，促进资源节约型社会建设，完善社会主义市场体制的重要举措。

20世纪80年代初出现国有建设用地有偿使用制度，而后相继出现了矿产、水、海域海岛等国有自然资源有偿使用制度。2016年国务院发布《关于全民所有自然资源资产有偿使用制度改革的指导意见》（国发〔2016〕82号），这是国家层面就国有自然资源资产有偿使用的实践经验，针对土地、水、矿产、森林、草原、海域海岛6类国有自然资源不同特点和情况，分别提出了建立完善有偿使用制度的重点任务，突出体现了改革的整体性、系统性和协同性，是当前和今后一段时间推动各类国有自然资源资产有偿使用制度建设的纲领性文件。该指导意见要求完善国有土地资源有偿使用制度，完善水资源有偿使用制度，完善矿产资源有偿使用制度，建立国有森林资源有偿使用制度，建立国有草原资源有偿使用制度，完善海域海岛有偿使用制度。

为了规范和加强中央行政单位国有资产收入管理，防止国有资产流失，制定了《行政单位国有资产管理暂行办法》（财政部令第35号）。中央行政单位国有资产处置收入是指中央行政单位国有资产产权的转移或核销所产生的收入，包括国有资产的出售收入、出让收入、置换差价收入、报废报损残值变价收入等。事业单位国有资产包括国家拨给事业单位的资产，事业单位按照国家规定运用国有资产组织收入形成的资产，以及接受捐赠和其他经法律确认为国家所有的资产，其表现形式为流动资产、固定资产、无形资产和对外投资等。事业单位国有资产管理活动，应当坚持资产管理与预算管理相结合的原则，推行实物费用定额制度，促进事业资产整合与共享共用，实现资产管理和预算管理的紧密统一；应当坚持所有权和使用权相分离的原则；应当坚持资产管理与财务管理、实物管理与价值管理相结合的原则。事业单位国有资产实行国家统一所有，政府分级监管，单位占有、使用的管理体制。

第二节 主要非税收入管理法制化存在的问题

一、政府性基金收入法制化存在的问题

当前，政府性基金收入设立审批中的程序正当性方面、预算管理法律监督方面以及征收使用方面存在的问题，亟待解决。

（一）政府性基金设立审批中的程序正当性方面存在缺陷

首先，我国政府性基金的设立没有达到程序法定的要求。从理论上来说，政府性基金行政程序应当由法律作出规定，但我国没有行政程序法，仅有的《政府性基金管理暂行办法》在第二章专设“申请和审批程序”，要求国务院所属部门、地方各级政府及其所属部门申请征收政府性基金按程序向财政部审批。但由于该办法是由财政部以部门规章的形式来发布的，而非最高权力机关制定的法律，从而可能造成财政部滥用权力，侵害政府性基金缴费义务人的权利[①]。

其次，我国政府性基金征收程序监督薄弱。我国《行政诉讼法》明确规定，违反法定程序的具体行政行为，法院判决撤销或者部分撤销，并可以判决被告重新做出具体行政行为。因此，征收机关只能依照法定权限与程序，并在法律规则约束下行使权力。当前的政府性基金缴费义务人对政府性基金征收机关行使权力的监督只能通过全国人大代表在人民代表大会上行使，但这种监督是事后监督，且监督力度非常薄弱，对防止政府性基金征收机关滥用权力难以及时有效发挥作用。

最后，我国政府性基金设立征收程序不够公开透明。我国颁布的《政府信息公开条例》规定县级以上各级人民政府及其部门应当在各自职责范围内

---

① 吴旭东、张果：《我国政府性基金的性质、规模与结构研究》，《财经问题研究》2014年第11期。

确定主动公开的政府信息的具体内容，在重点公开的政府信息中包括行政事业性收费的项目、依据、标准。但财政部对于政府性基金的征收依据只列明文件号，具体文件内容无法直接查询，同时对除了公布的目录以外列入政府性基金预算管理的其他项目，绝大多数是以“其他政府性基金收入”一笔带过，至今仍无法知道或查询到政府性基金项目的确切数字。对于政府性基金的标准散见于各类文件，无法统一查询①。

（二）政府性基金预算管理法律监督方面存在不足

政府性基金属于财政收入，因此应当适合财政民主原则。财政民主，就是政府通过民主程序、民主方式来规范分配政府财政收入。因此，财政民主不仅体现了宪政主义与法治主义精神，更体现了政治民主和经济民主的统一。财政民主的践行，对实现政府行为法治和公民权利保障都具有重大的现实意义。

作为一种重要的非税收入，政府性基金是逐渐纳入预算管理的。尽管政府性基金纳入了预算管理，但政府性基金预算并没有通过法律层面进行规制，现行的《预算法》第二十二条规定，“预算收入应当统筹安排使用；确需设立专用基金项目的，须经国务院批准”。该规定只是说明了专用基金项目的审批权，并没有对政府性基金预算的明确表述和基本要求。虽然我国对政府性基金的预算有了很大的进步，但仍然存在不少问题。

首先，基金预算的编制不够细化。目前，基金预算编制普遍仍是沿用基数加增长、列收列支的编制方法，未细化到具体项目，基金预算难以科学、准确地反映政府性基金的收支状况，更难以清晰地反映基金的支出结构与方向。基本支出不能够反映出预算单位编制、人员、经费状况及其变化情况；项目支出也没有细化到具体项目和具体活动，政府基金预算的执行效果差，监管难以到位，使用效果不理想。

其次，基金收支预测科学性、准确性不高。由于政府性基金征收部门繁多，造成财政部门的基础数据资料不齐全，没有可信赖的基本数据库，对基金征收情况不能准确掌握，无法对基金的收支作出科学、准确预测，致使政府性基金预算安排随意性大、准确性低，预算执行可操作性弱。甚至同一数据，财

---

① 崔岫昆：《政府性基金的规范化研究》，硕士学位论文，西南政法大学2015年。

政部和地方公布的都不一样，造成公众对数据的真实性产生怀疑和质疑[①]。

最后，部分省份还存在基金预算和决算数相差过大的问题。随着财政收入规模的快速增长，政府性基金收入增长速度较快，加之对政府性基金的使用管理不尽合理，中央政府和地方政府普遍存在着政府性基金结余较多的问题，结余资金过多，基金使用作用难以发挥，对重点事业的支持作用不明显。

（三）政府性基金在征收使用方面存在问题

根据《政府性基金管理暂行办法》第二十二条，政府性基金按照规定实行国库集中收缴制度，各级财政部门可以自行征收政府性基金，也可以委托其他机构代征，其代征费用由同级财政部门通过预算予以安排。基于上述规定，实践中绝大部分基金都是财政部门委托城建、国土、农业、公交、社保等相关职能部门代收。以价格调节基金为例，有的授权地方税务部门和价格部门征收，有的由地方归口管理单位直接征收。代收导致了代收部门未将代征的基金集中实行财政专户管理，而是先通过其开设在商业银行的账户再转交财政部门，进而造成政府性基金的挪用与流失。征管主体多元，还导致各地征收标准不一[②]。

在政府性基金征收的时限方面，也存在诸多问题。例如，多数基金无明确的征收期限。在现有的29项政府性基金中，仅有5项规定了明确的征收期限，其他多为“在法律未作调整的情况下继续保留”，有些甚至未作任何说明。有些本应到期的政府性基金，常常以下发文件的方式延长征收期限，或者改头换面后继续征收。此外，部分基金还存在收取的时限过长的问题。在现有的政府性基金中，大多征收时间已超过十年，有违政府性基金临时性筹集资金的初衷。

由于政府性基金具有专款专用的特点，在我国现行体制下，政府性基金的征收和使用部门往往具有较大的自由裁量权，而财政部门的财政控制略显不足，财力部门化色彩浓厚，政府性基金在使用环节方面法律规制不完备，问题较多。首先，收支分离只是形式上的倡导，并未在实质意义上实行“收支脱

---

① 冯俏彬、郑朝阳：《规范我国政府性基金的运行管理研究》，《财经科学》2013年第4期。

② 朱柏铭：《厘定“政府性基金”的性质》，《行政事业资产与财务》2012年第3期。

钩”，执收部门仍把基金收入作为部门利益，维持着“谁收谁用、多收多用、多罚多返”的格局。其次，在支出环节，财政部门并未在支出前进行审查，仅根据使用部门的请求拨付。审计署公告显示，财政部批复给使用部门的政府性基金数额常常远远高于实际使用金额。最后，财政部门在商业银行开设的基金收入专户中的资金余额巨大，财政部门并未将此项资金及时划缴国库统一管理，而是暂存在专户中不定期划拨。大量的财政资金长期处于国库之外，影响了财政资金的效用①。

二、行政事业性收费法制化存在的问题

当前，行政事业性收费价费不分造成管理上的混乱，有法不依、执法不严现象仍较为普遍，社会普遍关注收费相关信息尚未公开，现行收费管理体制已不适应时代发展要求。

（一）社会普遍关注的收费相关信息尚未公开

一是行政事业性收费的收支情况没有公开。行政事业性收费收入情况可以反映每项收费的总体规模，是测算企业或社会负担的基础数据；支出情况反映了管理服务的成本费用，是判断收费标准合理与否的重要指标之一。以成本为基础确定的收费标准，如果其收入明显高于支出，则表明有降低收费标准的空间；如若收不抵支，则预示收费标准将会提高，从而可以为社会提供可预期的信息。二是按国际惯例或对等原则确定收费的具体标准和接轨办法没有公开，社会监督缺少可以量化的指标和标准，不易消除社会公众的疑问。三是对执收部门的服务质量情况没有公开。政府有关部门在执收行政事业性收费的同时，也要向社会特定对象提供公共服务，执收单位是政府的窗口部门，服务质量直接关系政府的形象。特别是在减税降费的大背景下，企业担心降费后政府收费部门的办事效率下降，还可能增加企业的生产经营成本。

（二）现行收费管理体制已不适应时代发展要求

1998年实施的《价格法》提出，国家行政机关收费应当严格控制收费项

① 熊伟：《专款专用的政府性基金及其预算特质》，《交大法学》2012年第1期。

目，限定收费范围和标准，收费的具体管理办法由国务院另行制定，但具体办法至今没有正式出台。收费目录清单中的政策依据有30多件是20世纪90年代制定的，一项收费既要政府财政、价格部门在立项上联合审批一道，又要价格、财政部门在收费标准上再联合审批一道，即一项收费至少要发两个批文的管理体制从改革开放初期一直沿用至今。繁复的审批过程，不仅增加了执收单位的管理成本，也占用了政府部门大量的行政资源①。而且行政事业性收费专业性强，收费类别多，涉及领域十分广泛，仅仅依靠政府自身管理力量难以适应监管到位的需要，从而形成大量的历史性文件未能及时修订。同时，现行收费监管的重点侧重于事前审批，审批后的政策落实情况、执收部门服务质量与被收费对象对服务的满意度等，缺乏及时的跟踪评估，难以适应新时代服务型政府职能要求。随着“放管服”改革的深化，一些鉴定检验类收费，市场具有鉴定检验资格的主体不断增加，可以由其他市场主体通过竞争方式自主选择鉴定机构，这部分收费应当适时转为经营服务性收费由市场调节形成，不再由政府审批。

（三）价费不分造成管理上的混乱

收费目录清单中的公办幼儿园收费、高中教育收费、中等职业教育收费、高等教育收费、殡葬收费、污水处理收费、垃圾处理收费、车辆通行费等行政事业性收费，同时也是列入政府定价目录管理的重要公用事业或公益性服务费用②。由于行政事业性收费的管理体制及审批程序与价格管理不同，造成了管理上的混乱。一方面，按照《价格法》规定，价格审批属于政府主动行政行为，经营者可以向定价主管部门提出制定调整价格的建议，而不需要由经营者提出调价申请，但行政事业性收费作为行政审批事项要遵循《行政许可法》有关申请、受理及审批期限的规定，收费立项与收费标准的制定调整都需要向收费主管部门提出申请。因此，列入政府定价目录的行政事业性收费项目既要遵循价格管理有关成本调查监审、价格听证等规定，还要履行行政事业性收费审批管理的各项规定。另一方面，行政事业性收费的管理权限严格限定在中央和

---

① 陈印辉：《深入推进行政事业性收费改革的思考》，《湖南水利水电》2018年第6期。

② 贾小雷：《行政事业性收费清理之理论、效力及制度完善》，《首都师范大学学报》（社会科学版）2018年第4期。

省两级价格、财政部门，管理权限不允许下放；而政府定价的管理权限在中央、省级政府有关部门及市、县人民政府，属于中央和省定价管理项目，可以按照权责一致的原则，通过修订政府定价目录将管理权限下放到市县，但现行收费管理体制却制约了定价权限的下放。

（四）有法不依、执法不严现象仍较为普遍

虽然很多地方都制定了地方性收费管理法规规章，但要真正做到有法必依、执法必严、违法必究是非常困难的。有些法规规章管理约束的对象是具有行政事业性收费权力的国家行政机关、司法机关及事业单位[①]。一旦这些单位违反了行政事业性收费管理法规，有了违规收费行为，物价部门的监督检查机构虽然有检查处理的权力，但是在实际执行中却存在检查难、处理难、收缴非法所得更难的情况，有法不依、执法不严的现象仍较普遍。地方性收费管理法规、规章也没能从根本上认真地纠正有关部门用收费来提升政绩的不良倾向[②]。

三、罚没收入法制化存在的问题

近年来，我国法治化进程不断推进，财税法制度的完善工作在有条不紊地进行，但相比税收法治的进展程度，针对罚没收入的法制化情况还很不乐观。尽管各级政府已经基本确立了法治建设的基本原则，但受各种环境和因素的制约，目前依然存在一些亟待解决的问题。以下进行较为详细的探讨和总结。

（一）立法层级较低，缺乏中央立法

从我国有关罚没收入立法的情况可知，虽然中央制定的直接规制罚没收入的法律文件已然不少，但遗憾的是，目前尚未形成完整、清晰、统一、规范的法律体系，总体上立法层次较低，不但没有一部由全国人大或全国人大常委

---

① 沈峰：《取消行政事业性收费关键在落实》，《人民法治》2017年第4期。
② 付彪：《取消行政事业性收费要“向纵深挺进”》，《新疆日报（汉）》2017年3月27日第3版。

会制定的法律，而且迄今为止法律层级最高的仍然是1996年颁布的《国务院关于加强预算外资金管理的决定》，其他大量的法规都是由财政部或几个部委颁布的《办法》《意见》《通知》之类的部门规章，其中又以效力等级最低、权威性最差的《通知》数量为最多。虽然效力覆盖各个部委和地方政府，但是鉴于罚没收入执收主体众多、征收项目繁杂、管理方式多样化的现实情况，单个部门的某一个简单的《通知》很难在权威性和执行力上与法律、行政法规相比。因此，各类征收主体的项目设立权、征收标准制定权、收入使用权等重要权能失去有效的监督和制约，一个部门仅凭某部法律中的某个授权条款就可以自行制定有关的征收办法，征收对象、标准、形式往往肆意规定，没有经过人大或政府的审议和批准程序，不少征收部门在其中基于利益相关者的地位而在规范性文件制定的过程中过多考虑部门利益，夹带私货，有的甚至下发各种“红头文件”乱收费，造成种种乱象。高层次立法缺失的情况下，普通公众不可避免地会对有关罚没收入征收的正当性和合法性产生质疑，进而开始抵触无论是合法还是非法的罚没收入的缴纳。

（二）罚没收入预算管理与其特点相矛盾

依据《政府非税收入管理办法》，非税收入是政府财政收入的重要组成部分，应当纳入财政预算管理，可以理解为执法、执收单位对下一年“罚没”的收入与支出做出的一种计划，做出罚没收入预算的前提是存在违法行为并对违法行为的数量进行预估。但实际上，罚没收入具有非普遍性、非固定性的特点，致使罚没收入下一年的收支指标难以预测。罚没收入预算的目标假定存在对执法、执收机构的负面激励，迫使其为了完成预算目标进行有倾向性的执法，最终影响执法的质量和效率。在编制预算时，执法、执收机构必然假设下一年会有违法行为的发生，“罚没”收支指标越高，说明执法、执收机构认为存在着越多的违法行为或者更为恶劣的违法事件。所以，编制罚没收入预算草案并审批，实际上就造成了执法人员实际工作的压力，从而引诱执法、执收单位及其人员为实现预算目标而调整执法力度。罚没收入预算实质上最终都会分配到执法人员身上，成为其必须完成的任务，若分配的执法任务多，执法人员将会严格甚至苛刻执法，将本可以进行批评教育的违法行为开罚单；若分配的任务少，执法人员可能会出于自身利益最大化的考虑对部分违法行为视而不见，最终使得罚没收入难以规范化管理[1]。

（三）收支两条线制度的效果未达预期

收支两条线，是指国家机关、事业单位、社会团体以及其他组织将按照国家有关规定依法取得的政府非税收入，全额缴入国库或财政专户，支出通过财政部门编制预算进行统筹安排，资金通过国库或财政专户收缴和拨付的财政预算及资金管理制度。建立收支两条线制度的初衷之一是为了加强对罚没收入的管理，将政府部门的罚没权与资金使用权彻底分离，所有罚没收入都应全额上缴财政。收支两条线制度的实施确实在很大程度上斩断了政府部门与罚款间的利益纽带，对完善政府职能起到了不小的作用，但总体来看，还存在一些瑕疵有待改正。地方政府面临的财政压力可能导致收支两条线制度不能真正得到贯彻和实施。许多地方政府的财力无法满足下级政府部门的支出，只能通过规避“收支两条线”制度隐形地将收入返还给各部门。有些地方财政部门与执收、执罚单位之间形成了隐蔽的罚没收入分成制度，使城管、交通等部门堂而皇之地参与罚没收入的分成。因此，财政部门不一定能将上缴的罚没收入完全控制使用。

（四）罚没收入的使用违背其设立初衷

由于罚没收入相关法律文件中关于使用方面的规定缺乏对财政属性的考虑，使得罚没收入的使用违背其设立初衷。罚没收入是行政执法手段的“副产品”，来源于对违法者的处罚，其设立的目的是制止和预防违法行为的发生。因此，罚没收入应当用于制止和预防违法、教育公民懂法守法以及对公共与私人利益受到损害的补偿方面。但是，目前我国罚没收入却主要作为非税收入的来源，或者被用于按一定比例返还罚没机关以及奖励相关人员方面，显然与罚没收入设立的初衷相背离。

四、国有资源资产有偿使用法制化存在的问题

由于国有资源和资产的范围不够明确，对其有偿使用的性质认识不清，

① 李卫民：《关于罚没收入预算的分析》，《人大研究》2014年第5期。

加上管理体制不顺、管理制度不健全、征管措施不力，致使国有资源资产有偿使用的范围比较小，市场化配置率比较低，国有资源资产的浪费现象在一些领域比较严重，有偿使用收入流失隐患较多，收入部门化、福利化的现象在一些地方比较突出。综合来看，由于受体制机制因素影响，国有资源资产有偿使用收入法制化方面存在许多需要完善的方面。

（一）中央和地方的权限如何划分、收益如何分配

现行国有资源财政收入分配体制下，中央与地方固定收入少、共享收入多，中央与地方分配关系不清晰，划分依据不合理。首先，中央固定收入没有应收尽收。特别收益金作为所有者获取国有资源“利”的收入，目前只对石油开采征收石油特别收益金，征收范围小，导致其他资源“利”的流失严重。其次，收费或基金等地方固定收入征收随意性大。地方征收部门在收入管理上缺乏约束和规范机制，存在随意立项收费的问题，破坏了国有资源行业平等竞争的市场环境。如有些省份在煤炭价格上行时期开征煤炭价格调节基金，但煤炭价格下行时期仍继续征收，违背开征目的，有的省份即使已经取消，但在执行环节仍有继续征收现象。最后，中央和地方共享收入划分不合理。现行共享收入的划分依据有两种：一是按比例分成，如矿产资源补偿费、探矿权采矿权价款；二是按登记管理层级划分，如探矿权采矿权使用费和共享的行政性收费，海洋石油资源税归中央也是依照后者。这两种划分依据都不尽合理，资源所有者和公共管理者两种身份在中央与地方财政收入划分中边界不明，导致现行收入分配模式条块分割，国有资源受益者集中于部分行业或地区，甚至更小的群体或个人。

（二）国有资源所有者收益未得到充分保障

首先，部分资源因为条例漏洞，管理不善，仍然存在无偿使用的情况。一方面是资源有偿使用制度范围较窄，目前仅在煤炭等矿产资源行业推行，并未覆盖所有自然资源，其他国有资源无偿使用现象较为普遍。另一方面是已经推行“有偿使用制度”的自然资源，由于管理成本大、执行阻力强、开采企业寻租和法律制度滞后等原因，仍存在私自勘查开采和无偿占有情况。其次，国有资源转让管理存在漏洞，致使国有资产低价出让。在勘探权、开采权转让过

程中政府干预过多，一般开采企业与垄断性国有资源开采企业实力悬殊，各利益部门寻租空间较大，存在不规范的审批出让、变更规划、串标、围标等现象，使国有资源廉价转让，没有实现完全有偿使用。最后，国有资源使用与生态补偿未挂钩。长期以来，政府采取各种途径对资源实行严格的价格管制，资源定价以及税费设计没有充分考虑生态成本，生态补偿机制缺失，导致资源价格不能全面反映市场供求，市场机制的优越性在资源领域得不到有效体现。

（三）不同收入形式功能定位不合理

首先，国有资源收入税、租、基金、费过于驳杂，收入形式名实不符。国有资源税、租、基金、费和利在制度上应该划清边界，征收依据和功能各归其位。但是，现实中由于缺少综合的顶层设计，导致国有资源多种财政收入关系混淆，命名缺乏合理性。一是名为“金”实为“利”。石油特别收益金以石油开采企业的超额收入为征收对象，属于国家作为所有者参与资源“利”的分配的一种形式。二是名为“费”实为“税”，矿产资源补偿费对矿产资源普遍征收，与“费”的征收与受益范围有限性不符。三是名为“费”实为“租”，探矿权采矿权使用费以勘查年度计算，按区块面积逐年缴纳，其实质是“地租”。四是名为“价”实为“租”，探矿权采矿权价款实际上是通过转让矿业权一次或分期收取的“地租”。五是名为“费”实为“基金”，一些行政性收费（如草原植被恢复费）的受益对象不能限定为特定个体或机构，但有一定的群体有限性并实行专款专用，具有“基金”的性质。其次，各条例征收目的厘定不清，存在重复征收的现象。从非税收入的征收目的看，矿产资源补偿费、探矿权采矿权使用费和探矿权采矿权价款等都有体现促进资源勘查和开采的意图，而以保护环境为名目开征的税费项目重叠现象严重；从征收对象看，矿产资源补偿费与资源税重复课征；从计征依据看，原油和天然气均采用从价计征，造成重叠征收。

（四）征管主体的多元化问题

国有资源财政收入形式繁杂，管理方式各不相同，有的缴入中央国库，有的缴入中央和地方国库，有的则缴入地方国库或财政专户，管理混乱，具体可概括为以下三个方面：第一，征收部门各自为政。国有资源财政收入名目繁多，征管部门涉及财政、税务、国土资源、林业、环保、水利、海洋等部门，协调成本较大，导致租、利、费、基金和税之间缺乏联动机制，调节作用很难充分发挥，虽然当前税务部门征收的改革方向确定并在逐步推进，但国有资源资产类型多样，尤其是自然资源资产，从量征收还是从价征收都存在无法统一的问题。第二，没有做到专款专用。国有资源财政收入项目大多实行专款专用，但由于国有资源资产收入收支管理条块分割，规定较为笼统，缺乏有效监督机制，极易导致收支效率低下，滋生贪污腐败。第三，预算管理水平较低。尽管国有资源财政收入在预算管理方面都有相关规定，但国有资源收入体系复杂且大部分属于非税收入，存在部分收入未纳入预算管理、预算编制与实际执行偏差较大和预算监督疲软等问题。

第三节　非税收入管理法制化存在的共性问题

一、非税收入征管法律制度体系不健全

通常意义上来说，所谓“法治”，主要包括两个方面：形式意义上的法治与实质意义上的法治。法制强调更多的是形式意义上的法治，而完整意义上的法治则同时包括形式和实质两个方面，由此可见，法制是实现法治的前提和基础，以此类推，非税收入法律制度的完善是推进非税收入管理法制化的重要前提和基础，可见，推进非税收入征管的法律制度体系建设对法治建设之意义不可小觑。

所谓法律制度体系，主要包括纵向和横向两个层面，纵向主要包括上位法、下位法和同位法，而横向主要包括各个领域的具体法律法规。近年来，我国已逐步出台一系列关于非税收入征管的制度规定，现有非税收入征管的法律法规主要有：《国务院关于加强预算外资金管理的决定》《财政部关于加强政府非税收入管理的通知》《财政部关于加强非税收入收缴管理有关事宜的通知》以及《政府非税收入管理办法》等。客观地说，以上这些制度规定在促进非税

收入管理法制化进程中功不可没，但总体来看，这些规章制度建设仍然有待进一步强化。

从纵向来看，当前关于非税收入征管的法制建设主要停留在行政法规层面，也就是说，法律层次相对较低，难以产生有效的协调和权威的规范作用，缺乏一部效力较高、统领得力的法律。“政府非税收入管理从立项、定标、征收、票据管理和资金使用等各个环节缺乏一套覆盖全国的统一、规范、系统的法律法规”①。例如当前我国各地在审批收费依据方面存在规定模糊的问题，对于政府中哪些行为可以立项收费、哪些不可以收费等方面含糊不清，缺乏一套统一的、具体可操作的法律。虽然全国各地的具体实际情况不同，有必要允许地方政府在非税收入征管的制度建设方面具有一定程度的自主性，但如果在全国层面上缺乏一个系统、完整、规范的法律来对非税收入征管进行统一管理和规范，那么很有可能演变成为地方政府各自为政的混乱局面，造成整体的管理效率低下和协调的困难。同时，法制制度的缺位弱化了对于非税收入征管的监督约束机制的效力，使得人们更多疲于出现问题后的治疗，而忽略了事前的预防，这不仅浪费了巨大的人财物力，而且难以从根源上清除非税收入征管中存在的贪污腐败问题。

从横向来看，非税收入征管包括以下几个领域：行政事业性收费、政府性基金、国有资源有偿使用收入、国有资产有偿使用收入、国有资本经营收益、彩票公益金、罚没收入、以政府名义接受的捐赠收入、主管部门集中收入和政府财政资金产生的利息收入等。近年来，这些领域的相关法律法规已经逐渐完善，例如《违反行政事业性收费和罚没收入收支两条线管理规定行政处分暂行规定》《行政事业性收费标准管理暂行办法》等，但这些行政性法规之间没有实现良好的配套和衔接，其中不少条款相互冲突与法律覆盖真空等现象同时并存。

非税收入与税收一样，也是政府的重要收入来源，关系国家的财政利益和公民的财产权利，应当以法律形式进行规范。在税务部门征收的税收、社保费和非税收入三大类政府收入中，收入最多的税收收入征管由《税收征收管理

---

① 郭艳：《我国政府非税收入管理存在的问题及对策建议》，《科学社会主义（双月刊）》2014年第5期。

法》加以规范，收入最少的社保费征管由《社会保险法》和《社会保险费征缴暂行条例》加以规范，唯有非税收入征管没有法律法规支持，而实际上，非税收入总规模是社保费的2倍多，与税收总规模也相差不大，数量更是税种、险种的数倍之多。从各费种情况看，除个别项目有法律法规依据外，其他基本上都是规范性文件。近年来，湖南等部分省市出台了非税收入征缴条例等地方性法规或规章，但国家层面还没有一部法律法规全面系统地规范非税收入的设立、征收、管理、使用和监督，按照依法治国、依法行政、建设法治国家和法治政府的要求，推进非税收入相关立法十分必要。

二、非税收入征管相关法律规定的内容不合理

目前有关非税收入征管的法律法规在一些具体条款与基本内容方面还存在着不合理、不清晰等问题。

首先，相关法律法规对非税收入征收主体缺乏准确的定位。世界上大部分国家的非税收入都是归财政部门统一征管，在我国，法律法规对于非税收入征管主体的规定并不是非常明确，例如《财政部关于加强政府非税收入管理的通知》规定："除法律、行政法规另有规定外，政府非税收入可以由财政部门直接征收，也可以由财政部门委托的部门和单位征收"。在现实中，"非税收入由各部门自行征收，工、农、商、财、文、交通、政法、人事、劳动等部门都有收费项目"[①]。正是由于当前法律法规对我国非税收入征管的主体缺乏明确的界定，难以真正落实非税收入的所有权、使用权以及管理权，实际中非税收入主要的征收主体是各级行政事业单位以及社会团体等组织，由此就导致了"多方征收、多家使用、多头管理"现象的产生和长期存在。例如，一般财政部门掌握着收费的立项权，而具体的收费部门又要经过物价部门审批，审批通过方能向该收费单位发放收费许可证，由此导致我国当前的非税收入体制难以凸显财政部门的主体地位便可见一斑。非税收入征管主体不明确在很大程度上使得征收分散和监管乏力，而且还加重了公民的财政负担。

---

① 潘明星、匡萍：《创新政府非税收入管理方式的思考》，《中国行政管理》2005年第2期。

其次，相关法律法规对非税收入的上解流程缺乏明确的规定。根据有关法律法规的规定，我国目前对非税收入的征管主要以条条管理为主，也就是市县政府的相关部门在完成非税收入征收之后，务必将这些征收到的全部或部分资金上缴给上一级政府（省或中央政府），而上级政府（省或中央政府）相关部门再转移部分资金下来。但是，由于非税收入的征管和同级财政不挂钩，上级政府乃至中央政府财政部门很多时候对此管理力度都很薄弱，而且现实中缺乏可操作的非税收入管理制度，使得这些在上下级政府及其相关部门之间转移的资金特别容易出现问题，交通部门的养路费、过路费等问题频繁就是很好的例子。此外，政府难以对税务、工商以及药检等垂直管理部门的非税收入征收工作实行有效地监管，这不仅使得政府难以依法征收足够的财政资金，也可能为腐败滋生提供了温床。

由于缺少统一的非税收入法律法规支持，目前非税收入基本处于政策上“一费一规”、管理上“一费一策”的状态，有不少地方还出台了本地的管理政策，使非税收入制度体系显得更为零散。以滞纳金问题为例，《政府非税收入管理办法》《财政违法行为处分条例》等基础性制度对非税收入滞纳金问题都没有作出规定。税务部门统一征收的27项中央项目中，仅有10个项目在相关文件中规定了滞纳金，但加收比例从0.5‰到1‰、2‰、5‰不等。《行政强制法》规定滞纳金应由法律设定，10个项目中仅水土保持补偿费1项是由《水土保持法》设定。划转后，对于迟缴、少缴或不缴非税收入的，税务部门是否加收滞纳金、按何种程序加收、加收是否可以超过本金，这些都是亟待解决的突出问题。

三、非税收入执法风险较大

在我国非税收入征管模式改革的过程中，各级财政部门发挥积极性和主动性，先后探索出了“统管代收”“分散征收”“直接解缴”和“集中汇缴账户”“收入过渡户”“收支两条线”等模式，为我国非税收入征管法制化改革积累了丰富经验。但我国非税收入项目历经多部门管理，也存在法制欠缺、规模过大、征管透明度低等问题，征收情况复杂，执法风险较高，亟待法律法规支撑。各项非税收入在收费立项、征收标准、征缴管理、票据使用和资金管理各个环节都没有完整规范的法律法规，既缺乏统一的非税收入征收管理机构，也缺乏统一的非税收入征收管理立法。非税收入项目划转税务部门征收后，有关征收管理办法未予及时修订，导致税务机关在履行征收管理、缴费检查、欠费追缴、违法处罚等方面职责时，缺乏明确的法律依据，基层对此反映强烈。比如，自备电厂电力类非税收入的征管多年来一直是个难题，近年来每年都有人大代表建议和政协提案要求加强自备电厂非税收入征管。划转后，因执法依据不足，税务部门也只能采取提醒、催报催缴等手段，效果不是很理想。

第一，我国在非税收入征管过程中存在有法不依的现象。“徒法不足以自行”，意思是说，法律制定且实施了并不因此意味着它能自动地发挥其效用。实际上法律的生命力更多的是在于执行，只有通过执行法律才能彰显其威严和价值。我国非税收入征管中有法不依的现象在现实中并不罕见，尤其是在项目设置审批方面。一般来说，非税收入征管项目的审批和收费标准应该依法执行。但正如上面所说的，我国在非税收入项目设置审批和收费标准等方面存在着制度缺位的现象，而且由于非税收入立项的申请部门和财政部门之间的利益关系是难解难分的，使得许多关于非税收入的审批决策程序都流于形式，政府在定价标准审批方面拥有较大的自由裁量空间。以行政事业性收费为例，现行法律法规并没有对行政机关可以收费的行为、不同的非税收入征收标准进行明确界定，而且相应政府部门也没有科学的方法与计算公式来对这些非税收入进行统筹管理。非税收入征管方面的无法可依导致人们对非税收入的性质缺乏清晰而准确的了解和认识，没能深刻认识到非税收入与税收一样，都应该归于财政收入的范畴，任何人或组织都不可以随意增减这些资金。由于制度的固有缺陷，加上人们的利己动机，非税收入征管过程中出现一些混乱的局面是必然的，不仅加重了我国公民交纳非税收入的负担，还导致了政府收费项目（尤其是行政事业性收费项目）比较繁杂，涵盖过于宽泛，甚至出现了收费成本过高、重复收费等问题。例如在土地出让金方面，许多地区曾以旧城改造等为名，然后再以先征后返、先征后补的方式压低土地出让金，极大地损害了人民群众的利益。

第二，非税收入的具体征收中没有严格按照法律程序执行。法治化不仅强调有法可依、有法必依，同时也强调执法必严和违法必究，只有在非税收入征管过程中严格地遵循法律规定和程序，才能有效地维护公民的合法权益和国家的根本利益。然而现实却不尽如人意，我国目前许多政府部门对于非税收入征管、使用和入库等方面具有过大的自由裁量空间，存在超标准收费、私设收费项目、收人情费、该收不收、该罚不罚、随意增减以及入库不及时等问题，这些不仅损害国家法律的威严，而且也严重危害到了广大人民群众的根本利益。以收费票据为例，“种类多达160多种，票据的使用和管理存在许多不规范现象，少数单位不按票据管理的有关规定使用票据，存在混用、串开、外借票据的现象；甚至出现不使用财政部门统一收费票据的问题，有的使用自制票据，有的直接使用白条收费，将收费挂往来科目列收列支或转作单位收入”等[①]。

四、非税收入征管监督体系不够完善

法治化是一项复杂的社会系统工程，囊括全部的社会关系主体。由于政府在经济社会中担负重要角色，它承担着庞杂的政治、经济、文化以及社会的管理职责，因而推进政府依法行政更是重中之重。但是，官僚体制中固有的命令与服从的层级关系以及其追求效率的本能倾向，使得政府官员对公共事务的管理具有极大的自由裁量权，行政系统中往往会发生法治让位于人治的不良现象。因而，很有必要建立健全科学而有效的监督体制机制，在不同的监督主体中进行合理分配监督权责，以避免权力者自己监督自己的窘境，使其严格依法行政，依法监管，以切实地保障公民的基本权利。尽管近年来法治建设有所改善，但我国在非税收入征管的监督体制方面仍然存在许多缺陷。

第一，非税收入征管的监督机构之间的关系比较混乱。从西方发达国家对非税收入征管的经验总结来看，非税收入征管工作的良好秩序必然依靠监督机构的有力保障。反观我国，此类“监管机制不健全主要是由于目前国内承担非税收入监管任务的部门较多，包括审计监督、财政检查、物价监督、纪检监察等，监管分工不明确，监管难度较大”[②]。监管机构与体制不健全使得大量的

---

① 孙文基、苏广山：《我国政府非税收入管理中存在的问题及完善对策》，《财贸经济》2006年第9期。

② 夏荣静：《深化我国政府非税收入管理的研究综述》，《经济研究参考》2015年第60期。

非税收入游离于政府财政体制之外，导致国家资源的浪费，极大地降低了政府的宏观调控能力。以辽宁省为例，辽宁省下发了《辽宁省非税收入管理办法》，但是对非税收入征管方面的规定大多较为抽象笼统，没有落实具体政府部门监督责任的可操作性规定，尤其是在非税收入的预算编制与执行、财务管理以及会计核算等方面明显存在“九龙治水”的局面，职责重叠交叉的问题非常严重。

第二，政府部门及其工作人员对非税收入监督缺乏科学而准确的认识。很多政府部门或人员经常将对非税收入征管的监督视为开源节流的适应性措施，没有充分认识到非税收入征管中监督和管理的有机联系，简单粗暴地割裂了它们二者的关系，“重管理，轻监督”的思想普遍存在于政府部门及其有关公职人员之中。而且，政府部门及其人员尤其是领导者队伍整体的素质水平亟待提高，经常发生中饱私囊、人情让位于法制的问题。

第三，我国现有对非税收入的监督方式偏重事后监督。在我国财政工作的实践中，事后监督是审计、财政、纪检等部门对非税收入资金支出基本的监督模式，事后监督更多的是处置而不是预防，而预防更多的是依靠事前监督，但当前非税收入征管在事前审批和事中监控方面的力度亟待加强。按照法律制度的相关规定，在非税收入征收环节，一般是先由特定收费部门将资金纳入到财政专户之中，然后再通过财政部门收归国库。但是，当前现实中仅靠财政部门难以对非税收入征收缴库的全过程实施有效监督，进而很难对初期的非税收入资金的贪污、浪费等问题进行及时且有效地预防和处理。政府非税收监督的问题若不能彻底解决，必然在很大程度上抵消我国建设公共财政的努力，而且更损害到众多企业与民众的根本利益。

第四章　非税收入管理法制化实践

第一节　非税收入管理法制化的中国实践

一、我国非税收入管理法制化的历史沿革

我国非税收入从预算外资金发展而来。作为一种财政收入形式，非税收入早在新中国成立初期就已存在，但主要是以预算外资金的形式区别于预算资金。随着我国经济社会的发展，非税收入管理历程紧随着预算制度的变迁结伴而行，以不断适应预算制度的发展。

概括来讲，以预算外资金方式存在的非税收入，主要经历了以下四个发展阶段：第一，1950—1957年，预算外资金初步形成。这与当时放权的尝试有关。第二，1958—1977年，预算外资金呈“U”型发展。这与当时先放后收的体制变化相联系。第三，1978—1993年，预算外资金迅速膨胀。改革开放以来，对企业、部门、地方的放权运动全面展开，各自掌控的预算外资金也快速扩大，分配无序化显现。为了建立健全预算外资金的管理制度，1986年4月国务院发布了《关于加强预算外资金管理的通知》，明确界定了预算外资金的概念、范围、管理模式及使用原则，但其效果并不明显，预算外资金仍呈快速扩张趋势，并由此带来了种种腐败问题。第四，1993年至今，预算外资金管理不断强化，逐步并最终全部纳入预算管理。1993年中共中央办公厅、国务院办公厅转发了财政部《关于对行政性收费、罚没收入实行预算管理的规定》，将83项行政收费项目纳入财政预算。1996年国务院发布了《关于加强预

算外资金管理的决定》，逐步明确了对预算外资金要实行“收支两条线”管理。2001年年底，国务院办公厅转发了财政部《关于深化收支两条线改革，进一步加强财政管理意见的通知》，从2002年起选择部分单位做深化“收支两条线”改革试点。此后，国家深化了以“收支两条线”管理为中心的预算外资金管理改革。2010年6月，财政部下发《关于将按预算外资金管理的收入纳入预算管理的通知》，决定从2011年1月1日起，将预算外资金管理的收入（不含教育收费）全部纳入预算管理。自此，预算外资金逐步退出历史舞台。此后，我国推行了一系列非税收入项目公示及清费措施，制定了一系列非税收入管理的法律法规规章与规范性文件，非税收入管理规范化法制化格局初步形成。

笔者结合我国预算制度发展演变，以我国非税收入概念的确定为标志，在总体上将非税收入管理法制化建设划分为三个阶段。

1. 非税收入管理法制化建设萌芽阶段（1949—1978年）

中华人民共和国成立之初（1949年10月到1952年），我国国民经济处于恢复时期，政府财政收入以税收收入为主体，财政管理实行“统收统支”，财政收支都纳入预算管理内，几乎没有预算外项目，所以此时预算外资金的管理十分简单。从1951年起，地方政府为了扩大财政收入，自行设立了一些不纳入国家预算管理的预算外资金，如工商税附加、屠宰税附加和娱乐税附加等，这些预算外项目构成了非税收入的雏形。20世纪50年代中期，我国实行了第一个五年计划，全面拉开了计划经济体制的序幕。此时的财政管理体制，由高度集中转向了“统一领导、分级管理”的预算管理模式，以适应新的经济发展形势。从此，各地方对地方财力拥有了更多的自主权，能够根据需要决定预算外资金的具体用途。“大跃进”时期（1958年—1960年），中央政府出台了《关于改进财政管理体制的决定》，地方政府自主获取财政收入的权力有所扩大，非税收入项目不断增加。国民经济调整时期（1961年—1965年），由于之前的国家经济大受打击，我国进行了财政体制改革，又恢复了中央集权式的财政预算政策，这一时期预算外资金急剧萎缩，预算外资金项目大幅减少，预算外资金占财政收入的比重不断下降。“文化大革命”时期，经济秩序的混乱导致原有的各项财政预算管理制度无法得到有效实施，预算外资金急剧膨胀。

总的来说，这一阶段由于在计划经济体制下，政府主要依靠国家计划进行资源配置，非税收入作为调节经济的重要手段之一未受到重视，因此关于非税收入的规范性文件法律层级较低，无法受到有效规制，法制化建设趋于萌芽甚至停滞状态。此外，由于财政管理体制的不断调整和变化，没有统一的政策文件或者法律法规来统筹非税收入管理，未能形成体系化、规范化的非税收入管理体制。

2. 非税收入管理法制化探索阶段（1978—2001年）

从1978年至1992年，伴随着改革开放，在市场经济体制下，中央政府对地方政府加速放权，国家财政管理体制由计划经济时代的“统收统支”转变为“财政包干”，激发了地方政府发展当地经济的积极性，但有的地方政府不顾有关规定，擅自将财政预算资金转为预算外资金，使得地方政府预算外资金快速膨胀，各自掌控的预算外资金也快速扩大，分配无序化显现。为使非税收入这部列车顺利驶入规范化、法制化管理的轨道，中央和地方政府相关部门采取了一系列措施，例如：调整、清理收费项目；增加非税日常稽查的频率和效率，严厉打击乱收费行为。其间，国务院于1986年发布了《关于加强预算外资金管理的通知》，对预算外资金的概念和征管方式做出了初步界定。进入20世纪90年代，中共中央、国务院接连颁布了六个文件加强非税收入的管理，其中就包括了《关于坚决制止乱收费、乱罚款和各种摊派的决定》，但预算外资金仍维持高速增长，政策效果有限。到1992年末，我国预算外资金达到1530亿元，比1978年增长11倍，相当于预算内收入的97.7%，名副其实地成为国家的“第二预算”，总规模与预算内资金相当。

这一时期（1978—2001年），由于预算外资金的使用脱离财政管理和各级人大监督，出现了严重的乱支滥用现象，客观上限制了非税收入管理法制化的进程。为此，我国开始了非税收入管理法制化的初步探索，初步建立起非税收入管理体系：一方面，政府对预算外资金的管理持续增强，国务院多次发文对预算外资金的范畴和具体内容予以明确，逐步规范了预算外资金的概念，并要求逐步将预算外资金纳入预算管理范围之内。另一方面，中央进一步强调实行“收支两条线”的管理方式规范预算外资金，促进了非税收入管理工作的规范化、制度化、法制化。1996年，国务院发布《关于加强预算外资金管理的决定》，明确提出“预算外资金要上缴财政专户，实行收支两条线管理”，并在前期已将83项行政性收费项目纳入财政预算的基础上，再将13项数额较大的政府性基金（收费）纳入财政预算管理。这使得当年预算外资金规模下降近30%，但是后续几年预算外资金仍呈现了大幅增长的趋势。

3. 非税收入管理法制化迅速发展阶段（2001年至今）

伴随预算外资金纳入预算管理范围的逐步扩大，以及从预算内外双轨制逐步过渡至统一纳入预算管理的需求进一步提升，2001年3月，《财政部 中国人民银行关于印发〈财政国库管理制度改革试点方案〉的通知》（2001年3月16日 财库〔2001〕24号）正式提出“非税收入”这一概念。2001年4月，全国财政综合工作会议在浙江召开，时任财政部副部长的楼继伟在会上明确指出，当前预算外资金管理已经难以适应公共财政体制的要求，要创造条件，淡化预算外资金概念，实行全口径预算管理。自此，全国各地纷纷开始探索新形势下加强行政事业性收费、政府性基金等非税收入管理的新途径，并积累了诸多有效的做法和经验。各级财政部门在加强政府非税收入管理，建立健全监督管理制度等方面进行了有益探索，对于规范政府收入分配秩序，从源头上防范腐败起到了积极作用。但是，由于各方面认识不尽一致，有关政府非税收入的政策界限不够明确，加之体制改革与法制建设滞后等原因，政府非税收入还存在管理不够规范、运行效率偏低等问题。

2004年7月，为贯彻落实《中共中央关于完善社会主义市场经济体制若干问题的决定》精神，加强政府非税收入管理，财政部通过《关于加强政府非税收入管理的通知》（财综〔2004〕53号）对非税收入这一概念做出具体规定，明确指出非税收入是政府财政收入的重要组成部分，加强非税收入管理是市场经济条件下理顺政府分配关系、健全公共财政职能的客观要求，并从明确范围、实施分类管理、完善分成管理政策、深化收缴管理改革、加强票据管理、强化预算管理、健全监督检查机制和加快法制建设步伐等方面对如何规范非税收入管理提出了明确要求，指明了进一步规范管理的方向。尤其值得一提的是，该通知明确提出，“地方各级财政部门应根据本地区实际情况，加强政府非税收入管理相关问题的研究和制度建设。条件成熟的地区，要在国家有关政府非税收入管理政策指导下，积极研究制定和完善地方性政府非税收入管理法规制度，加快政府非税收入管理的法制化进程”。这标志着政府开始将非税收入逐步纳入法制化管理，非税收入正式以一种财政收入的形式走上历史舞台。

为推进非税收入收缴管理规范化改革，财政部于2006年下发《关于加强非税收入收缴管理有关事宜的通知》（财办库〔2006〕360号），要求进一步规范非税收入收缴流程等。2009年，财政部下发的《关于深化地方非税收入收缴管理改革的指导意见》（财库〔2009〕1号）提出全面推进非税收入收缴管理改革、规范和完善非税收入收缴方式、健全非税收入收缴管理制度等。此后，我国对非税收入实行全面预算管理的步伐加快。财政部在2010年的《关于将按预算外资金管理的收入纳入预算管理的通知》（财预〔2010〕88号）和2012年的《关于进一步做好将预算外资金纳入预算管理工作的通知》（财办预〔2012〕12号）发布后，我国按预算外资金管理的收入全部纳入了预算管理。同时按照预算管理属性，将非税收入分别纳入公共预算管理体系和政府性基金预算管理。至此，预算外资金变为历史，非税收入等于预算外资金的观念也一同成为历史，我国初步建成了以公共预算、政府性基金预算、国有资本经营预算和社保基金预算为基础的政府预算体系。

在非税收入管理制度规范化改革和建设的基础上，2016年，财政部发布《政府非税收入管理办法》（财税〔2016〕33号），对非税收入的管理范围、设立、征收、票据、资金和监督管理等方面进行了规定，非税收入的概念得以进一步明确，这为非税收入管理提供了统一的基础法律依据，标志着非税收入管理法制化进程的进一步加快。2017年，财政部发布的《关于中央预算单位2018年预算执行管理有关问题的通知》（财库〔2017〕207号）要求深入推进非税收入收缴工作，加强对非税收入的预算监管，推动非税收入收缴管理法制化。此外，2018年，《深化党和国家机构改革方案》和《国税地税征管体制改革方案》强调由税务部门承担非税收入征管职责，构建优化高效统一的征管体系。按照《国税地税征管体制改革方案》部署，遵循便民、高效的原则，中央发布了一系列文件，要求将多项非税收入逐步划转至税务部门征收，结合地方非税收入管理法规建设的逐步完成，非税收入管理法制化进程得到进一步巩固，已初步形成了中央与地方的非税收入管理法律制度体系。

整体来看，这一阶段发布的法律法规文件法律层级较高，并且对非税收入实际管理中的各个方面进行了规范。据统计，2006年，全国性和中央单位行政事业性非税收入项目有314项，政府性基金有44个项目。2008年以后，我国政府大力开展行政事业性收费与政府性基金项目的清理，通过实施一系列的改革举措，行政事业性收费项目与政府性基金项目得以不断减少（见表10）。各地通过地方立法规范非税收入管理的各个环节，使得非税收入管理工作纳入法制化框架，实现了地方的非税收入统一征收管理、统一编制预算、统一集中支付，增强了政府的公共财力和宏观调控能力。随着2018年国地税机构合并，非税收入征管职责已经逐步划转税务部门，征收主体逐步统一、管理手段方式日趋成熟，避免了过去“政出多门”的弊端，促进了非税收入征管水平的大幅度提升。

表10　　2008—2022年非税收入项目清理举措一览表[①]

年份	清理项目
2008	停征工商“两费”，减轻个体经营者负担约170亿元
2009	取消和停征100余项行政事业性收费，涉及金额约190亿元
2011	取消31项涉企收费和20项社团收费
2012	针对小微企业免收管理类、登记类收费，取消253项地方政府设立的行政事业性收费，减负约185亿元
2013	取消和免征33项中央和地方省级设立的行政事业性收费
2014	取消12项行政事业性收费，并对小微企业免征42项收费
2015	取消和暂停征收的行政事业性收费项目（共37项）
2016	扩大免征范围的18项行政事业性收费，主要为农业和质检部门收费
2017	取消、调整部分政府性基金有关政策 取消或停征中央涉企行政事业性收费35项
2018	统一停征排污费和海洋工程污水排污费，以环境保护税取代 停征首次申领居民身份证工本费等
2019—2022	降低部分行政事业性收费标准 调整残疾人就业保障金征收政策 疫情防控期间免征部分行政事业性收费和政府性基金 取消港口建设费和调整民航发展基金 进一步实施小微企业“六税两费”减免政策

① 资料来源：根据2008—2022年财政部、国家税务总局公告整理。

二、我国非税收入管理法制化的地方经验

非税收入是财政收入的重要组成部分，是国民收入再分配的重要形式之一，同样要做到“征收有度、使用有规”。但长期以来，我国非税收入具有名目繁多、额度大、自收自支、管理失序等特点①，非税收入管理主要受制于财政体制及地方部门利益，缺失统一、规范的非税收入管理法律法规。即使有相应文件规定，法律层级也很低，甚至有些文件本身就有悖法律。

2003年，党的十六届三中全会明确提出了“健全公共财政体制”“实行全口径预算管理”的要求，财税改革和立法迫在眉睫。2004年，随着非税收入被官方正式界定之后，各地政府开展了一系列针对非税收入规范管理的立法行动。全国多个省（自治区、直辖市）陆续制定了地方非税收入管理的地方性法规或地方政府规章，但还有部分省（自治区、直辖市）仅制定了非税收入管理规范性文件。各省、自治区、直辖市非税收入管理立法（含制定规范性文件）情况②如表11所示。

表11　省级地方非税收入管理立法（含制定规范性文件）情况一览表

序号	行政区划	制定主体	文件名称	文件性质	实施时间
1	北京	市财政局	关于加强和规范政府非税收入管理的意见	其他规范性文件	2015年12月29日
2	天津	—	—	—	—
3	河北	人民政府	河北省政府非税收入管理规定	政府规章	2011年12月1日

① 2006年，财政部、发展改革委公布了《2006年全国性及中央部门和单位行政事业性收费项目目录》，资料显示：58类314种收费中，有法律依据的不过60种。另有数据显示，截至2007年7月，全国涉及行政收费法律文件总共约7600件，其中7100多件，都是被俗称为“红头文件”的部门和地方规范性文件。

② 在我国，地方政府规章属于“法”的范畴，具有一定的概括性和前瞻性。由于法条不可能细致到非税治理的每一个角落，非税行政规范性文件可以针对地方政府规章某一概括性的条款出台配套的一个或几个行政规范性文件，对某一非税事项制定详尽和完善的规定。行政规范性文件在施行一段时间后，可以有条件地上升为地方政府规章，纳入正式法律渊源，以增强其适用效力和稳定性。

续表

序号	行政区划	制定主体	文件名称	文件性质	实施时间
4	山西	省财政厅	政府非税收入管理实施办法	其他规范性文件	2017年5月25日
5	内蒙古	人大常委会	内蒙古自治区非税收入管理条例	地方性法规	2008年5月1日
6	辽宁	人民政府	辽宁省非税收入管理办法	政府规章	2007年3月1日
7	吉林	人民政府	吉林省规范政府非税收入管理办法	政府规章	2007年8月1日
8	黑龙江	人大常委会	黑龙江省政府非税收入管理条例	地方性法规	2018年1月1日
9	上海	市财政局	上海市政府非税收入收缴管理办法	其他规范性文件	2013年7月1日
10	江苏	人大常委会	江苏省非税收入管理条例	地方性法规	2012年10月1日
11	浙江	人大常委会	浙江省政府非税收入管理条例	地方性法规	2010年1月1日
12	安徽	人民政府	安徽省政府非税收入管理暂行办法	政府规章	2005年10月1日
13	福建	人民政府	福建省非税收入管理办法	政府规章	2015年3月1日
14	江西	人大常委会	江西省政府非税收入管理条例	地方性法规	2015年1月1日
15	山东	财政厅	山东省政府非税收入管理办法	规范性文件	2021年1月1日
16	河南	人大常委会	河南省政府非税收入管理条例	地方性法规	2014年5月1日
17	湖北	人民政府	湖北省政府非税收入管理办法	其他规范性文件	2006年12月1日
18	湖南	人大常委会	湖南省非税收入管理条例	地方性法规	2004年9月1日
19	广东	人民政府	关于进一步加强非税收入征管工作提高非税收入质量的通知	其他规范性文件	2006年06月05
20	广西	人大常委会	广西壮族自治区政府非税收入管理条例	地方性法规	2007年12月1日
21	海南	人大常委会	海南省政府非税收入管理条例	地方性法规	2013年10月1日
22	重庆	人民政府	重庆市政府非税收入管理办法	其他规范性文件	2007年12月24日
23	四川	人大常委会	四川省非税收入征收管理条例	地方性法规	2015年7月1日
24	贵州	政府办公厅	贵州省政府非税收入管理暂行办法	其他规范性文件	2009年7月15日
25	云南	人大常委会	云南省非税收入管理条例	地方性法规	2011年7月1日

续表

序号	行政区划	制定主体	文件名称	文件性质	实施时间
26	西藏	财政厅	西藏自治区政府非税收入管理办法	其他规范性文件	2016年12月17日
27	陕西	人民政府	陕西省政府非税收入管理暂行办法	其他规范性文件	2007年1月1日
28	甘肃	人大常委会	甘肃省政府非税收入管理条例	地方性法规	2009年8月1日
29	青海	人大常委会	青海省非税收入管理条例	地方性法规	2010年1月1日
30	宁夏	人大常委会	宁夏回族自治区政府非税收入管理条例	地方性法规	2014年9月1日
31	新疆	财政厅	关于进一步加强和规范自治区非税收入管理的意见	其他规范性文件	2015年12月31日

注：公开资料中未查到有关天津市级非税收入管理专门规定。《甘肃省政府非税收入管理条例》于2022年6月22日被甘肃省人民代表大会常务委员会宣布废止。

（一）非税收入法制化的立法实践

规范非税收入管理，是推进依法行政、建设法治政府的迫切需要。2004年以前，我国非税收入还处于按“预算外资金”管理时期，大量财政资金脱离财政预算管理。2004年，国务院印发《全面推进依法行政实施纲要》，明确要求：要完善依法行政的财政保障机制，完善集中统一的公共财政体制，清理和规范行政事业性收费等政府非税收入。行政机关不得设立任何形式的“小金库”；严格执行“收支两条线”制度，行政事业性收费和罚没收入必须全部上缴财政，严禁以各种形式返还；行政经费统一由财政纳入预算予以保障，并实行国库集中支付。

2004年5月31日，湖南省人大常委会表决通过了《湖南省非税收入管理条例》[1]，该条例根据湖南实际情况，对《全面推进依法行政实施纲要》有关要

① 《湖南省非税收入管理条例》从立法权来说，是一个地方自主性立法，是我国第一部有关非税收入管理的地方性法规。由于该条例参照了《中华人民共和国预算法》《中华人民共和国行政处罚法》《中华人民共和国行政许可法》《中华人民共和国税收征收管理法》等相关法律法规，同时也紧密结合了湖南省非税收入管理的实际。因此，第一条将立法依据规定为：根据有关法律、法规，结合本省实际，制定本条例。

求予以具体细化和延伸，符合建设法治政府的目标要求。该条例的出台为有效管理地方非税收入，整合地方财政资源，建立和完善公共财政体制提供了重要的法律依据，是地方性法规规范非税收入管理的一次成功探索，为湖南确立“单位开票、银行代收、财政统管、政府统筹”的非税收入管理模式奠定了法律基础。非税收入的征收、预算、使用实现分离，解决了原有管理模式下自收自支、资金体外循环、管理不规范的问题。该条例的出台，提升了湖南省非税收入管理的法制化和规范化程度，也直接催生了全国首部非税收入预算管理办法——《株洲市市级非税收入预算管理办法》的出台。《株洲市市级非税收入预算管理办法》用非税收入完全取代预算外资金，为非税收入的收支脱钩、规范管理奠定了基础。

2008年，财政部为更好规范和管理全国范围内的非税收入，来到湖南就当年推进的《政府非税收入管理条例》进行立法调研，了解湖南模式，吸收湖南经验。财政部于2004年发布《关于加强政府非税收入管理的通知》（财综〔2004〕53号），于2016年出台《政府非税收入管理办法》（财税〔2016〕33号），上述规范性文件和部门规章从定义、设立和征收、票据管理、资金管理、监督管理各个阶段对非税收入提出了统筹性方案，为全国各地的非税收入管理实践提供了统一依据。同时，继湖南省非税收入管理地方立法之后，广西、内蒙古、青海、甘肃、浙江、云南、江苏、海南、江西、四川、黑龙江等地也相应制定了《非税收入管理条例》等地方性非税收入管理法规。在顶层设计基础上，各地方政府“自下而上”进行了非税收入征管立法的积极探索。辽宁省在全国率先编制了非税收入目录，先后制定了行政事业性收费、水利、国土、林业等数十个综合性或专项征收管理使用办法，不断完善法律体系建设。山东省进一步拓展非税收入管理范围，颁布了《山东省国有资产资源有偿使用收入管理办法》，实现国有资产资源有偿使用收入法制化管理。

总体来说，各省的管理条例或规范性文件对非税收入的征收管理、资金管理、票据管理、监督管理等内容进行了规制，涵盖了非税收入征管活动的各个环节，有利于各地规范地方政府的财政收支活动，遏制乱收费、乱罚款的现象[①]，为当地政府的非税收入征管活动提供法律依据。各地方政府规制非税收入规范性文件的出台为更高层级的非税收入立法提供了实践支撑，促进了非税收入立法工作稳妥推进。但由于缺乏全国统一的高位阶法律法规统领，非税收入征管过程中大部分依据的是地方性规章，且相关征管法规不配套，政策刚性偏弱，操作性不强。在非税收入实际征管工作中，相关法律文件对非税收入拖欠、拒缴、抗缴等行为也没有明确具体的处罚规定，或者没有明确赋予税务部门具体的追缴或处罚权，带来税务部门在非税收入征管工作中的被动，也增大了非税收入的执法风险。

（二）非税收入征管模式的地方探索

当前，非税收入已经成为维持地方政府日常运行、实现特定政策目标以及促进地方经济发展的重要手段。尽管制约非税收入发展的问题不少且大多属于共性问题，但全国各地在非税收入管理方面积极探索创新，不遗余力。如前面提到的湖南、辽宁、厦门、广州等地。其共同点主要有：第一，探索非税收入项目规范化管理，切实摸清非税家底；第二，实行非税财政票据清理简并，解缴核销向电子化迈进；第三，推进非税信息化建设向纵深发展，切实做到便民高效，不断优化税收营商环境。

---

① 为深入贯彻落实党中央、国务院决策部署，持续巩固全国乱收费、乱罚款、乱摊派专项整治行动成果，规范行政事业单位收费行为，2022年以来，多省财政部门组织开展了行政事业性收费和政府性基金专项检查。检查着力聚焦十项内容，坚持边查边改，确保减税降费政策落到实处。专项检查聚焦的十项内容包括：是否按照中央和河北省有关文件精神和政策规定，及时取消、停征、免征、减征有关行政事业性收费和政府性基金；是否存在违规设立行政事业性收费或政府性基金项目、提高征收标准、扩大征收范围，擅自扩大减免范围、调整减免标准、改变减免程序或自行减免、缓征问题；是否存在向执收部门下达收入指标、将收入规模和收入增幅等纳入考核评比；是否存在未严格执行“收支两条线”和财政收入收缴管理规定，相关收入不及时足额上缴国库等问题；是否按政策规定对2022年收费基金项目做到应收尽收；是否存在非税收入科目和财政票据使用不规范问题；是否在政府网站公开本地执行的行政事业性收费和政府性基金目录清单；是否在政府网站和收费地点的显著位置公示相关内容，包括收费项目、收费标准、收费主体、计费单位、收费依据、收费范围、收费对象、征收方式、减免规定、监督举报电话等；是否存在以赞助、捐赠等名义变相向企业收费问题，以及其他违规收费问题。

（1）湖南。

湖南于2004年成立全国首个副厅级非税收入管理机构——湖南省非税收入征收管理局。2005年，湖南开通全国首家非税收入专业网站——湖南非税收入网，并依托非税收入征管网络系统，自2006年起，由湖南省财政厅独立开展非税收入票据年检。湖南省实施“依法征收、源头控收、以票管收、应收尽收”的征收管理模式，实现了非税收入的平稳增长，在一定程度上缓解了当地政府的财政收支压力。

（2）辽宁。

一是在全国率先编制非税收入目录。辽宁省政府通过编制非税项目目录，并在政府网站向社会公布，保证民众可以通过查询相关信息确认所缴费用的合法合规性，促进依法行政和依法追缴。二是建章立制加强法律体系建设。该省自2007年颁布非税收入管理办法后，先后制定了行政事业性收费、水利、国土、林业等数十个综合性或专项征收管理使用办法，不断完善法律体系建设。三是清理简并财政票据种类。该省将以前的数十种、百来个样式的财政票据进行全面清理，确定了19种、44个样式的财政票据体系。

（3）河北。

一是加强了非税征管机构建设，自上而下建立起“统一领导、分级管理”的非税收入征管体系，逐步达到对所有非税收入征收实行统一管理。二是简化非税收入票据种类，建立起以票证合一的“政府非税收入一般缴款书”为主、专用票据为辅的新型非税收入票据体系。三是实现非税收入征收全覆盖，拓宽非税收入征收范围，将利用公共资源取得的收入纳入征管范围。四是完善非税收入征收方式。遵循规范、高效、便民原则，针对不同缴款对象采取不同的收缴方式。

（4）广州。

一是强化了队伍建设。广州市自2005年起成立了广州市财政局征管分局，专职负责非税收入的管理、指导和监督检查。二是强化资金入库管理。广州市建立了国库支付统一账户，强化系统监控；规范财政专户清理工作，所有资金纳入预算管理；积极稳妥推进清税减费政策，先后取消、停征56项行政事业性收费，对健康养老服务工程减免13项行政事业性收费，对所有小微企业免征42项行政事业性收费。三是强化票据管理。严格把关，强化票据专管员岗位责任意识，确保财政票据安全；教育收费票据全面实现电子核销。四是加强信息化建设。广州市建立起覆盖全市的非税收入征收管理系统；顺应互联网发展趋势，提供多项便捷缴费方式。五是强化监督检查。日常管理充分发挥经常性监督职能。定期对执收单位的数据资料进行分析，发现问题及时予以纠正；严格开展专项检查，逐年增加重点检查户数，扩大覆盖面，并将非税收入与票据管理、国有资产有偿使用和报批情况检查相结合，坚持以查促管、以查促收。

（三）非税收入收缴管理的电子化改革

非税收入票据是非税收入收缴机构向缴纳人开具的收（缴）款凭证，其贯穿于非税收入收缴管理的各个环节。非税收入收缴管理的重要原则之一便是“以票管收，以票促收”，票据管理是非税收入管理的源头，也是最重要的环节。只有切实规范非税收入票据购、领、用、销等各个环节，才能从根本上杜绝各种挤占、挪用等不法行为。各地方政府在实践中积极探索票据管理模式。一方面，面对非税收入票据繁多、票据的使用和管理不规范的现象，各地政府积极对财政票据进行精简合并。如2013年河北省非税收入管理局将180种财政票据精简到7大类34种。另一方面，不少地方政府在改革实践中纷纷涌现出非税收入通用票据与专用票据并行、采取“非税收入一般缴款书”来强化非税收入票据管理的成功经验，被不少省份借鉴并逐渐推广至全国，进一步提升了非税收入管理水平。

在加强非税收入票据管理的同时，各地方政府积极顺应电子政务趋势，有条不紊地推进非税收入管理信息化建设。以厦门为例，厦门市持续探索、创新非税收入信息化建设，形成了非税收入改革的“厦门模式”。一是全年推进非税收入信息系统建设。二是在全国率先推行医疗票据电子核销。提高票据防伪水平，有效监控医疗收费行为，防止违规行为发生。三是创新多维度收缴方式。缴费人可以通过银联POS机刷卡和有线电视、网上银行、手机银行、财政非税自助缴款打票机、财政非税网等多渠道进行缴款，从而大大提升了办事效率。

信息化建设的推进直接促进了非税收入征管水平的提升，不仅为征缴双方提供了便利，还可以利用量大、面广的非税收入征缴数据呈现经济运行的真实状况，为国家的宏观经济决策提供切实可靠的依据。我国多地都实现了非税收入的电子化管理，各地非税收入逐步实现了网络缴费、手机缴费、POS机缴费等多元化的缴费方式[①]。非税收入业务从收缴、入库退库至退付四个环节均实现了电子化运作，提升了工作效率，并且能够对非税收入的执行情况进行动态查询以及监控，创造了良好的征缴环境，拓宽了非税收入管理法制化的技术维度。

进入新发展阶段以来，在我国税费征缴实践中，推动区块链技术与电子化收缴的融合是当前发展的重要突破口。作为区块链技术应用的先行者，深圳市税务局不断深化区块链技术在税收领域的应用，推出区块链电子发票[②]，实现"交易即开票、全信息上链、全流程打通"，提升了税收管理服务科学化、精细化、智能化水平。2018年，云南省被选为全国非税收入征管体系改革的唯一试点地区，为国内各省非税收入征管和体制改革提供了丰富经验。目前，鉴于区块链电子票据的核心应用条件逐渐成熟，不断向社会各层面的经济管理活动迁移，也将为非税收入的征缴提供新的发展契机，借助区块链发票特征，从而降低非税收入流失风险，为完善我国非税收入风险管理机制提供了切入点。

值得注意的是，近些年来上海、贵州、湖南等多地政府积极加快非税收入票据电子化改革，规定了各项收费票据的统一电子格式，为中央进行非税收入票据电子化改革提供了成功经验。以辽宁省为例，2019年以来先后制发了《辽宁省非税收入收缴电子化管理实施方案》《辽宁省省级非税收入电子缴库管理暂行办法》和《辽宁省非税收入收缴电子化管理暂行办法》等一系列规范性文件。2020年底，全面完成了非税收入票据电子化改革，实现了财政票据完全电子化，不再使用纸质票据。辽宁省高校系统率先参与改革，所有财政收

---

① 以深圳市为例。目前已实现的缴费方式有：银行网点柜台缴费（柜台缴现金或刷卡）、转账缴费、POS机刷卡缴费、批量扣收缴费、网银支付（支付平台地址：http：//szfb.sz.gov.cn/ywpd/zfzcfssr/fszg）、深圳市非税收入第三方支付平台微信支付（扫通知书上二维码或者关注"深圳财政"公众号）。

② 区块链电子发票具有全流程完整追溯、信息不可篡改等特性，与发票逻辑吻合，能够有效规避假发票，完善发票监管流程。区块链电子发票将连接每一个发票干系人，可以追溯发票的来源、真伪和入账等信息，解决发票流转过程中一票多报、虚报虚抵、真假难验等难题。此外，还具有降低成本、简化流程、保障数据安全和隐私的优势。

款比如学费、宿费、考试费、咨询费、课题费、其他代收款等都采用电子票据形式。

2021年9月，财政部印发《关于开展电子非税收入一般缴款书试点的通知》，要求以电子缴款书代替纸质缴款书，实现“电子开票、自动核销、全程跟踪、源头控制”。自实施非税收入收缴电子化以来，各省财政系统优化完善收缴机制，不断提高服务能力，持续增强管理效能，着力构建了更加安全、高效、便民的现代化非税收入电子化收缴体系。尤其值得一提的是，随着中共中央办公厅和国务院办公厅《关于进一步深化税收征管改革意见》出台，基于“精诚共治”要求，各试点省财政和税务部门加大了联动协调，加强了非税收入信息共享，市县财税部门基本上实现了当日非税收入信息共享，并将信息共享延伸至市县，扩大共享受益范围。

（四）非税收入征管职责一体化建设

由于非税收入项目的复杂性，非税收入的征管职责往往分散于多个部门。多元化的非税收入征管主体分散了财政管理权力，造成非税收入的收费项目多、收费环节多等问题，不利于非税收入管理的法制化。为了解决上述问题，统一非税收入征缴管理，各地政府设置了专门的非税收入征管机构。湖南、河南、河北、海南、四川、安徽多地在进行非税收入改革的过程中设立了非税收入征管机构（如湖南省设立了非税收入征收管理局，河北省财政厅下设非税收入管理局），以负责非税收入的征管、预算的编制与执行、决算的审核与编制，以及执行情况的监督和稽查等具体工作，为日后非税收入征管职责划转税务部门奠定了基础。

税务部门征收非税收入是非税收入财政资金属性的要求。现代政府组织理论和规制经济学理论都主张对一种经济活动要由多个政府部门进行管理，认为这种管理模式有利于抑制腐败行为的发生。在非税收入征管职责划转税务部门之前，很多非税收入是各部门自收自支，这不符合公共资金多部门共管、相互监督的原则。如果让非税收入的使用者自己征收，没有一定的外部监督和相互制约，那么很容易出现多征或漏征的状况。非税收入应尽可能地实行“税务收、财政管、部门支、审计查”的多部门共管模式，即由税务部门征收非税收入，并纳入财政预算管理，再由相关部门或单位将这笔收入支付给用款单位或个人，整个非税收入的“收、支、管”全过程都要接受审计的监督。从这个意义上来说，税务征收有利于保障非税收入的安全性。

税务部门征管非税收入的优势在于：一方面，有利于构建优化统一高效的非税收入征管体系。税务部门拥有包括税（费）源分析、评估和稽查等专业的征收执法队伍，有丰富的征管经验与专业知识以及先进的征管手段，金税工程四期即将上线，税务与市监、公安、海关和社保等部门已经联网，能够通过金税工程等大数据、云计算技术实现精准管控，加强非税收入资金的监管力度，实现应收尽收。另一方面，“十三五”以来，税务部门落实税收法定原则要求，税收法制化工作成效显著。税收法定原则的内涵主要包括税收要素法定、税收要素确定和征税程序法定三方面，这也是落实非税收入法定原则的内在要求和价值追求，有利于加快非税收入法制化进程。此外，税务部门与缴费单位常年打交道，在征税的过程中对这些单位的基本情况早已了如指掌，税务部门征管非税收入有利于缓解事权、财权不匹配带来的地方政府治理能力下降问题，能够更加全面地监控非税收入资金，充分发挥宏观调控职能，提升国家治理体系和治理能力现代化。

三、我国非税收入征管改革的实践与成效

（一）非税收入征管职责划转改革历程

税务部门征收非税收入起步于1986年教育费附加的开征。随着经济社会发展和国家税收征管体制改革与完善，税务部门非税收入征管职责也在持续调整，总体上经历了授权征收、局部改革、全面实施三个阶段。

1. 授权征收阶段（1986年—2015年9月）

1986年开始，税务部门按照国务院有关规定及相关部门授权，陆续负责教育费附加、地方教育附加、文化事业建设费和废弃电器电子产品处理基金的征收工作。1986年，国务院规定从1986年7月1日起由税务部门负责征收教育费附加，与产品税、增值税、营业税同时缴纳。1995年，部分省份按照《中华人民共和国教育法》规定，先后决定开征地方教育附加，由税务部门负责征收，2010年为进一步支持地方教育事业发展，财政部要求全国范围内统一征

收地方教育附加。1997年，全国范围内开征文化事业建设费，对提供广告媒介单位和户外广告经营单位，以及提供娱乐服务的单位和个人缴纳，由税务部门负责征收。2012年，税务部门又按照有关规定在全国范围内负责征收废弃电器电子产品处理基金。

其后，大部分省份的税务部门按照当地政府的要求陆续征收或代征了残疾人就业保障金，少数省份还征收或代征了地方水利建设基金（含防洪工程维护费）、城镇垃圾处理费、水土保持补偿费、地方大中型水库库区基金、国家重大水利工程建设基金（地方部分）、外商投资企业土地使用费、海上石油矿区使用费、陆上石油矿区使用费等非税收入。部分省市税务部门还接受工会委托，代为征收了不属于非税收入的工会经费。

2. 局部改革阶段（2015 年 10 月—2017 年底）

2015年10月，中共中央办公厅、国务院办公厅出台《深化国税、地税征管体制改革方案》，明确要求要发挥税务部门税费统征效率高等优势，按照便利征管、节约行政资源的原则，将依法保留、适宜由税务部门征收的行政事业性收费、政府性基金等非税收入项目，改由地税部门统一征收。

2016年，税务部门在前期普遍征收教育费附加、地方教育附加、文化事业建设费、废弃电器电子产品处理基金等4项非税收入的基础上，对残疾人就业保障金也实行了全国普遍征收，税务部门普遍征收的非税收入达到5项（以下简称“5项非税收入”）。2016—2018年，5项非税收入连续增长，增幅分别为6.8%，7.5%，15.2%，其中残疾人就业保障金2016年由税务部门征收后，收入呈现大幅增长，2016年、2017年、2018年分别入库344.10亿元、393.74亿元、557.94亿元，增幅为55.23%、14.43%、41.73%，为后续大幅降低残疾人就业保障金征收标准奠定了坚实基础。

在此期间，部分省市政府按照方案的要求，陆续将10余项非税收入项目交给税务部门征收。主要是：北京市将城市基础设施配套费、防空地下室易地建设费、国家电影事业发展专项资金、无线电频率占用费、彩票公益金、彩票发行和销售机构业务费6项非税收入交由税务部门征收；云南省将防空地下室易地建设费、国家电影事业发展专项资金、无线电频率占用费、国有资产有偿使用收入（包括出租收入、处置收入、利息收入）、国有资本收益、土地复垦费6项非税收入交给税务部门征收。

3. 全面实施阶段（2018 年至今）

2018年3月，党的十九届三中全会审议通过的《深化党和国家机构改革方案》明确指出：为降低征纳成本，理顺职责关系，提高征管效率，为纳税人提供更加优质高效便利服务，将省级和省级以下国税地税机构合并，具体承担所辖区域内各项税收、非税收入征管等职责。中共中央办公厅、国务院办公厅随之出台了《国税地税征管体制改革方案》，要求按照“便民、高效”的原则，合理确定非税收入征管职责划转到税务部门的范围，对依法保留，适宜划转的非税收入项目，成熟一批划转一批，逐步推进。随后，国务院办公厅出台指导意见，进一步明确了划转改革的进度安排及部门分工。自此，非税收入征管职责划转改革正式拉开序幕，截至目前，共分五批划转了22个中央项目，40个省级项目（各划转批次具体情况请见前文）。

（二）非税收入征管改革取得的成效

非税收入由税务部门征管是我国财政收入进一步法制化的体现。目前税务部门征收的非税收入项目一共有77项，收入规模在2021年超过9万亿元，占我国全部非税收入的七成以上，剩下的为不适宜划转税务征收的项目。目前，我国政府收入的85%以上（税费收入）都由税务部门征收。

按照国务院有关决策部署，全国税务系统非税收入管理部门以构建“职责清晰、流程顺畅、征管规范、便民高效”的非税收入征缴体制为目标，规范征收管理，优化缴费服务，完善信息系统，强化组织保障，切实提升非税收入征管质效。

（1）征管效率逐步提升，征收能力逐步显现。

税务部门对非税收入管理持续加强，征收能力逐步显现。2019年，首批划转项目组织收入1550亿元，剔除降费及特殊因素，实际增长6.6%。涉及电力的9个主要项目组织收入1406亿元，占全部划转项目收入的91%，同比增长2.9%，剔除降费因素实际增长8.4%。这9个项目基本都是以销售电量为征收对象，其实际增速高于全社会用电量4.5%的增速，税务部门征管能力强是非常重要的因素。

同时，划转项目数据互联互通工作也在稳步推进。2020年6月底，国家税务总局和财政部已将信息传输优化提速至“T+1”，同时，将信息共享范围扩大至划转改革前已由税务部门征收的教育费附加、文化事业建设费。省级财税部门间非税收入信息共享工作正在有序推进，部分地区已经取得了实际成效。

（2）制度管理更加规范，执法基础更加扎实。

一是制度更健全。针对非税收入费种繁多、费制复杂、制度碎片化的特点，各批次划转时均针对划转对接、非税收入申报和征管信息互联互通等制发文件，为各地有序推进划转提供制度支撑。同时全面梳理充实非税收入基本原理、划转改革、费制要素、征管重点、各地经验等内容，各省税务局协同有关部门清理和修订地方性法规、规章及规范性文件，为税务部门依法依规征收非税收入提供法律制度保障。

二是基础更扎实。非税收入管理基础较弱，执法风险较高。划转后税收管理部门全面充实和完善《全国税收征管规范》和《全国税务机关纳税服务规范》中的非税收入内容，编写非税收入征管风险防控操作指引、核心征管系统非税收入申报征收管理操作手册、非税收入征管服务工作规范（工作指南）等，印发各级税务部门参考执行，进一步统一执法标准，理顺缴纳征期，简并表证单书。

三是流程更优化。针对非税收入项目多、征管流程散、报送资料杂的特点，借鉴税收管理成熟经验，将提交申报办理优惠政策资料统一调整为留存备查，有效减轻缴费人负担。结合“放管服”改革，统筹设计非税收入通用申报表，变“一费一表”为“多费一表”集成申报。

（3）缴费方式更为便捷，税费协同凸显成效。

一是缴费渠道更宽。各省级税务局及时分析缴费人需求变化，在巩固原有缴费渠道的基础上，完善办税服务厅和电子税务局功能，研究拓展“实体、网上、掌上、自助”等多样化缴费渠道，提升缴费服务水平。

二是缴费体验更好。持续跟踪分析缴费服务和降费政策执行中的堵点、难点和痛点，研究解决办法，并充实到12366纳税服务热线咨询库。充分利用税务内外网、“两微一端”以及新闻媒体等多种渠道，创新宣传形式，加强正面引导，进一步提高政策宣传的针对性和有效性。

三是开展协同服务。针对教育费附加、地方教育附加和文化事业建设费等非税收入项目“类税”的特点，分析税费协同服务的共同点和差异性，完善缴费与纳税服务机制，各省税务局开展税费“一并申报、同窗办理”缴费特色服务，探索“一站式”税费优惠政策的联申联办，促进税费协同办理，增强缴费人满意度和获得感。

第二节　非税收入管理法制化的国际借鉴

一、非税收入管理法制化的国外实践

受自身经济发展水平、集权分权模式、市场发育程度和政府管理体制等因素影响，世界各国在非税收入的规模、构成和管理方式等方面差异明显，但总体而言，非税收入管理成熟规范的国家都具有一个突出的特点，就是在非税收入设立、征收、使用上坚持法定化、公开化、透明化的原则。

（一）国外非税收入项目及标准

为取得缴付人的理解和支持，避免向缴付人收取不合理费用，发达市场经济国家一般要在收费项目设立过程中与服务对象进行磋商，通常包含宣传政策、评估研究、听取意见等程序。各国对收入项目及其标准的确定都有明确的法律依据，并严格按照法令执行。在美国，非税收入的项目和标准，以及开征、变更等都必须按照法定程序由议会或选民投票表决。在加拿大，联邦、省和地方三级政府各自依据联邦宪法等有关法令分级管理非税收入，各级政府必须经议会批准才能设立收费项目。设立新的收费项目或修订收费标准之前，实行听证协商制度，政府需与未来缴付人就可能出现的问题进行磋商，达成一致意见后才能开始收费。在澳大利亚，政府通过严格的法律程序确定收费项目，收费审批权集中在联邦和州两级，收费机构必须按隶属关系向相应层级政府申请，提交议会审议通过后，以法律形式颁布实施。

（二）国外非税收入的收缴管理

许多国家对规范非税收入收缴渠道都作出严格的规定，并采取收缴机构直接收缴、银行自动划转、金融机构代办代缴、电话委托缴付、邮局付款等灵

活多样的收缴方式，取代传统单一的人工收缴方式。通过充分利用先进的信息技术，在全国范围内建立起发达的计算机信息征缴网络系统，对征缴实施全过程监管。如加拿大的卡尔加里市为公众缴纳各种政府收费共设置了邮寄付款、直接向征收机构缴纳、预先授权银行支付、金融机构代办缴付以及通过电话委托缴付五种方法，十分科学、便利。这些众多的收缴方式通过强大的计算机网络联系起来，使管理者能及时了解各地、各类非税收入的征缴信息。

（三）国外非税收入的使用管理

各国均规定政府各类非税收入必须统一纳入财政预算，并实施严格的监督制约。美国相关法律明确了非税收入的专用性，以法律形式明确限定其专用范围和使用方向，非税收入通常被单独用于提供相关服务或福利的项目，但所有的非税收入都要纳入政府的预算管理。加拿大《财政管理法》规定，非税收入应当在收缴后统一缴存到出纳总署的综合收入基金账户中，纳入财政预算管理统一安排使用，不规定专项用途，与部门收支脱钩。无论对非税收入的使用是否明确规定了专款专用，各国均以法律形式明确非税收入要纳入政府统一的财政预算，实行严格的财政收支统管，并对非税收入的使用实施严格监督。例如，新加坡的非税收入管理部门要分别接受审计机构的审计、公平竞争管理调查局的调查和有关部门的监督检查。加拿大专门设置了“收费检查委员会”，并通过法律规定政府部门和机构应当向国库部和省及地方政府设立的该委员会报告非税收入的使用管理情况，接受其审计[①]。

（四）国外非税收入管理的透明度建设

多数国家规定，中央（或联邦）政府部门和机构应当定期向公众展示非税收入的征收和使用情况，遵循法律规定的审批程序，向社会披露收费征收和使用的详细情况。公众可以在政府门户网站查看非税收入的征收和使用情况。在年度总结过程中，各级政府会对非税收入的基本情况进行详尽的总结和归纳，在此基础上接受议会的审查。同时，还通过公示、报告、接访等制度加强对收费的监督。政府通过公开信息主动构建公开透明的监督环境，积极接受社

---

① 马洪范、蒋义：《政府非税收入管理国际经验及借鉴》，《地方财政研究》2009年第9期。

会和民众监督，较好地保护了缴付人的合法权益，从而使政府和民众在非税项目确定和征收的博弈过程中保持良好的平衡。

总体而言，成熟的市场经济国家在非税收入项目和标准的确立、非税收支安排的预算管理、非税资金收缴使用、非税项目相关信息的公开，以及非税收入的监管方面，都有明确的法律依据，都遵循法定化、公开化、透明化的原则既注意保护利益相关方的合理诉求，使各相关主体拥有稳定而明确的预期又主动接受专门机构和公众、媒体的广泛监督，对市场主体的行为和政府行为进行有效的规范。

二、代表性国家非税收入法制化实践

国外非税收入数额相对于税收收入来说一般都比较少，在各国财政收入中，非税收入占比较小，大部分非税收入都用于提供公共服务和准公共物品。相较而言，非税收入存在的比重与市场发展程度相关，绝大多数经济发达国家的非税收入占财政收入的比重相对较低，而发展中国家的非税收入占比则较高[①]。本课题以联邦制国家的代表美国、澳大利亚和单一制国家的代表法国、日本为例，考察国外代表性市场经济国家非税收入管理法制化情况。

（一）美国的非税收入法制化实践

作为一个较具代表性的联邦制国家，非税收入也占美国财税收入的很大比重，且种类繁多（见表12）。在美国，非税收入主要来源于“捐附、政府所有的企业和公共财产收入、公共设施使用费、行政性收费、罚款和没收资产收入”[②]。其中，行政性收费是美国非税收入的主体。美国的市场经济和公民社会

① 国际货币基金组织2015—2017年GFS数据库（统计年鉴）数据显示，高收入发达国家的非税收入占财政收入的比重一般在5%—10%，且呈现逐年下降趋势，如美国、加拿大、英国、法国、德国等国的非税收在其财政收入中的占比分别由2014年的7.6%、8.31%、7.19%、6.53%、5.69%下降到了2017年的6.07%、7.92%、6.38%、6.29%、4.82%；中等收入国家的非税收入在其财政收入中的占比为15%—25%；低收入发展国家的非税收入在其财政收入中的占比为20%—40%。

② 安徽省财政厅政府非税收入管理考察团，黎学东，陈惠：《美国、加拿大政府非税收入管理考察报告》，《财政研究》2007年第11期。.

都很发达，因此政府得以从纷繁复杂的社会事务中释放出来，进而更加专注于公共服务和社会管理。

而且，美国各级政府结构也更加合理，不是像中国的职责同构设计，而是各级政府根据各自的特点设置不同的职能，各级政府依法并按照各自的职能对非税收入征管进行严格的依法规范。总的来说，美国的非税收入管理以法律为核心，严格规定各级政府的管理权限，各项管理工作必须依照程序进行，公众参与度、公开透明度高。

第一，非税收入项目的设置必须依据法定程序来进行。从立法权限来看，美国非税收入的立法权主要掌握在联邦与州两级政府。按照美国的联邦《宪法》中的规定，每一个涉及到筹集政府财政收入的议案，必须通过众议院才能提出。除了联邦政府之外，各州政府也有权制定非税收入征管方面的法律法规，每一个非税收入项目的立项都必须召开听证会，而且必须经过充分的论证和辩论，达成共识之后才能经过适当程序提上议事日程，最后通过民主投票（选民或议会）进行表决。

第二，非税收入的征收标准必须按照成本补偿原则依法予以合理确定。美国的非税收入与政府正式税收所依据的法律标准是不同的，政府正式税收主要是通过保证税负公平公正的法律来加以保障的，即政府正式税收具有普遍性、无偿性的特征。而与政府税收收入不同，非税收入更多强调的是政府征收非税收入并不是以营利为目的，因此非税收入征收标准应该遵循的是补偿性原则，以此确保非税收入征收的费用不超过政府向社会提供公共服务或公共物品的成本。

第三，严格规范非税收入的征收途径。为了实现对非税收入征管实施全过程的监督，并保障所有的非税收入及时入库，对此美国开发了非常完善的计算机信息征缴网络系统。此外，美国特别强调非税收入的专款专用，只能将非税收入投入于法律规定的国有资源使用的项目之中，而不能改作任何他用。以美国的彩票公益金为例，美国彩票管理委员会负责对彩票公益金的使用情况实施监管，各州彩票管理委员会只能将从各个彩票公司收取到的公益金用于民生、慈善以及公共事业等公益性活动当中，进而推动本区域的生活环境、教育以及医疗等公益事业的持续发展。

第四，美国非税收入的征管过程必须接受民主监督。按照美国的法律规定，各级政府要定期向社会公众公开本级政府的财政管理等信息。尤其是政府在每一年向议会报告政府财政预算时，财政预算管理必须包括所有政府收入，特别是要将非税收入的具体内容纳入其中，这样不仅有利于对全部联邦政府收支进行总体反映，也有利于接受议会、公众以及媒体等主体的监督和审查。此外，美国公民还可以通过登陆政府官方网站，对政府的各项非税收入的情况进行查询。

表 12　　美国联邦政府主要非税收入项目

预算记录	机构名称	非税收入项目名称
政府杂项收入	国会	点播，卫星和有线电视运营成本，版权
		美国税务法院独立顾问费
		裁判人员工资和收入基金
		美国法院司法申请费
		司法注册管理费
	农业部	违约和易腐农产品法案基金注册费
		1990年食品、农业检疫费用
	商务部	收费，北太平洋渔船观察者基金
		收费，渔船和齿轮损坏赔偿基金
		收费，渔民应急基金
		收费，外国渔业观察员基金
		许可标签注册费，有限的访问系统管理基金
		用户费，西太平洋可持续渔业基金
	国防部——军事项目	支付非本国居民军人费用的联邦扣税
		支付非本国居民空军费用的联邦扣税
		杂项税，非分类，海军
		东道国支持美国搬迁活动捐助
		日本支持美国迁至关岛活动捐助
	健康和人员服务部	支付非居民外国人费用的联邦扣税
		风险走廊项目收入
		风险调整计划收入
		存款，为儿童募集
		过渡再保险计划捐助
		FHI信托基金，民事罚款和赔偿

续表

预算记录	机构名称	非税收入项目名称
政府杂项收入	内政部	煤矿复垦费用
		废弃矿山复垦基金，回收费用
		地表采矿复垦和执法办公室居民罚款
		重金属回收费用
		候鸟狩猎印花税
		国家印第安人博彩委员会，游戏活动费
		依据候鸟条约法案的罚没，北美湿地自然保育基金
		印第安部落基金，罚没，（包括George C. Edgeter个人为发展的捐助）
	司法部	违约处罚
		DEA注册费
		犯罪受害者基金罚没
		没收资产处置收入，资产没收基金
		美国受托人制度破产监督费
		司法移民合法化
		司法移民用户费（政府收入）
		移民考试费，TCJ（政府收入）
	劳动部	码头和港口特殊工种工人补偿法收入
		哥伦比亚地区特殊工种工人赔偿法收入
	外交部	移民，护照和领事费
	财政部	支付非居民外国人费用的联邦扣税
		未分类杂项收入
		航运理事会行使认证股权所得
		联邦储备系统储蓄收益
		专利、商标和版权费
		注册、填表和交易费
		SEC注册、填表和交易费
		解决国际索赔支出
		申请费
		一般基金的过渡再保险捐助

续表

预算记录	机构名称	非税收入项目名称
政府杂项收入	财政部	未分类法律和司法服务费
		未分类监管和司法服务杂项费
		依据农业法律的罚没
		依据经济稳定法的罚没
		依据移民劳工法的罚没
		依据海关、贸易和反托拉斯法的罚没
		依据酒精麻醉剂禁用法的罚没
		无人认领资产的没收处置
		依据联邦煤矿健康安全法的罚没
		对雇主、对新员工延迟或不提供医保的处罚
		对无健康保险个人的处罚
		未分类罚没
		恢复军事占领
		国税局的使用费
		恐怖主义风险保险程序保险费
		退款错误
		国税局从还款州和地方实施机构征收的费用
		SallieMae评估
		新增注册代理费，国税局杂项保留费用
		税务登记费，国税局杂项保留费用
		用户费和评估，金融研究基金
		从美联储转移支付，金融研究基金
		反倾销和反补贴税，继续倾销和补贴抵销
		没收资产拍卖所得，海关没收基金
		没收货币资产
		出售没收资产收入，财政部没收基金
		没收的伊拉克资产
		行政和民事处罚，海湾海岸恢复信托基金
	社会保障局	SSI计划的受益人支付恢复（政府收入）

续表

预算记录	机构名称	非税收入项目名称
政府杂项收入	能源局	依据联邦权力法案的许可，改善通航水域
		依据联邦权力法案关于公共土地和国家森林的许可，支付给各州
		能源安全储备
		评估、净化和退役基金
	环境保护署	注册，市场欲投放，其他服务
		Exxon Valdez结算基金
		罚没，危险品超级基金
	国土安全部	违约处罚
		移民费，边境安全法
		罚没，海上石油污染附加基金
		油污基金，美国交通部
		用户费，深水港口责任基金，美国交通部
		旅游协会旅游授权电子系统用户费
		存款，关税，税收，波多黎各
		石油泄漏责任信托基金，罚没
		无人认领废弃资产的变卖收入
	住房和城市发展部	州际土地销售基金
		活动房屋检查和监测
		杂项费用，综合费用基金
	联邦毒品监管项目	没收资产特别没收基金的没收资产出售收入
	其他国防民用项目	退伍军人之家罚没
	陆军工兵部队	加州水力采矿，税收，碎石保管
		联邦权力法案许可，改善可航水域和水力设施
		用户费，内陆水道信托基金
	美国退伍军人上诉法庭	实践登记费，退伍军人上诉法庭
	哥伦比亚特区	哥伦比亚地区法院费用
	联邦通信委员会	普遍服务基金
	联邦存款保险公司	风险评估，有序清算基金
	联邦金融机构检查协会	注册费，评估小组委员会，联邦机构审查委员会

续表

预算记录	机构名称	非税收入项目名称
政府杂项收入	证券交易委员会	注册费，证券交易委员会储备基金
		投资者保护基金货币制裁收入
	哥伦布奖学金基金会	哥伦布奖学金，来自中央委员会的附加费
	美国煤矿工人基金	保险费，联合基金，1992计划，矿工联盟
		矿工联盟养老金计划转移支付，结合福利基金，矿工联盟
	企业会计监管委员会	会计支持费，公共企业会计监督委员会
		注册费，公共企业会计监督委员会
	标准制定机构	会计支持费，标准制定机构
	廉租房计划	捐助，联邦住宅贷款银行，保障性住房项目
	电力可靠性组织	用户费，电力可靠性组织
	联邦住房金融局	联邦住房金融局，两房行政费用弥补收费
	证券投资者保护公司	证券投资者保护公司评估收费
	旅游促进会	收费，旅游推广基金
	金融保护署	联邦储备委员会、财政局消费者金融保护基金转移支付
		罚款，消费者金融保护
	政府收入	储蓄收益，联邦储备系统
		其他联邦基金杂项收入
		信托基金杂项收入
抵消性征收	农业部	森林服务费
		生物标记费
	国防部	TRICARE医保药品福利费
		TRICARE医保主要注册费
		TRICARE医保年度注册费
	健康和人员服务部	医疗产品复检费
		食品设备注册、复检、进口费
		国际快递费
		美容设备注册费
		食品催化剂通报费
		药剂学事务费
		数据和出版申请费
		信息技术标准和认证费

续表

预算记录	机构名称	非税收入项目名称
抵消性征收	国土安全部	航空旅客安保费
	内务部	公共土地石油和天然气租约检查费
		放牧行政审理费
	司法部	罗迪诺费
	劳动部	矿尘分析验定费
		国内农工普查费
		养老金保险费
	外交部	西半球旅游计划附加费
		边境出入卡费
	运输部	航空战争风险保险
	美国商品期货交易委员会	商品期货交易委员会会费
	美国联邦贸易委员会	罗迪诺费
	农业部	绩效和其他管理费
		标准化和许可手续费
		检测和许可费
		用户管理费
	健康和人员服务部	医保有关额外费用
		医保有关附加费
	国土安全部	移民审查用户费
		快件货物生物检查费
	内务部	联邦油气改良费
		联邦土地矿物产品改良费
		氦计划再授权和调整
		联邦土地交易简化与再授权手续费
		美国——墨西哥跨境油气储量协议实施费用
	运输部	危险品特殊许可和验证费
	联邦通信委员会	频谱许可证权威认证
		国内卫星频段服务许可拍卖
		1675—1680兆赫频段使用权拍卖或分配

（二）日本的非税收入法制化实践

作为一个典型的单一制国家，日本的地方治理推行的是地方自治模式，其初衷主要是为了形成“以市民为中心”的政治体制、建设适合各区域实际的综合行政体制。在公共财政层级体系方面，日本主要分为中央——都道府县——市町村三级制。其中，中央一级财政拥有和管理的非税收入主要有财产处理收入、专卖收入、国有企业利润以及杂项收入等；都道府以及市町村等地方政府所拥有的非税收入主要有初高中学费、分担性收费、公营住宅收费以及公证费等款项。日本各级政府预算都是相对独立的，而且其政府主要是通过非税收入而不是政府税收收入来支撑社会公益服务的。总的说来，日本非税收入管理法制化的主要特点有：

第一，以完善的法制建设为基础。在日本，每一个非税收入项目的立项、调整等程序都建立了健全的国家法律法规，而且任何单位或个人都必须严格依法办事。除了正式的法律法规之外，日本在非税收入征管领域建立了相对较为严格的法定程序。例如在日本的运输事业收费当中，日本《交通运输法》对于收费有明确的规定：政府及其相关部门如果要提升运输票价，那么必须首先经过地方政府议会的审议，若获得地方议会的批准方能通过主管局领导向中央政府的运输省提出申请，运输省审议会负责对这些申请进行严格地审议，当审议通过后再提交国家内阁会议进行审批，只有经过这最后一道程序批准之后才能真正去依法实施征管行为。

第二，中央与地方的财权划分。日本依法对政府间的事权与支出责任进行了明确的划分，避免出现职责交叉的现象。随着经济社会的不断发展，政府必须承担越来越繁重的公共支出责任，因而政府财政压力相应地逐渐增加。在此背景下，为实现政府的收支平衡，征收非税收入项目便是任何一个政府（包括日本在内）的必然选择。但它与中国不同，日本的地方政府更多层面上是中央政府的受托人，中央政府通过地方税法等途径规定地方税种的项目、征收标准等，高度控制收费以及基金等项目的审批权，地方政府实际上对此并没有太大的自主空间。地方政府提供公共服务和公共产品必须严格按照法律法规之规定，如果因环境发生变化而要对政府的公共服务支出数额等作出变更，也必须严格遵循法定的审议程序来进行调整。

第三，日本推行的是统一的政府财政制度，即将所有政府财政收入与财政支出都纳入政府预算管理之中。日本政府的财政预算体系主要包括以下几个方面：企业特别会计、一般会计、事业特别会计、特别会计、政府基金财务以及政府投融资等。一般会计指的是政府行政管理支出的常规型、基础性的会计账户，这些支出涵盖行政、国防以及教育等方面；事业特别会计主要指的是处理社会公益性服务事业的收费与支出的会计账户。而与前两者不同，特别会计收支是特别强调专款专用的会计账户等。

第四，强调双重管理的理念和模式。在日本，社会公益性服务事业虽然属于政府特别会计预算，但主管事业的相关政府机构对其实施收支一条线的管理模式。以日本的上下水道事业的收费为例，水道局对上下水道的收支实施统一的管理。而且，这些社会公益性事业收费和支出都必须全部纳入到政府财政的特别会计预算之中，由国家财政对这些部门的收支进行严格监督。

（三）法国的非税收入法制化实践

与日本类似，法国是一个有中央集权传统的单一制国家，同时又在地方自治理念和实践上有所发展，因此它在非税收入管理法制化建设上与其他联邦制国家有所不同。总体而言，法国的非税收入主要包括以下一些类别：收费、利息收入、罚款以及国债等。在法国，其地方财政自主权是在中央政府的严格控制之下实施的，因而其地方非税收入的范围自然是很有限的，三分之一左右的地方政府收入来源于中央政府财政的拨款。正是因为地方政府的财政自主权严重受制于中央政府，使得中央政府能够轻易地控制地方社会的经济发展，甚至可干预地方预算的编制。尽管法国的《权力下放法案》使得批准预算的权力转移给了地方议会，但中央政府始终保留着在必要时可修改地方政府预算的最终权力。

第一，非税收入的项目设置以及审批等过程必须严格依据法律程序进行。法国《财政法案》对非税收入的立项和征收标准作了明确的规定，其必须经过国民议会审议，审议通过后，最终由中央政府审议决定。同时，法国非税收入的预算执行程序推行“收支两条线”模式，不得通过征收非税收入来弥补政府支出，征收部门所征收的非税收入的数量不能直接与其活动经费挂钩，而是将非税收入存到财政专户，真正落实专款专用原则。

第二，中央政府部门统一管理全国的预算执行。在法国，中央政府一级设立公共会计局，省一级政府设立财政总出纳署，市镇一级政府则设置财务所，各级政府及其单位各负其责，环环相扣，以上的这些财政部门在法国统统被称为公共会计网，中央与地方政府预算收支的工作主要通过这些部门来执行。

第三，建立非税收入的财政监督体制。为了实现对政府财政实施强有力监督提供组织基础，法国设置了一套系统完善的财政监督机构体系，这套机构体系主要包括：审计法庭、财务监督官以及财政总监等。所谓审计法庭，其实和其他法庭很相似，国家议会将相应司法权力授予这个机构，而且它是一个相对独立的司法机构，任何机构或个人都不能干预这个审计法庭的审判活动。审计法庭在对非税收入进行审判和监督的过程中，若发现存在违法违规问题，审计法庭是有权对其实施干预的，并且可根据有关方面的规定依法对相对人做出最终处理。

第四，非税收入的收支情况实行信息披露制度。健全的信息公开机制能够建立起有效的监督机制，进而避免和打击该领域的违法违规现象，从而有利于廉洁政府的建设。法国的非税收入的收支信息方面就是建立了信息披露制度并实现了公开披露，让公民对之进行全方位的监督。具体而言，通过国家议会负责对政府预算编制与执行进行严格的监督和评估检查，确保政府预算符合社会民众的利益。同时，国家审计机关主要是对非税收入的具体收支情况实施系统的检查，并且制定完整、可读的相关审计报表对社会予以公布。

（四）澳大利亚的非税收入法制化实践

澳大利亚也是一个典型的联邦制国家，国家的财政层级主要为联邦、州以及地方政府三级。在联邦政府层面，非税收入约占联邦财政总收入的10%。总的来说，澳大利亚的联邦非税收入主要包括以下几个方面：公共物品与服务收入、利息收入以及分红收入等其他非税收入。在州政府层面，非税收入的所占地方财政总收入比重要大于联邦政府，这些地方非税收入主要包括以下几个方面：公共服务与物品的销售收入、州控股公司的投资收益以及其他类型非税收入。地方政府层面，非税收入在本级政府财政总收入比重比联邦和地方政府都要高，地方政府的非税收入主要包括以下几个类别：停车费、罚没收入、水电费、垃圾处理费以及其他收入等。

第一，联邦政府和州政府行使非税收入项目设置的审批权。若是要设置新的非税收入项目，必须严格按照国家的法定程序，首先要向联邦政府国库或者是州政府国库申请核查，在经过联邦政府或州政府的国库审核允许之后，再提交给总理内阁开展会议商讨。经过内阁会议达成共识之后，进而再提交给国会审议决定，最后，才决定是否通过制度形式将这些议案予以颁布和实施①。

第二，非税收入的征收标准必须依法而行，并且不得以营利为目的。根据澳大利亚的相关法律法规之规定，政府的收费标准不得以实现营利为目的，只能遵循“成本补偿”的原则，并严格根据政府公共服务供给成本来制定合理的收费标准。国库部门并不直接承担成本核算与市场调查的工作任务，而是将这些任务下放给它下面隶属机构——生产力委员会。国会一般依据生产力委员会所提供的信息，决定向内阁提交是否同意立项及具体收费标准的报告，最后将结果通过法律的形式予以确认。当然，政府收费机构可依法以及根据公共服务成本波动情况相应地调整政府收费标准，但是任何调整都必须按照成本补偿原则而定。

第三，澳大利亚财政部门直接征收非税收入。澳大利亚的财政部门将非税收入划分为不同种类，并根据各自种类的特征采取灵活有效的征收管理办法。以该国悉尼市政府征收的公共停车费为例，悉尼市政府针对街道两旁的公共停车位收费问题，设置了便民的电子计费表柜，让使用停车场的个人自行到电子计费表柜那里去缴费，而且所收的费用将会定期上缴入库。再如公共设施出租收入、垃圾处理费等非税收入方面，市财政部门每三个月左右向相关使用人开一次缴款清单，由这些公民自己到相应的银行进行缴款，这些举措既为公民提供了便利，而且也在很大程度上降低了政府征管非税收入的行政成本。

第四，所有政府财政收入（包括非税收入）均要纳入到政府预算的统一管理之中。与中国不同，在澳大利亚，所有的政府收费机构的收入必须全部存入到政府收入统一账户，进而与其他财政收入一起上缴给政府财政并归入到预算管理之中，非税收入并不与收费机构活动的支出相挂钩，而是由政府财政预

① 安徽省财政厅政府非税收入管理考察团：《美国、加拿大政府非税收入管理考察报告》，《财政研究》2007年第11期。

算进行统一安排。此外，为了确保政府部门尤其是收费部门能够有效地向社会提供公共服务和公共物品，财政部门通常会在预算编制时根据上一年度的财政收入情况相应地调整政府收费部门的支出预算，但提升的幅度不能多于政府财政收入增长的部分。

三、代表性国家非税收入法制化启示

从美、日、法、澳等国非税收入管理的经验来看，市场经济国家政府的非税收入管理具有三个显著特点：一是公共部门出台任何政府非税收入项目都要求有严格的法律依据和程序，若要变动收费项目也须经过严格的法律或行政审议程序；二是民主设置非税收入项目，科学设置非税收入收费标准；三是政策制定的民主化、法治化。

观察和总结市场经济国家非税收入管理法制化的经验，可以发现，上述国家在推进非税收入管理法制化过程中，均能较好地处理好政府与市场之间的关系，能够依法准确界定好非税收入的项目及征收标准，突出强调法律至上和税费法定等现代法治理念，注重保护行政相对人的合法权益。以上四个方面可以对我国非税收入法制化实践带来诸多启示。

（一）正确处理好政府与市场之间的关系

美、日、法、澳等市场经济国家之所以能够在非税收入征管方面做得井井有条，与他们成熟的市场经济是离不开的。正是因为这些国家的市场经济比较成熟与发达，政府可以更加放松管制以让市场自由地发展，所以政府逐步退出市场领域。这种政府和市场的关系对于非税收入管理法制化是有非常积极的影响的，因为政府退出了其“不能管、不该管、管不好”的事情之后，政府职能就能真正实现减负，由此政府机构和人员就不会臃肿，那么政府的公共服务支出将会大大地减少，从而降低了各级政府通过征收非税收入以弥补财政缺口的冲动。

以市场经济非常成熟的美国为例，美国政府实际上直接管辖的事项很少，诸如电力、交通、教育以及医院等领域基本上都是通过市场机制来实现供给的，在此基础上，政府得以从繁杂的事务中解脱出来，进而能更加专注于本身的重要工作——社会管理和公共服务。而且，美国政府的非税收入管理法制化程度很高，预算内收入与预算外收入都必须依据规定全部归入到政府预算管理之中。

与之形成鲜明的对比，我国的市场经济起步不久，再加上政府政治行政体制改革有一定滞后性，社会主义市场经济难以获得健康而持续的发展，而经济发展落后，导致政府喜欢大包大揽，由此形成了一个恶性循环，市场越弱，政府越干预，进而市场变得更虚弱。政府无所不包地承揽各种事务必然会承担巨大的财政压力，而在政府正式税收有限的情况下，政府（尤其是地方政府）必然会另谋他路，盲目地扩大非税收入的征收力度，进而引发非税收入征管行为的失范。

（二）依法准确界定好非税收入

从美、日、法、澳等国的非税收入管理法制化经验来看，它们似乎都倾向于将非税收入界定为对享受到政府所提供公共服务或物品的公民收取的补偿性费用，可见其所收取的资金并不是出于营利的目的。这些国家不仅对非税收入界定得非常清楚，而且在实践操作当中也体现了依法治理、公共利益的理念，他们为了凸显非税收入征管的目的是为了向社会供给公共服务或物品，因而在拟定非税收入征收的标准时主要采纳了比平均成本低很多的边际成本，例如澳大利亚便是通过法律规定，非税收入的征收不是以营利为根本目的，而强调的是以成本补偿为根本原则。

此外，尽管同中国一样，这些西方国家的非税收入也在地方财政中扮演着不可或缺的角色，但它们能够树立并严格执行这样的理念：地方政府核心的任务或功能应该是服务社会公众，而不是企图通过收费实现政府部门创收，收费对于他们而言更多的是政府供给公共服务的手段，而不是目的。

反观我国，似乎许多政府部门自觉或不自觉地把创收当作部门或个人的首要目标，他们在设置非税收入的项目以及征收标准时，往往首先追求的是尽可能地扩大政府财政收入，而不是完善公共服务及其水平，因而陷入了所谓的“目标置换”效应之中。由此可见，中国要实现非税收入征管的法制化，就必须先对非税收入的地位和功能进行更加清晰的界定，以便为未来对非税收入征管的监督提供根据和指导。

（三）注重保护行政相对人的合法权益

上述市场经济代表性国家在推行本国的非税收入管理法制化工作时，非常注意保护行政相对人的权益。似乎国外公民对于缴税、收费等行为并不是很排斥，甚至会主动到相关部门进行缴税缴费，既然经济人假设是当今最为有解释力的理论，那么为什么这些国家的公民会积极缴费呢？他们之所以如此自觉自愿地缴费，原因之一便在于政府对他们的利益给予了充分的尊重和法律保护，各级政府会制定一系列的规章制度来保障公民的自愿缴费。

例如，美、日等各国在拟定非税收入项目、征收标准以及征收对象时，一般都会主动召开听证会议征求社会公众的意见，或召开专家咨询会议以获得建议，在这种民主式的参与方式中大家各抒己见，进而达成共识，如此制定出来的法律法规更加有执行力，而且在非税收入征管的过程中也必须严格依据法定程序进行，做到办事程序公开、透明。

我国政府在这一块则稍显不足，正是因为政府在非税收入征管过程中不顾或忽视行政相对人的合法权益，为了本政府部门创收而致使政府法定程序流于形式，非税收入也因此无序地膨胀，这些问题最后导致了非税收入征管行为的日益失范，进而也打击了公民缴费的主动性和积极性。

（四）强调法律至上和税费法定理念

美、日、欧等国非税收入征管的一个重要特征便是法律至上和税费法定的理念深入人心，并体现在非税收入管理的全流程。在这里，这些国家的法治化理念主要体现在以下方面：

国家法律法规对政府职能、财权以及事权等内容进行了明确而详细的规定；并且，法律还对非税收入的项目设置以及征收标准等事项进行了严格的规定，相关部门、企业、公民等主体对政府非税收支出安排等内容进行监管。由此可见，美、日等国家不仅具有完备的非税收入征管方面的法律法规，而且更加强调法律执行的严谨性和规范性，各单位、各部门必须依法对非税收入进行征管，违者必究、必罚。

虽然我国近年来在非税收入管理制度建设方面已经取得了很大的成绩，但与这些欧美国家相比，在非税收入管理方面还存在很多的问题，尤其是法治理念的缺失，现实中的问题往往不是无法可依，而更多的是有法不依。因此，我国在非税收入管理中可以吸收国外对非税收入管理法治化的一些经验，以此提高我国非税收入征管的科学性、规范性和合法性。首先，必须严格按照法定程序实施非税收入的项目设置以及征收标准审批，不仅要建立健全非税收入管理的相关法律制度规章，而且更要强调这些法律制度在现实执行中的刚性、权威性。其次，在非税收入管理过程中必须秉持公平、公正、公开的理念，把所有的非税收入归入到政府预算管理之中，以大型信息网络为支撑，以细化的部门预算为基础，以所有财政收支全部进入国库单一账户为基本模式，建立健全政府财政的网上信息系统，接受社会各界的监督和批评建议。

除去以上这些方面，美、日、法、澳等国在非税收入征管的监督体制机制上也非常值得我们学习。

首先，政府对公众在非税收入征管过程中的知情权提供了切实的有力的保障。这些欧美国家不仅规定了公民拥有知情权，更注重通过制度设计落实这种公民权利的途径。例如，美、日等国都强调公民可通过如下途径获得非税收入的信息：新闻媒体、互联网络以及听证会等，使得普通民众能够有渠道表达自身的利益诉求。这些制度设计有力地保障了公民在非税收入征管过程中的参与权和知情权，有利于进一步推进政治民主化和政府公开透明化。

其次，理顺非税收入征管中各监督主体之间的关系。可以说，这些国家都很重视对非税收入的监管，有些国家甚至建立了专门的非税收入监督检查机关，通过独立于政府体系之外的审计机构来负责对非税收入征管进行监督。司法机关专门负责对在非税收入征管中出现的违法违规行为予以惩处。受托于非税收入征管部门的社会中介组织负责对非税收入使用过程的监督。社会民众以及新闻媒体则负责对非税收入征收以及使用等事项进行监督。有鉴于此，我国在非税收入方面也应该逐步建立起信息披露制度、听证制度等，逐步在非税收入征管过程中引入专业第三方机构、社会民众、媒体等社会治理主体，进而推动我国非税收入管理的法制化乃至于法治化进程。

第五章　非税收入管理法制化展望

第一节　非税收入管理法制化的原则和目标

一、非税收入管理法制化的原则

我国《政府非税收入管理办法》第六条提出了“非税收入管理应当遵循依法、规范、透明、高效的原则”。从法治政府建设和从社会公众角度出发，如果政府可以任意征收非税收入，社会公众的财产权利无疑会面临着巨大的不确定性和风险，这种财产的不安全和社会成本负担的加重将直接影响经济社会健康发展，尤其是在经济处于中低速增长的常态中、企业减负甚至关乎生死存亡时更是如此。

笔者认为，在全面依法治国、依法行政的大背景下，在努力构建市场化、法治化、国际化营商环境的大环境下，对于非税收入的法律规制是进一步激发市场主体活力，有效控制社会风险的必要手段。观察我国非税收入管理法制化历程与实践，比较研究国外市场经济国家非税收入法制化制度，可以发现非税收入管理的法制化进程需要借鉴税收治理领域的一些基本原则，同时要结合非税收入的具体情形加以确定。

（一）依法行政原则

依法行政属于我国依法治国基本方略的重要范畴，也是我国非税收入管理法制化的首要原则。习近平总书记在党的二十大报告中强调“扎实推进依法行政”，对转变政府职能、深化行政执法体制改革、强化行政执法监督机制和能力建设等作出重点部署、提出明确要求，为新时代法治政府建设提供了根本遵循。推进法治政府建设，是深化行政体制改革、转变政府职能的重要着力点。习近平总书记强调，要发挥法治对转变政府职能的引导和规范作用；政府职能转变到哪一步，法治建设就要跟进到哪一步。建设法治政府，要使政府职权法定、依法履职，各项行政行为于法有据。这就要求必须扎实推进依法行政，用法治给行政权力定规矩、划界限，法定职责必须为、法无授权不可为，坚决克服政府职能错位、越位、缺位现象，让政府和市场各归其位、各展其长，充分发挥市场在资源配置中的决定性作用，更好发挥政府作用。

依法行政指的是国家行政机关的设立必须严格按照国家法律法规的规定，而且其权力的获得与行使也都必须依法而行，并承担与其行政行为的后果相对应的责任。也就是说，法治的首要目的和作用便是约束政府和权力。我国非税收入的立项、征收以及使用等行为实际上都属于行政行为，因此依法行政必然也是非税收入管理法制化工作的重要原则，这是建设社会主义法治社会的必然要求。

依法行政原则贯彻和应用到非税收入管理中，便是依法理财、依法治税（费），亦即是说非税收入管理行为必须在依法行政理念下体现依法理财、依法治税（费）的具体原则，依法理财、依法治税（费）是依法行政原则在非税收入管理行为的具体落实和顺意延伸。由此可见，现代依法行政理念天然地包括着依法理财、依法治税（费）的原则，依法理财、依法治税（费）则是非税收入管理行为落实国家依法治国、依法行政方略的基本要求。因此，政府部门及其工作人员在非税收入管理过程中，必须严格遵守国家关于非税收入方面的法律规章制度，尽可能地摒弃行政管理的主观随意性。当然，依法行政有一个大前提，即“有法可依”，那就是说应该构建一套层次分明、相互配套、程序严谨、规范可行、相对灵活的关于非税收入管理的法律法规体系，而且在设计非税收入及其征管的法律法规之时，要把握好强制性规定与法律道德责任规范以及原则性规定与操作性规定之间的关系，避免出现抽象法规与现实运行脱轨的现象。总而言之，依法行政原则就是要求我们应建立健全相关法律体系，保障我国非税收入管理工作有法可依，通过完善的法律制度来预防和打击非税收入管理过程中出现的问题。

（二）非税民主原则

在我国，人民才是法治的主体，而政府则是法治的客体，因而民主原则体现了人民在法治化进程中的主体地位。在非税收入征管中，民主原则指的是公民通过法定程序，运用法定方式对非税收入征管事项行使其民主权利，并对政府非税事项行使最终决定权。“民主与法治不可分割，必须整体推进。没有民主，不可能有真正的法治，法治最实质的意义，就是宪法和法律成为最高的公共权威”①。政府财政收入本身来自于广大人民群众，其公共支出自然也必须惠及广大的人民群众，这是“取之于民，用之于民”“众人之才，众人之事”②价值理念的集中体现，也是现代社会主义民主社会的本质要求，排斥民主不是一个现代国家所应该做的。

非税收入的民主原则要求必须通过民主的形式和路径来制定相关的法律法规、立项审批等，任何一个公民或社会团体都有权质疑和批评非税收入征管过程中出现的不规范问题。非税收入征管的资金最终是要用于为广大民众供给公共服务和公共产品的，但现实中往往由于政府部门及其工作人员的自利倾向，使得这些资金并不一定都能流向公共领域，在非税收入征管过程中中饱私囊的现象不算罕见。所以，有必要将民主原则纳入到非税收入管理法制化工作之中，让公民或社会团体参与到非税收入征管的过程之中，以此来避免政府冠为公共之名却行谋私之举，民主原则使得社会公众对非税收入征管事务保留了最终拍板权，从而保障非税收入征管的公共性和规范性。

（三）非税法定原则

法治强调法律至上、依法行政等精神，非税收入法定正是这些精神在非税收入管理过程中的践履。非税收入的征收依据、程序、标准以及资金管理和使用都应遵循法定原则。正如一些学者所说，“政府非税收入是国家取得财政收入的重要形式，其项目名称、收缴对象、缴付人、计收依据、收缴标准、执收单位、收缴方式、缴付期限、资金管理、减免、缓交等必须由法律

① 王立：《平等的双重维度：形式平等和实质平等》，《理论探讨》2011年第2期。
② 俞可平：《没有法治的民主是残缺的民主》，《理论学习》2015年第2期。

法规作出明确规定”[①]。同时，非税收入立法程序的层次比非税收入具体项目审批的程序更高、更严谨，所以非税收入法定原则非常有利于通过法制的途径实现非税民主的目标。我国《立法法》第八条明确指出，财政税收基本制度只可通过全国人大立法规定与调整。由于非税收入征管制度是财政税收基本制度的重要组成部分，所以《立法法》的这项规定正是非税法定原则的依据所在。

非税收入法定原则要求一切非税收入的征管行为必须按照法律的准许或权力机关的授权，方能采取行动。尽管现行法律法规还处于初期构建过程中，为了适应不断变化的外部环境有时会允许政府在非税收入征管过程中具有一定的裁量权，但政府只能在法定的程序和范围内使用其自由裁量权，而不能擅自越权越位行使权力、破坏非税收入征管秩序。只有这样，才有可能消除非税收入征管活动中的主观随意性，体现非税收入征管的刚性和规范性，提高政府供给公共服务的能力和效益，进而有利于维护和增进社会公共利益。

与税收法定原则一样，非税收入法定原则应该成为非税收入法律体系中的帝王原则。总的来说，非税收入法定原则主要有以下几个要素：权力法定、义务法定、程序法定以及责任法定等。

具体而言，一是要把握好非税收入法定原则中的“法”的内涵。非税法定原则中的“法”应该包括两个方面：由国家最高权力机关——全国人大所制定的法律体系；其他拥有法定立法权的机关所制定的制度规章等。在我国当前非税收入征管的领域中，除了一系列的正式法律之外，还存在着大量内容庞杂的政策性文件，但依据非税收入管理的非税法定原则，这些政策性文件必须与上位法相协调，否则这些政策性文件将没有任何法律效力。

二是非税收入项目法定原则。非税收入法定原则的核心是对非税收入设定权的限制。非税收入项目设立权由狭义的法来确定，意味着非经立法程序政府不得设定非税收入项目。应加快制定与完善“行政事业收费法”、“政府基金法”、“价格法”、“国有自然资源法”等非税收入基础性法律，明确各个责任主

---

① 夏荣静：《深化我国政府非税收入管理的研究综述》，《经济研究参考》2015年第60期。

体的权利义务关系，避免重蹈“三乱”覆辙。同时，按照政府非税收入管理改革的要求，修订和完善我国现行的预算管理法规。

三是非税收入项目要素法定。一个非税收入项目包括名称、收缴对象、缴付人、收益主体、计收依据、收缴标准、收缴时期、征收单位等要件。设立非税收入项目，就是将各个构成要件等具体内容加以确定。由此便产生了非税收入设立权及其配置问题[①]。项目要素的规定原则上应由行政法规和地方性法规规定。在紧急情形下，可以授权省级人民政府确定，但是紧急情形一旦解除，仍应由行政法规和地方性法规来确定。

四是非税收入征收程序法定。非税收入征收程序法定要求非税收入的开征、停征、减免等事项都必须经过法定程序。程序的法定应该通过制定非税收入征管法予以明确规定。在立法时机不成熟时，可先由国务院制定非税收入征收管理条例予以规定。同时，在立法中对于各层级政府部门的非税收入设定的授权行为要进一步明确其权限、设定范围和设定程序性要件，从而避免地方政府以“自我赋权”的方式随意设定非税收入项目，真正做到法无授权不可为，进而形成规范有序的非税收入法律规范体系[②]。

（四）非税公平原则

公平原则是法治化的基本精神，这个基本精神要求政府及其工作人员必须坚持以法律为最高准则，客观公正地执行国家的法律法规，不能因公民个体在年龄、性别、种族、收入以及地位等方面的差异而区别对待。我国《宪法》第三十三条明确规定，中华人民共和国公民在法律面前一律平等。这正是我国非税收入管理法制化奉行公平原则的宪法根源，而非税收入管理法制化的平等原则正是对宪法平等理念在具体领域中的延伸和落实。在非税收入征管中，公平原则指的是在非税收入征管过程中要充分体现个人收入和财富的平等分配，或者说尽可能地缩小个人之间在收入与财富方面的差距。

我国是人民当家作主的社会主义国家，任何一个公民都有权参与到非税

---

① 谭立：《政府非税收入设立权及其配置》，《社会科学战线》2015年第11期。

② 贾小雷：《我国非税收入法律规制与国家财权治理的现代化》，《法学论坛》2017年第4期。

收入征管的事务当中，而且政府也必须在制度上对公民平等参与非税收入征管提供保障。创造一个有利于经济社会发展需要的非税收入征管环境，形成公平竞争的市场秩序，有利于推进社会主义和谐社会的创建。非税收入管理法制化的平等原则的基本逻辑是：首先，相对义务人在非税收入征收时平等付出；其次，权利人在非税收入支出时平等受益；最后，关于程序方面的同等条件平等对待。

非税收入公平原则体现为横向公平和纵向公平两个方面。横向公平体现为在整个财政收入体系中，税收收入与非税收入的比重应该有一个总量平衡。相比较而言，由于非税收入在征收程序和立法层次上低于税收，所以其比重在整个国家财政收入中应处于补充性地位。另外，不同地区的非税收入征收对象的负担能力不同，所以要根据不同地区和层级来进行合理征收。这也是量能课税原则在非税领域的体现。例如一些证照的成本费，针对社会弱势群体可以予以一定减免。纵向公平体现为非税收入的分级管理和纵向平衡。从各国非税收入的比较看来，不论是发达国家还是发展中国家，政府层级越低，非税收入比重越高。前文已经论述，非税收入是对特定对象提供的准公共产品或者基于国家所有权的收益，基层政府往往是这些准公共产品的提供者和基础设施发展义务的承担者，所以越是基层政府越是依赖于这些非税收入。

当前，我国非税收入征管中不平等问题并没有得到有效解决，若不能实现平等对待缴税对象的话，必然就会导致我国的非税收入体系趋于不平等，它不仅威胁我国社会主义法治建设，而且更会加剧社会的贫富差距。因此，为了维护社会公平正义，必须强调非税收入征管的平等性。但是，我们也不能片面地看待平等问题，平等不同于均等，均等强调的是无条件的、绝对的整齐划一，而平等则是一种有条件的、有差异的。运用到非税收入征管中，就是强调按照相对人受益程度来征收其相应的费用，非税收入征管中的平等原则仅限于非税收入相对人之间的平等，而不是包括这些相对人之外的社会群体，因为它体现的是直接受益付费，所以政府收费部门不可以向没有享受到公共服务或公共物品的群体或个人收费。

（五）非税效率原则

从1994年1月1日起，我国实行分税制预算管理体制。自从实行分税制后，我国就一直存在一定程度的地方政府财政收入和事权不平衡问题，为此国务院将部分收费权授予地方政府，目的在于保障地方政府的财政收入效率。但是，这一措施实施后地方征收项目的数量大幅度非正常化增加。据财政部1995年统计，中央政府及有关部门批准的收费项目共369项（272项纳入预算外，97项纳入预算内）。省级政府及有关部门的收费和基金项目则更多，据估计项目达千余个，金额达2000亿元。这些项目大多以部门规章和红头文件的形式出现。

除此之外，我国非税收入的重心在于地方政府，征收的标准和依据不统一，财政部门同时享有征收权和决定权，非税收入没有独立的部门管理，从而无法保证非税收入的征收效率。不论是税收还是非税收入，既然同样承担筹集财政收入的功能，就不得不考虑成本与收益的问题，即以最小的成本获得最大收益。因此，在非税收入中，我们可以从以下方面确定非税收入效率原则。第一，整合非税收入的项目分类，便利征收行为。将大量无序的收费项目根据各自的特点和功能，进行合理科学地分类和清理，使它们各得其所，取消不合法和不合理的乱收费。第二，优化非税收入部门。各级政府依法设立专门的非税征管部门，把非税收入的征收权和决定权交由相互独立的两个部门行使，统一确定合适的征收标准，加强部门内部和上下级之间的监督和制约。从非税征管划转实践来看，统一由税务部门来征收非税收入是提高非税收入征收效率的有效方式。第三，考虑缴纳者的经济负担。政府在依法增设非税收入时，不应给生产经营者和公民设置过多的缴纳事项和过分干预市场经济的发展，征收部门要遵循比例原则，以最小的成本实现利益最大化。在减税降费优化营商环境的今天，适当降低非税收入的标准是一条可行的思路。

（六）非税透明原则

实行全口径预算管理，是建立现代财政制度的基本前提。收入是全口径的，不仅包括税收和收费，还包括国有资本经营收入、政府性基金收入等。虽然新《预算法》提出了全口径预算管理要求，但是在实践操作中，大量的非税收入，尤其是政府性基金收入等项目，其管理方式仍然同税收收入有较大区别。非税收入的制定程序缺少公众积极参与，无法发挥公众对非税收入的征收行为的监督作用。大部分非税收入立法程序和信息不公开，不可避免地会导致征收范围、主体等方面发生混乱。

社会契约论主张个人的财产和自由都应得到保障，而政府应对人民负责，合法行使权力。针对非税收入中政府部门与公众之间的信息不对称问题，我们可以基于社会契约论和人民主权论建立非税透明度原则来解决①。首先，非税收入立法应该公开透明。每项非税收入的决定都应该进行公开的听证程序，广泛听取相关利益者及公众意见，政府在此基础上进行科学决策。其次，建立非税收入信息公开制度，实现非税收入透明，向公众公开所有合法的非税收入项目及其项目要素。通过建立多样化的公开渠道减少人们获取信息的困难，确保所公开信息的准确、真实和有效，并且加强公众参与，通过权利制约权力，进而推进国家治理体系和治理能力现代化。最后，对于非税收入的使用情况应该向社会公开。可以借鉴国外先进经验，对非税收入的使用情形在网上予以定期公布，方便公众了解。

二、非税收入管理法制化的目标

（一）近期目标

到“十四五”完成时期实现“有法可依”。全面落实中共中央办公厅、国务院办公厅《关于进一步深化税收征管改革意见》，分步稳妥推进非税收入管理规范化、法制化，包括非税收入征收管理、使用管理、监督管理的规范化、法制化以及行政事业性收费收入管理、我国政府基金管理、我国国有资产管理的规范化、法制化。到2025年，为实现“社会民主法治更加健全”“国家各方面工作法治化”目标，尽快出台能够覆盖非税收入征收管理各个环节的“非税收入征收管理条例”，规范非税收入的立项、征缴、征收条件、征收标准、征收对象、监管等，改变目前中央层面非税收入立法层次过低、地方征管部门在具体的征收执法中缺乏相应法律依据的现象。目前，按照“一非税收入一法律法规”进行立法显然工作量太大，可行性不高。如果“非税收入征收管理条

① 张学博：《财政透明度规则：国家治理现代化的现实路径》，《天津行政学院学报》2017年第3期。

例”得以出台，可进一步按照财政部划分的12类非税收入分别出台法律层级较高的各类非税收入管理条例，以尽快提升非税收入法律法规的层级，保障非税收入“有法可依，有章可循”。

（二）中期目标

到2035年基本实现非税收入“科学立法、严格执法、公正司法、全民守法”的法治目标，匹配我国“基本建成法治国家、法治政府、法治社会”的法治中国目标。非税收入管理为适应这一目标必须加快法制化脚步。首先，“非税收入征收管理条例”应该在国务院立法的基础上上升为全国人大立法；其次，经过一定时期的管理实践总结，应该以法律形式界定非税收入的概念，将非税收入写入《预算法》中，为征管部门提供最高层级的法律支持。最后，可以将比较成熟、争议性小的行政法规以及部门规章上升为法律，按照非税收入的类型制定相对应的实体法律，如“行政事业性收费法”“政府性基金法”“罚没收入法”等。

（三）远期目标

到2050年全面实现非税收入“科学立法、严格执法、公正司法、全民守法”的法治目标，匹配我国“全面建成法治国家、法治政府、法治社会”的法治中国目标。到2050年，我国要“全面建成富强民主文明和谐美丽的社会主义现代化国家”。为此，在初步构建和完善我国非税收入管理法制体系后，随着依法治国进程的深入和对国家治理能力现代化要求的逐步提高，要完善非税收入法制化环境。在已经制定“非税收入管理法”以及各项非税收入实体法的基础上，首先，应该做到费改税应改尽改，非税收入划转税务部门征收基本完成，最终收支体系完全分开，真正实现“收支两条线”，进一步推动我国高质量发展战略目标的实现；其次，随着互联网在我国的飞速发展与高新技术在财税领域的革新应用，非税收入征管也应该完全实现程序化、法制化以及电子化。

第二节 非税收入管理法制化路径

一、完善非税收入管理法律法规

党的十八大以来，我国中央和地方财政关系的改革发展取得了明显成效。进入新发展阶段，党中央从国家治理的高度将其作为全面深化改革的一项重点工作加快推进，调动了各方面积极性，为我国经济社会发展营造了更加公平有效的环境。在我国的历史转型期，法制缺位问题非常突出，尤其是非税收入管理当中，甚至可以说法制缺位已变成了限制非税收入管理及其法制化良性运行的桎梏。进一步推进我国非税收入征管的法律制度建设已是当前的首要任务。

完整健全的法律规章制度体系是法制化的基础和前提。没有完善的法律制度体系作为基础和保障，非税法制化就无从谈起。在财税改革的大背景下，全面推进财税科学化、精细化管理，更好地为国聚财、为民收税（费）既是时代的要求，也是推进国家治理体系和治理能力现代化的必然要求。党的十九大报告提出："加快建立现代财政制度，建立权责清晰、财力协调、区域均衡的中央和地方财政关系。"党的二十大报告进一步提出："健全现代预算制度，优化税制结构，完善财政转移支付体系"。所以，推动非税收入管理法制化是建立现代财政制度的必然要求，而实现非税收入管理法制化首先要完善与非税收入及其管理相关的法律法规。所以，要实现非税收入的科学化、规范化管理，变革现有的非税收入管理机制，必然要立法先行，建立我国的非税收入立法体系。

国际上非税收入立法通常有三种模式，即中央与地方分立并行模式、中央集权立法模式和中央集权为主、地方补充为辅的立法模式。中央和地方分立并行的立法模式普遍存在于联邦制国家，中央政府和地方政府均享有非税收入的立法权，以美国和加拿大为典型代表。与联邦制国家不同的是日本作为中央财政权较为集中的国家，在非税收入领域的纵向立法权配置相对集中，表现在财政立法权集中和财政执行权分散、财政收入主要向上级政府集中而支出使用向下级政府分散的模式。

我国的税收立法权与非税收入立法权原则上应该集中在中央层面，但是随着地方各项准公共产品和服务需求的日益增长，地方财政压力不断增大，如果过分限制地方政府的财政权限，不利于地方经济的发展以及政府职能的实现。基于中国改革开放四十多年的实践，兼顾财政资源的有效管理和高效配置，建议实行“中央集权为主，地方补充为辅”的混合立法模式。具体而言，我们应该主要从以下三个制度层次优化我国非税收入征管法制体系：

首先，在国家或中央法律法规层面上，国家或中央应该尽快制定“政府非税收入征收管理法”，明确政府非税收入的概念、性质、范围、管理原则、管理部门、管理权限、资金解缴、预决算编制及监督检查等内容，与现行的《预算法》《会计法》和《税收征管法》等相配套[①]。就法律的定位而言，“政府非税收入征收管理法”属于程序法层面，通过对非税收入征管的相关事项进行严格规范，促使确保非税收入征管活动严格依法行政，进而保障非税收入应收尽收，避免国有资产的非正常流失。与此同时，我们还应制定“政府非税收入票据管理条例”，对非税收入票据的种类、票据的印制以及票据的使用等方面进行详细规定。其中，非税收入票据的使用应该细化为非税收入票据的申领、审批、开具、稽核、保存以及将销毁等各个环节，进而确保非税收入票据使用的规范化、标准化、法制化[②]。此外，还应根据非税收入的种类分别制定相应的管理条例，具体包括“行政事业性收费管理条例”“政府性基金管理条例”“罚没收入管理条例”“国有资源有偿使用收入管理条例”“国有资产收益管理条例”以及“彩票公益金收入管理条例”等。

其次，在政府部门规章层面，地方政府非税收入征管的专职部门必须依据上级的要求，在不与上面的法律法规相冲突的前提下，积极推进本部门的征收管理制度体系的构建，逐步出台一套包含预算、执行以及监督制度等在内的制度。制定“政府非税收入审批规定”，分别对十二类非税收入进行规定，对

---

① 马骏：《中国公共预算改革的目标选择：近期目标与远期目标》，《中央财经大学学报》2005年第10期。

② 马洪范、蒋义：《政府非税收入管理国际经验及借鉴》，《地方财政研究》2009年第9期。

于诸如行政事业性收费和政府性基金等需要进行立项的非税收入，必须对其审批的主体、条件以及时限作出详尽性规定；对于国有资产（资源）有偿使用收入、彩票公益金等不需报请审批的部分，必须明确规定其具体计算方法、范围以及界限等。制定“政府非税收入预算和国库管理规定”，明确规定非税收入属于政府预算管理的范畴，取消财政专户，将非税收入全部纳入到政府预算管理之中并直接上缴国库。同时，对非税收入的立项、定标、征收以及使用等各环节作出明确而严格的制度性规定。

最后，在地方性法律制度层面，地方政府应该把握中央关于非税收入征管相关法律制度的宗旨，学习先进省份财税体制改革的经验，并结合本地区的具体情况，建立健全地方性的非税收入征管的法规、规章、条例以及制度。由于全国各地的情况不同，不应该追求统一模式，应遵循渐进而不是激进的原则推进法制建设，同时也应该树立这样的理念：立法比不立法好，早立法比晚立法好。在此基础上，最终建设一套涵盖从中央到地方、从宏观到微观的关于非税收入征管的法律制度体系，进而为非税收入管理法制化提供法制基础。

二、培育非税收入管理法治观念

法治之路并不止于法制，“徒法不足以自行”。从现实来看，即便是在法律法规完善的地方，违法违规的行为还是难以得到有效地遏制。“法律的生命力在于实施。当前，遵循法治规律，弘扬法治精神，注重宪法和法律实施，对于贯彻落实全面推进依法治国、加快建设社会主义法治国家的战略部署，具有重要的理论和现实意义”[①]。因此，推进我国非税收入管理法制化，必须转变旧有的非税收入征管理念，树立法治思维。

在非税收入征管领域培养法治理念主要从以下几点着手：

第一，必须树立非税收入是国家财政收入组成部分的思想观念。从已有实践和理论来看，非税收入对于经济社会的发展是非常必要的，而且它既是政府财政体系的重要组成部分，又是国家收入分配体系的关键部分，由于非税收入特有的优点发挥着政府正式税收难以匹敌的功能和作用。因而，当前不是因

---

① 孙国峰：《政府非税收入的立法探讨》，《天津经济》2007年第10期。

噎废食地限制非税收入的增长和发展，更重要的是要发挥非税收入的正效应和积极作用，这就要求树立非税收入属于我国财政管理的理念，培养起同等地重视和规范非税收入征管和规范政府税收征管的观念。这种观念有利于推进我国非税收入征管纳入到规范化、常态化、法治化的发展框架之中，进而促进国家和社会的稳定与发展。

第二，要培养在讲大局基础上的法律至上意识。因为非税收入种类结构、增长速度以及规模等与政府经济社会发展息息相关，因此应该从经济社会发展的大局视角来对非税收入征管工作进行权衡，明确政府在市场、社会中的正确定位，在非税收入征管过程中树立起法治至上的信念，坚决杜绝“多收乱收滥收”的行为，必须清除非税收入征管中“按需取费”以及“以支定收”的思想信念，避免地方保护主义、本位主义和分散主义等观念的滋生和泛滥。

第三，政府部门及其工作人员必须根除部门“小金库”的落后思想，逐步树立起非税收入的“所有权归国家、使用权归政府、管理权在财政”的观念。根据非税收入的本质属性，这些资金（行政事业性收费、罚没收入等）是属于政府财政的资金，而不是归政府部门所有的收入资金，唯有这样才能实现对全部非税收入进行法治化征管。

总体来看，我们今后要养成以上理念必须以坚定的法治信仰为前提，而要养成法律至上的信仰，就有必要加强非税收入征管的法治宣传。当前应创新地运用各种宣传手段，传统媒体和新媒体、线上和线下相辅相成，向政府工作人员和社会公众普及非税收入的范围、征收方式、相应责任等方面的法律知识，进而形成全民熟悉法律、善于运用法律以及自觉遵守法律的良好社会风气，为推进我国非税收入管理法制化创造坚实的心理基础。

三、健全非税收入管理监督体系

面对权力二重性的根本属性，每个政治组织都会积极地采取各种措施防止权力被滥用。但是，仅仅靠静态的法律法规难以真正限制动态的公共权力，要将权力的运行限制在法律的框架内，还必须进一步加强对权力的监督。可以说，我国非税收入征管法治程度低下的原因之一便是监督机制的缺位，违法违规行为没有得到应有的查处，违法收益很高而其成本却比较低，由此导致政府部门及其官员在行使相应权力谋取私利时更加肆无忌惮。因此，要清除非税收入征管过程中的“三乱”等问题，就必须建立健全非税收入征管的监督机制。非税收入征管相关的工作程序、项目运行等都需要有法可依、有法必依，有利于对非税收入征管进行监督所提供的法律支撑，特别是应该逐步完善与非税收入征管相应的监督法规，监督只有依法而行才能具有足够的效力。

近年来，随着经济社会的不断发展，我国已形成了包括人大立法监督、行政监督、司法监督以及审计监督在内的监督体系。未来应进一步加强各个监督主体之间的相互配合，避免出现监督真空，发挥监督体系的整体效应，进而促进我国非税收入管理法制化进程。建立健全财政部门对非税收入稽查、举报以及违规处罚等方面的监督管理制度①。进一步加强非税收入检查职能，严厉打击偷逃非税收入的行为，通过各种新闻媒体曝光非税收入征管中存在的乱收、乱罚、乱用、应征不征、应罚不罚以及随意减免的违纪现象，并依法严厉处罚；建立健全定期向人大报告非税收入征管相关情况的制度，自觉接受人大的监督；进一步加强审计部门对非税收入收支情况的监督检查；加大社会监督的广度和力度，政府必须定期向社会公开本地区行政事业收费和政府性基金等方面的具体信息，方便广大人民群众查询，积极接受社会舆论监督。

总的说来，完善非税收入管理的监督机制主要从以下三个方面进行：

首先，强化对非税收入管理的事前监督。可以说这一环节是最为重要的，由于它控制着非税收入征管的入口部分，因此能够从源头上防止和根除非税收入征管的不规范问题，必须重点对之进行优化。例如，在非税收入的立项、收费标准纳入到政府预算草案之前，政府必须按时召开公众听证会，邀请专家、社会公众对设置项目的必要性、可行性等内容进行协商式论证，只有在会议达成共识的项目才能够立项。而且，这些议案在提交人民代表大会之后，人民代表大会也必须依法对这些议案进行再次的审议。此外，为了提高我国政府预算编制的法治化、民主化以及科学化，应该逐步建立健全预算定额与支付授权等方面的审批制度。

其次，强化对非税收入征管的事中监督。在这一过程中，特别要重视建

---

① 徐汉明：《法治的核心是宪法和法律的实施》，《中国法学》2013年第1期。

设和利用好非税收入征管的信息系统，把所有的非税收入征管的基本信息纳入到信息管理系统当中，将全部非税收入征管活动中的参与部门（包括执收单位、代收银行等机构）纳入到非税收入征管的网络监管平台之中，利用现代信息技术对非税收入征管的各个环节开展全程、全方位的监控，通过缴费过程网上留痕迅速找出问题的原因，进而对症下药有效地解决问题。“严格票据管控可以规范非税票据形式，阻止假冒票据流通，遏制截留、挪用非税收入的行为……推进收缴改革，除严格票据管控之外，还要提升信息化水平”[①]。此外，还要建立健全非税收入征管的审计制度，将非税收入审计全面纳入到政府审计的范畴之中[②]。

最后，完善对非税收入征管的事后监督。事后监督更多的是针对违规行为暴露之后的处置，控制着非税收入征管的监督体制机制的出口环节，监督非税收入资金的使用情况，防止功亏于最后一环，因而事后监督也是监督的关键环节。在这一环节，必须对非税收入资金的使用开展强有力的监督。非税收入征管的事后监督主要有如下重点：监督审查非税收入的资金使用情况如何，有没有出现诸如无效浪费、挪用以及贪污等问题，政府的专项资金有没有真正地实现专款专用等。

四、持续深化财税体制改革

中国是大国，人口多，各地情况不一，国家治理需要特别强调发挥中央和地方两个积极性，必须处理好中央和地方财政关系。2022年6月，国务院办公厅印发《关于进一步推进省以下财政体制改革的指导意见》，明确提出了省以下财政体制改革的目标。按照深化财税体制改革和建立现代财政制度的总体要求，进一步理顺省以下政府间财政关系，建立健全权责配置更为合理、收入划分更加规范、财力分布相对均衡、基层保障更加有力的省以下财政体制，促进加快建设全国统一大市场，推进基本公共服务均等化，推动高质量发展，为全面建设社会主义现代化国家提供坚实保障。

---

① 王宏霞、马宗平：《加强非税收入管理的几点建议》，《财会研究》2010年第4期。

② 白宇飞、张紫娟：《地方政府非税收入困态摆脱路径研究》，《财政研究》2015年第9期。

非税收入作为政府财税收入的重要组成部分，同时是我国现行财税体制的重要要素。党的二十大报告在部署构建高水平社会主义市场经济体制中，强调要“健全现代预算制度”。财税体制是社会主义市场经济体制的重要组成部分，而预算制度改革则为深化财税体制改革的首要内容。党中央对健全现代预算制度进行重要部署，对推进国家治理体系和治理能力现代化意义重大。当前，中国预算改革的重点还是建立控制取向的现代公共预算制度。因此，要推进非税收入管理的法制化进程，就必须进一步完善和优化现行财税体制。

首先，进一步优化地方税收体系。要推进非税收入管理的法制化进程，就必须优化现行财政体制，而合理的地方税收收入体系则是政府财税体制改革的基本前提。由于各地具体情况各异，难以通过中央政府来统一设置地方税种立法，因为中央无力收集和处理如此庞大的动态信息，更不可能设置出一个包容所有地区差异的改革方案，因此，现实中制定出来的非税收入立法往往难以符合各地实情的，甚至可能会阻碍地方经济社会的发展。所以，中央政府应该保障地方政府拥有相对独立的地方税立法权，依据事权财权相匹配的原则赋予地方政府适当的税收立法权。同时，应该保障地方选择地方税主体税种的权力。为了能将地方公共服务及公共产品的成本与收益相挂钩，应该赋予地方税主体税种税基广、资金稳定以及规模大等特点，实践中应尽快立法开征房地产税，让房地产税成为地方税的主体税种之一。

其次，进一步完善非税收入征管权限的分配。依据受益、效率等财政的基本原则，“将政府公共管理性事务、公共产品和公共服务供给在各级政府间进行重新划分。属于全国性的，应由中央财政承担；属于跨区域性的，应实行地方为主、中央为辅的分担机制；属于区域内的，则由地方财政承担”[①]。同时，逐步给地方政府下放适当的关于非税收入立项权、标准制定权以及使用权等。此外，逐步推进非税收入征管的分成政策调整。在中央与地方共享税方面，要根据经济发展情况逐步增加地方在财税体制中的分成比例，以此激发地方政府推进非税收入管理法制化的积极性。

---

① 马骏：《中国预算改革的政治学：成就与困惑》，《中山大学学报（社会科学版）》2007年第3期。

再次，重新理顺我国中央与地方的分配关系。为了扭转中央和地方在财力和事权之间的不对等问题，应该依据事权和财权相匹配的原则，进一步优化中央与地方的非税收入分成管理。对于可以取消的中央分成部分（例如证书工本费等），应该尽快取消以简化其财政分配体制；对于所属权层面上属于中央政府的非税收入（例如跨区域的资源收费等），可先行将这些资金全部上缴到中央政府，然后中央政府再依据资源补偿原则以一定比例返还给地方政府；对于确实应该保留的分成收入部分，应该建立健全上下级政府财政之间解缴的严格、规范的程序，清除分别解缴的问题。

最后，进一步优化现行的财政转移支付制度。实现政府间基本公共服务能力均等化是转移支付制度规范化的重要目的。当前我国的财政转移支付体制还有诸多问题没有得到解决，例如，纵向转移支付结构和横向转移支付机制都存在不规范的问题，以权谋私、中饱私囊等现象仍大量存在于财政转移支付的过程之中。因此，应该逐步强化政府的宏观调控能力，建立健全财政转移支付的法律法规，尽快出台“财政转移支付法”，明确规定财政转移支付的程序、模式以及标准等内容，简化规章和程序，逐步改变过去依据基数法来确定政府税收返还的模式，转而采用更加科学的“因素法”。

五、加大政府职能转变力度

针对我国非税收入管理中存在的行政管理体制改革滞后等突出问题，需要进一步理顺政府与社会、政府与市场之间以及政府内部之间的关系，加快加大政府职能转变力度。

首先，理顺国家与社会、政府与市场的关系，明确政府的角色定位。随着社会主义市场经济的不断发展，市场在资源配置中的基础性调节作用逐渐增强，微观经济主体的自我管理能力也不断提升，但它们对经济发展的外部环境却无可奈何。甚至可以说，公共物品供求失衡与管理不规范是催生公共服务领域中乱收费现象的温床。因此，政府应该退出社会、市场能够自行解决问题的领域，而把自己放在协助社会、市场解决它们不能解决的问题领域。由于计划经济体制的路径依赖，我国全能型政府的观念尚未能完全转变过来，导致政府管了许多“不该管、管不了、管不好”的事务，这不仅抑制了社会与市场的发展，也使得自身职能过于膨胀，导致政府支出日益增大。正式的政府税收无法保证其支出规模，因此只能扩大非税收入的征收力度和范围，这或许便是非税收入中乱象纷呈的原因之一。因此，政府应该逐渐退出竞争性的领域，专注于其非营利性的公共领域。明确政府的社会事业管理职责权限，推动社会力量建设、经营和管理社会事业，实现资金来源多元化、约束多元化、管理科学化。大力培育企业组织，发挥市场在资源配置的决定性作用，使得企业成为真正的市场主体。

其次，明确合理地规定各级政府的事权，尽力克服“职责同构”问题。必须组建专家小组经过科学论证，结合实地调查，进而对政府间事权进行科学划分，并通过明确的法律法规对各级政府的事权进行清晰规定。具体来说，对各级政府的事权或职责必须科学且具操作性，尤其是在不同政府共享的事务领域，必须尽可能地避免出现职责重叠交叉的问题。此外，还应该规范好各级政府之间事权的划分标准。依据所提供的公共服务或公共产品的本质特征，中央政府负责供给全国性的公共服务或公共产品，而地方政府则负责供给区域性或地方性的公共服务或公共产品，中央和地方双方一起负责跨地区的公共服务或公共产品的供给。

最后，进一步推进我国行政机构改革。在明确政府与社会和市场的关系之后，就能够减少部分政府的职能，也只有在政府职能减少的前提下，政府机构改革才有可能取得良好的成效。优化当前非税收入征管的政府机构体系，合并职能相近的征管机构，可由税务机关代为征收的部分非税收入，则无须另设机构进行征收，对于税务机关不能代征的部分非税收入，即应设置专门的非税收入征管机构，且依法明确其相应的职责和权限，改变过去“九龙治水水不治”的问题，避免机构之间重复建设、互相推诿等现象。此外，地方政府应该进一步加强与人民银行相关分支机构合作的程度，建立健全非税收入资金银行账户管理与信息共享的体制机制，清除私自设立银行过渡账户等积弊，避免国家财产的非正常流失。按照机构改革对非税收入征管机构中的工作人员进行合理安置，不可私自乱征收费用，一经发现必须严肃处理。通过以上举措，使得政府机构改革倒逼非税收入管理法制化。

第三节　确立政府非税收入法定原则的对策与建议

非税收入的资金筹集是国家机关行使公共权力的一种方式，而非税收入的设立和变更则体现国家意志。加快非税收入的立法进程是建设法治中国的重要内容。要坚持收费法定原则，将法治思维运用到各项改革事业中；要制定统一的非税收入管理条例，从项目审批、标准制定、征收管理、财政分配、资金使用等方面着手，将非税收入纳入社会监督体系，体现依法治国的目标，从而构建非税收入治理新格局。

一、确立政府性基金收入法定的对策与建议

为提高政府性基金征收管理的法制化水平，应制定政府性基金法，完善政府性基金预算的编制方法，合理确定政府性基金使用范围，并加强责任追究和建立法律救济机制。

（一）制定政府性基金法

政府性基金立法对加快财税体制改革，建立财政权力的约束与监督机制具有很好的示范作用，能够有效地保障政府性基金缴费主体的财产权，实现特定经济社会政策目标。同时，政府性基金法也能很好地解决现行政府性基金缴费义务无法律依据的问题。因此，现阶段，政府性基金立法条件已经成熟。我国虽然已经对政府性基金有多方面的规制，但效果并不明显。政府性基金立法模式可采用专门立法模式，专门制定“政府性基金法”，统一规定政府性基金的法律制度。

基于现有的问题，制定“政府性基金法”需要着重明确政府性基金的征收金额和征收时限。相较于支持政府日常性支出的税收，政府性基金更易于实施，更符合公共财政要求的以支定收的征收原则。因此，应在适当的时机对现有政府性基金进行清理，对于那些达到了预定征收金额、征收年限，甚至连续

多年结余的基金，都应当及时停止，以免成为企业的长期负担；对那些征收金额极小的基金，要及时取消，避免“收费养人”的现象[①]。

但如果只是对政府性基金进行基本立法，必然会导致模糊授权，对征收机关或地方政府没有很强的法律规制效力，使得政府性基金缴费义务人的合法权利不能得到保障。因此，针对目前政府性基金反映出的种种问题，还需要通过立法对政府性基金项目的制定以及政府性基金征收主体两大方面进行规制。

在政府性基金项目的制定方面，政府性基金具体征收项目应由中央政府制定后报全国人大审定批准，并向社会征求意见。同时，取消其他法律法规对政府性基金的设立权。政府性基金项目具体确定流程可以由国务院依据政府性基金课征要件制定具体项目报全国人大审定，并由全国人大公布目录，以实现政府性基金由中央政府和全国人大共同负责[②]。

在政府性基金征收主体的规制方面，通过立法形式明确财政部门作为征收政府性基金的唯一职能管理部门，成为唯一的征收主体。考虑到征收实际，国务院可授权或委托税务部门作为政府性基金的代征主体，但所征资金须归财政部门管理，而不宜由税务机关委托代征收的政府性基金只能由财政部门征收。同时，考虑到事业单位的职能转变以及企业和社会团体在市场经济中的地位，应该取消事业单位、企业和社会团体的政府性基金的征收主体资格。

（二）完善政府性基金预算的编制方法

当前，政府性基金相关法律制度尚不完备，关于政府性基金预算的法律只散见于我国《预算法》中的一些简略规定，政府性基金预算法及其具体的管理条例是当前我国所缺少的。在专家论证、调研的基础上制定出一套切实可行的法律制度，真正做到“有法可依”是我国政府性基金预算最重要的起点。

编制方法是政府性基金预算的编制前提，方法是否得当决定了预算过程及其支出过程的问题多少。目前我国对政府性基金预算的编制方式采用列收列支的方式，且在上年度预算整体情况的基础上采取基数加增长的方式。而在我

---

① 陈融：《我国政府性基金法律问题探讨》，《政治与法律》2013年第1期。

② 胡兰玲、曹玉雯：《我国政府性基金设立制度研究以国家重大水利工程建设基金为视角》，《河北法学》2014年第32期。

国政府性基金每年都有可能发生变化的基础上，未具体细化的情况也是经常之事，这也是目前我国所有的预算编制方法中所出现的问题。因此，针对政府性基金可考虑采用增量预算编制。其优点包括：减少了预算编制主体每年编制基金预算的工作任务，减轻相关部门的负担；避免各项生产经营业务和日常各级各部门的各项管理工作产生剧烈的波动。预算是稳步提升的，变化是循序渐进的。预算的编制主体能够在一个稳定的基础上编制他们的部门预算情况，编制系统相对容易操作和理解，容易实现协调预算。

（三）合理确定政府性基金使用范围

首先，应当确立政府性基金专款专用的基本原则。这是合理确定政府性基金使用范围的首要原则，也是与其他财政支出的区别之一。专款专用的使用原则也能规范基金的预算，避免基金使用单位将基金随意挪作他用。

其次，政府性基金使用与财政支出密切相关，应当受财政支出制度的制约。因此需要构建财政转移支付法律制度，从源头上遏制政府违法征收政府性基金行为。同时对各级政府的事权和财权的范围通过相应的法律程序加以规范。明确政府性基金是否可以设立质权，用作担保发行债券。还应当明确政府性基金是否能用作归还贷款本息的资金来源。同时应当明确规定政府性基金不得用于人员经费，使用单位的人员经费可通过财政其他拨款方式解决。

再次，基于目前政府性基金使用中呈现的涉及领域较广，并且各领域专业性较强、管理体系复杂等特征，立法机关在政府性基金法中不宜对其使用范围做过细的规定。因此，政府性基金的具体使用范围可以采用行政立法模式进行规制。除立法机关对政府性基金使用范围作原则性规定外，应当由政府性基金管理部门通过行政立法模式进行规范，这是补充立法机关对政府性基金使用范围立法不足的必要方式①。

最后，在政府性基金管理方面，为解决财政部门对政府性基金使用的自用自管的行政化、计划化的弊端，可通过行政立法，设立政府性基金专项投资公司，将政府性基金的使用从财政拨款方式转向市场方式，通过设立市场主体来专门管理政府性基金，财政部门只作为基金的使用监管单位。

---

① 何麒：《地方专项债运行机制及权责模式法律问题研究》，硕士学位论文，武汉大学，2018年。

（四）加强责任追究和法律救济机制

人大、财政、审计等监督机关对政府性基金征收行为的主动监督固然重要，但赋予缴纳义务人有效的救济权显得更加迫切。通过法定的程序有效地行使救济权，可以倒逼征收主体纠正违法行为，使政府性基金的征收行为回到法治的轨道。为畅通缴纳义务人的权利救济渠道，切实保证救济权，可以从以下几个方面入手。

第一，要强化人大监督职能，限时办理对抽象征收行为的申诉。抽象征收行为涉及面广、影响重大，往往以地方人民政府的名义作出。上级政府职能部门虽然可以在对口业务领域给予下级政府指导，但并不具有直接领导关系，而人大作为国家权力机关，有权撤销同级政府作出的不适当的决定。当前，人大职能的发挥还远未达到应有的程度，应当大力加强人大对政府性基金抽象征收行为的监督，制定具体的审查工作规则，接受社会举报和缴纳义务人的申诉，并对每一件申诉案件限时作出书面决定或回复。

第二，要完善行政复议制度，提高行政复议决定的质量。当前我国行政复议的受案范围限定在具体行政行为，但对于作出该具体行政行为所依据的规定可以一并进行审查。行政复议机关一般为实施具体征收行为的征收主体的同级政府或上级对口部门，具有上级行政机关对下级行政机关的监督性质。对于政府性基金具体征收行为的行政复议案件，一方面应当完善行政复议制度，排除部门利益干扰，保证复议审查的客观独立性。另一方面应当严格依法审查，提高行政复议决定的质量，对于不合法、不合理的具体征收行为要坚决予以纠正[①]。

第三，要扩大人民法院的受案范围，确保司法权不受行政权的干预。目前，人民法院对于行政诉讼的受案范围还十分有限，抽象行政行为未能纳入司法审查的范围，行政诉讼立案难的问题还十分突出。但对于政府性基金的设立依据是否充分、设立程序是否合法、是否超过执行期限等抽象征收行为，人民法院完全具备审查判断的能力，理应纳入人民法院司法审查的范围。因此，应当扩大人民法院受理行政诉讼案件的范围，将条件成熟的政府性基金抽象征收行为纳入司法审查，并结合我国司法体制改革进程，推动人民法院依法独立行

① 陈发源：《我国政府性基金法律制度研究》，博士学位论文，安徽大学，2012年。

使审判权[1]。

二、完善行政事业性收费法定的对策与建议

完善行政事业性收费法制化体系，应完善行政事业性收费的立法，加强行政事业性收费项目的管理，规范行政事业性收费的征收，严格行政事业性收费资金管理，并完善行政事业性收费监督制度。

（一）完善行政事业性收费的立法

目前国内暂未出台一部专门的法律来对行政事业性收费进行规范和约束，各类行政事业性收费行为均是以国务院及其有关部门或各地方政府的规范性文件为依据。缺少部门法的规范和监管，行政机关在行使这一权力时缺少指引，容易导致自立项目、提高收费标准、扩大收费范围等乱收费现象。当然，这不是在地方层面所能解决的问题，只能由国家来对行政事业性收费进行立法，特别是对收费的原则、项目的设定、收费的主体等方面进行法律上的限制和规范，如此才能进一步有效控制收费的随意性，将行政机关的收费权置于法律的监督之下，从根本上解决当前的收费乱象。

（二）加强行政事业性收费项目的管理

严格核定行政事业性收费项目，包括项目核定前的听取公众意见制度和项目设定后的评估制度。行政事业性收费涉及公民、法人和其他社会组织的切身利益，因此，公众参与应当成为设定行政事业性收费的一项原则。除了设定行政收费时，行政机关应当采取听证会、座谈会等形式专门听取行政事业性收费的利害关系人的意见外，还应对已设定的行政事业性收费进行后期评估，再次检验该项行政事业性收费是否必要。评估可通过设定机关对行政事业性收费进行定向重点评估或委托社会中介组织对行政事业性收费实施的社会效果进行评估；通过征收机关对某项行政事业性收费的实际征收情况和有关行政管理或资源配置等职能变化情况开展评估，也可以通过行政事业性收费相关人员对

---

① 贾向丽：《我国政府性基金设立的法律规制》，博士学位论文，山西财经大学，2015年。

行政事业性收费是否合理、收费标准和收费方式是否适当、征收机关是否履行职责等方面进行评议等方式进行评估。持续清理整顿现有收费项目。从目前情况来看，尽管经过多阶段的清理工作，行政事业性收费总额仍然较大，名目依然较多。清理整顿收费项目工作仍需继续开展。清理工作必须严格执行收费项目目录制度，对现行的收费，符合设定条件的、合理的保留，不符合设定条件的、不合理的坚决取缔。凡是没有法律法规规定可以收费的一律不得设立行政事业性收费项目，对没有法律法规依据且已经设立的行政事业性收费项目要坚决取消，责令收费单位立刻停止征收，维护社会公众的利益和行政事业性收费的权威。

科学设定行政事业性收费标准。要基于受益、公平、效率的原则，不断调整行政事业性收费的标准，防止收费标准制定的随意性。可以参考国外的经验，将“受益者负担”和“成本补偿”作为基本原则之一，结合不同类型的行政收费项目的特点来制定相关收费标准。如针对行政管理和公共服务的不同需求，来规定行政管理和公共服务类别收费标准，达到最终补偿成本的目的，并与社会承受能力相适应；资源补偿类收费标准则应当有利于促进环境保护、资源节约和有效利用。由于我国各地的经济社会发展水平不同，各地具体行政行为的成本和社会对行政事业性收费的承受能力也有差异，因此，应当由法律、行政法规规定全国统一的行政事业性收费标准。在没有统一规定的情况下，允许各地根据本地实际情况，制定行政事业性收费标准。此外，对行政事业性收费进行定期评估，关注收费单位的成本变化情况，全面了解企业社会公众的负担状况，若行政事业性收费的成本不高，社会面临的压力增加，可以依据“成本补偿”原则，制定适合的收费标准；相反地，当一项行政事业性收费成本升高、社会负担较轻时，要根据实际情况作出具体判断，调整收费标准符合实际，对行政事业性收费标准进行实时化和动态化调整，要改变之前收费单位处于被动的状况，采取多样性管理机制[①]。

（三）规范行政事业性收费的征收

行政事业性收费的征缴直接关系到公民的财产权益。目前，常用的行政

---

① 罗文：《行政事业性主收费清理及其价格监管研究以福建省为例》，《福建商学院学报》2018年第6期。

事业性收费方式是现场支付或银行代收。缴费方式不够高效便民，不仅影响了征收机构的工作效率，同样给缴费人的缴费成本带来影响，也无形中加大了缴费人的困难。伴随着经济日益发展，人们生活水平的提高，缴费方式也应向多元化发展，可采取现场收费、银行代收收费方式与现金支付、刷卡支付、网上支付的缴费方式相结合的原则，既可以现金缴费，也可以刷卡缴费，或推行网上办理缴费等多种方式，提高办事效率，也为民众提供方便①。

为了扶助社会弱势群体或者特殊利益群体，构建和谐社会，推进服务型政府建设，有必要从法律制度上赋予一部分人享有减征和免征、缓缴行政事业性收费的权利。通过建立一个相对完善的行政收费管理体系，分别规定实施减征和免征、缓缴的主体。如停止征收可作为取消收费项目前的一种过渡性措施，在收费项目取消或调整前，暂停向相对人征收相关费用；收费要考虑到收费对象的经济负担能力，不同经济状况的主体承担不同的收费，生活有困难的收费对象，可以享受减征或免征；对于因不可抗力导致收费对象无法在规定期限内缴纳行政事业性收费的，具备条件的缴费人可提供相关证明文件提出缓缴申请等②。

（四）严格行政事业性收费资金管理

管理好数额巨大的行政事业性收费资金，使行政事业性收费发挥出应有的补偿成本、优化资源、维护公平作用，是摆在行政事业性收费管理机构面前的一个重要课题。在行政事业性收费的管理方式方面，可借鉴发达国家的做法，对收费收入采取分类使用。

由于国外行政收费措施取得了巨大的成功，我国也可以采用专款专用的方式，杜绝原有行政事业性收费不规范的现象。收费单位对行政事业性收费的措施应该重点做出调整，促进收入与支出跳出相互关联的框架。行政事业性收费资金按照其性质实行分类使用，属于公共服务类和资源补偿类的行政事业性收费，只能用于发展有关的事业；属于行政管理类的行政事业性收费，在纳入财政预算管理后，最终财政部门发挥应有的作用，合理分配行政事业性收费，

---

① 贾小雷：《论我国行政事业性收费清理的法治化》，《中国矿业大学学报》2017年第19期。

② 朱琴：《新时期行政事业性收费管理体制改革》，《低碳世界》2016年第25期。

方便政府机关履行义务。与此同时，要重视政府集中采购制度和国库集中支付制度的完善，尽可能地避免收费单位泛滥性地收取资金，最终实现行政收费资金使用效率得到提升的目标[①]。

（五）完善行政事业性收费监督制度

要规范行政事业性收费行为，不仅需要完善有关法律法规进行规范，更重要的是强化监督机制。要建立行政事业性收费执法督查制和责任制，把行政事业性收费执法部门的行为置于有关机关和全社会的有效监督之下，促使收费主管部门认真、严肃地查处违规收费行为，并建立违法收费的责任追究制度。同时，要广泛发动社会力量加大对行政事业性收费的监管力度，提高全民的行政收费法制观念，扩大城市社区价格监督网络[②]。

加强财政部门对征收机构的监督。财政部门对征收机构的监督主要包括建立健全行政事业性收费的票据管理与稽查制度，对征收机构的行政收费收入是否分类使用、是否实行收费公示、是否使用法定的收费收据、是否按时入库等情况进行监督检查。建立财政专户制度，加强对预算外资金的审查监督。预算外资金的支出必须由同级财政部门按预算外资金收支计划和单位财务收支计划统筹安排，从财政专户中拨付，严格实行收支两条线管理。

加强价格部门对征收机构的监督。价格部门应在职能范围内，认真做好收费标准的审核和备案工作，严肃查处各种乱收费行为，特别是针对征收机构擅自扩大收费范围、擅自提高收费标准等违法收费行为，应当及时查处[③]。

加强审计部门对征收机构的监督。审计部门的作用主要是评价财政资金管理的好坏以及使用是否符合法律的规定，换个说法，就是审计部门相当于行政事业性收费项目的监督者，一切行为都受审计部门的制约。审计部门应对行政事业性收费具体的收支实践情况，特别是借助收费票据，对收费机关的账户、收费收入的收缴等情况采取审查监督，以规范收费行为。

---

① 李玮：《行政事业性收费管理问题及对策研究》，硕士学位论文，华南理工大学，2017年。

② 崔聪：《行政事业性收费管理问题研究》，硕士学位论文，山东大学，2016年。

③ 张燕：《涉企行政事业性收费的检察监督模式探索》，《人民法治》2019年第21期。

行政事业性收费的实施要接受公众的监督。行政机关应当继续加大政务信息公开的力度，公开有关行政事业性收费的各种信息，引导新闻媒体开展对行政事业性收费的监督，形成对行政事业性收费的强大舆论监督力量。另外，公民、法人和社会组织发现有关行政事业性收费违法行为的，有权向有管辖权的财政、价格、审计或监察部门进行举报投诉。相关部门在接到投诉、举报后，应当及时处理，并将处理结果回复举报投诉人。

三、完善罚没收入法定的对策与建议

法律制度是社会治理的基础，美国、新加坡、加拿大的罚没收入在相对完善的法律制度的支撑下实现了有效管理。与这些国家相比，我国罚没收入的法制化建设相对落后，缺乏法律层次的相关规范文件，造成罚没收入在征收、使用及监督等方面缺乏必要的依据。因此，为了解决现存的许多问题，应当加快罚没收入的法制化进程，将其纳入更加规范的运行轨道，使其回归维护社会正义与公平的职能。我国罚没收入的法律制度建构并不能在一朝一夕完成，需要循序渐进，逐步完善罚没收入的法律法规。

（一）构建和完善罚没收入法律体系框架

顶层设计对于一项具体制度的制定是必不可少的，如果缺乏框架体系的构建，那么具体制度的完善也将成为无本之木。探求罚没收入的法制化路径，首先需要初步构建和完善相关法律治理框架，然后在此基础之上细化相关制度，才能获得罚没收入法制建设的真谛。

应对罚没收入的概念作出明确的界定，分类规范各种罚没的征收依据、性质和功能，从中归纳出这些类别的罚没收入在项目设立、征收机构、征收标准和资金使用方面的共性，然后初步统一构建一个尽可能覆盖各类罚没收入的法律框架。鉴于我国罚没项目的复杂性和各地方性法规的矛盾性，该法律框架的构建可以给各类罚没收入一定的缓冲期，在缓冲期内通过逐步整改而渐次吸收和纳入各类项目。具体来看，立法的主要形式或类型和立法层级应首先确定下来。用法律的形式进行规制是较为理想的目标，法律层级高、权威性强，对各类行政法规、部门规章和地方性法规能起到很好的指导和修正作用。但鉴于我国政府对包括罚没收入在内的非税收入领域问题的重视度无法和税收相比，在全国人大紧密的立法规划里尚无非税收入立法的踪影，因此短时期内出台非税收入方面的法律面临很多问题。相反，由财政部制定的《政府非税收入管理办法》，优点是财政部是主管部门，最熟悉非税收入领域的现状和存在的问题，由其制定相关管理办法速度快、效率高、更有针对性，但此种规定法律效力层级较低、权威性不足，可能导致执行力有所欠缺。

因此，本书认为，国家出台宏观性的包括罚没收入在内的非税收入的法律规定，不但要考虑具体的规制内容，更应结合现实的立法环境和需要。从上文的分析可以看出，一步到位来制定法律的设想和屈就现实环境、追求“短平快”来制定部门规章的做法，都或多或少有其自身无法克服的弊端。目前来看，较为实际、更容易在各类利益主体中获得大致平衡和肯定的做法，应是采取近期、中期和远期，分三个阶段、分步骤稳妥推进的折中做法。首先，国务院应尽快出台类似于《政府非税收入管理办法》的行政法规，来对罚没收入进行进一步规制；其次，通过一定时期的运作，可以将比较成熟、争议性小的罚没收入法规上升为法律；最后，远期来看，当我国在罚没收入领域初步构建和完善了以程序性法律和实体性行政法规为主体的法律治理框架后，随着“依法治国”进程的深入，可以考虑制定一部全面的“非税收入法”作为引领一切非税收入法律法规的上位法。

（二）改进政府非税收入激励与约束机制

激励和约束是一个问题的两个方面，两者相辅相成，缺一不可。“激励起一个发动机的作用，约束起一个刹车的作用”①。为了修正“收支两条线”制度的缺陷，创建能够真正起到收支脱钩作用的激励与约束相容的机制，首先要确保财政部门有足够的经费拨付给执收执法单位，这需要改革罚没收入分成制度和建立科学合理的公共财政预算；其次，在制度重构的过程中，应根据罚没收入取得的总金额，在考核相关部门完成任务的基础上，要有对征收主体利益的刺激，以调动其收费的积极性，可考虑对完成预算的执收单位给予适当奖励。但是应当注意的是，对收费部门以前年度的收入考核首先应建立在合法收费的

---

① 钱颖一：《激励与约束》，《经济社会体制比较》1999年第5期。

基础上，对于那些违法和非正规的罚没收入应立即从考核的统计数据中剔除出去。同时，对该部门的奖励不能体现到收费人员的个人福利上，而只能由整个部门通过新一年预算开支的提升来改善软硬件设施和环境，从而有更充分的动机去加强罚没收入的监管。为保证激励与约束制度的正常运作，还需要通过构建和完善诸如有关部门在相关方面的收缴责任、成本补偿和奖励方面的财政规章，明确各部门的工作目标、任务和奖惩办法，从而切实地减少过度收费和收费不足两方面的现象。

（三）建立罚没收入管理基金，实现专款专用

虽然罚没收入规模的相关数据早在1998年就被我国统计年鉴收录，但罚没收入仍然没有相关法律文件引导其使用方向，从而致使罚没收入的使用环节无法实现公开透明、专款专用。为实现罚没收入使用环节的规范化，可以尝试通过建立罚没收入管理基金的方式，将足额上缴财政的罚没收入进行管理，并遵循公开透明、专款专用原则，将每一笔罚没收入合理运用于对违法行为的预防、对社会公众的教育以及补偿违法事件中的受害者等方面。

（四）建立健全监督制约机制

当前，罚没收入管理不规范、执罚权力行使部门及其工作人员违纪行为较多，其中一个主要原因是监督机制不完善，执罚权力人的违规行为不能得到相应的惩戒，对责任人及单位负责人的责任追究不严厉，无形中降低了违法成本。因此，应切实加强罚没收入监管。包括：财政主管单位监管、人大监督、社会各界监督、审计的监督检查等，从而形成较为完善的罚没收入监管制约机制，若罚没收入的资金使用出现违规操作，也能够及时发现、追究责任并对违规行为进行矫正，提高资金的使用效率。

四、完善国有资源资产有偿使用收入法定的对策与建议

完善国有资源资产有偿使用收入，应健全法律制度，统一实施国有资源有偿使用制度，厘清行政收费和政府基金的权益边界，合理定位资源税的征税目的，合理确定中央和地方对国有资源收益的分配关系，采用相互独立的财政

预算管理制度，纳入统一的政府预算体系，并实现专款专用。

（一）健全法律制度

法规管理具有强制性、规范性和稳定性。国有资源资产有偿使用收入征管法律法规体系的建立可以有效保障征管工作的运行。国有资源资产有偿使用收入征管必须以法律为基础，做到依法行政、依法征收、依法管理。我国资源性国有资产收益的管理制度不断完善，国家也相继出台了一些法规。但目前，虽然相关职能部门制定了一些规范性文件，但法律级次低，尚未制定统一的资源类非税收入征管方面的法律或行政法规，难以为征管执行提供充分保障。今后，应完善资源类非税收入征管方面的法律架构，如制定“资源类非税收入征管法”，就资源类非税收入征收主体、对象、范围、性质、分类、立项、征收标准、管理包括资金管理、支出范围、监督等作明确规定，尤其应明确资源类非税收入分成制度设计、财政统筹调剂等。同时，根据地方的需要，对现行资源类非税收入资金管理制度进行规范，对阻碍改革和不再适应经济社会发展的政策法规予以修改或废止；对有助于征收潜力挖掘、规范和完善国有资源资产有偿使用收入征管工作的政策法规，要尽快研究和决策制定，最终形成包括立项制度、审批制度、征收制度、预算制度、减免缓制度、监督制度在内的较为完备的资源类非税收入法规制度体系。

（二）统一实施国有资源有偿使用制度

首先，统一征收“国有资源租金收入”。将在征收目的上体现国家对国有资源所有权的各种收入形式，统一定名为“国有资源租金收入”。将原有资源通过公开拍卖的市场交易方式提供给出价最高者，收取租金，以维护宪法和法律赋予全体人民对于国有矿产资源的权益。对已经以无偿或低价占用国有矿产资源的，要分期逐步补征一定期限内的国有资源租金收入。

其次，统一征收“国有资源特别收益金”。对于从事资源开采的垄断性国有企业征收特别收益金，将其因垄断获得的超额利润收归国库，以防止其通过各种形式转化为实际经营者的利益。除了目前已经对石油开采行业征收石油特别收益金外，对其他从事国有资源开采的垄断性国有企业，就其因价格超过一定水平所获得的超额收入按比例相应征收“国有资源特别收益金”。

（三）合理定位资源税的征税目的

如果开征资源税是为了保护生态环境，那么就要考虑是否或者能在多大程度上改进生态环境，要有一个可量化的检验标准，才符合正当性并且具有可行性。如果开征资源税是为了调节企业的利润，那么就要明确调节的具体数量目标和期限，以保证该目标具有可检验性。如果开征资源税是为了地方政府筹集用于提供普遍性公共服务的收入，那么就要使本地居民成为实际的税负承担者，而不能将负担转嫁给其他地区居民。但要做到这一点，并不容易。在条件成熟时，将矿产资源补偿费纳入资源税制度框架，实行费改税。

（四）合理确定中央和地方对国有资源收益的分配关系

在厘清国有资源的所有者收益和特定利益主体收益的基础上，合理确定中央和地方政府对国有资源收益的分配关系。将国有资源租金收入和国有资源特别收益金划归中央政府，以充分体现全民所有者权益；对于地方政府通过行政收费和政府基金方式筹集的收入，划归地方政府；对于通过矿产资源补偿费和资源税等实现生态补偿目的的收入形式，结合环境损害的具体范围，确定中央、地方以及区域间政府共同分享的财政机制。

（五）采用相互独立的财政预算管理制度

由于来自国有资源的不同财政收入形式的征税目的不同，收入归属和用途不同，因此应该建立相互独立的财政预算管理制度。国有资源租金和特别收益金都属于国有资产所有权收益，应纳入国有资产经营预算范围；国有资源收费或基金要纳入政府性基金预算；资源税要专款专用，纳入政府专项基金预算管理。

（六）纳入统一的政府预算体系，实现专款专用

加强国有资源资产管理与预算管理、财务管理的结合，对国有资源资产有偿使用收入形成的可用财力，要纳入统一的政府预算体系。对国有资源资产有偿使用收入，财政部门除按规定安排相应的手续费（佣金）和补偿征收成本、管理费支出外，其余按照“取之于资源、用之于资源”的原则，主要用于国有资源的开发、建设和维护等支出。

第四节　非税收入管理法制化政策建议

当前，进一步推进非税收入法制化建设，要在以下五个方面做好理论准备、政策定位和实践探索。

一、优化非税收入职能定位，规范“非税收入”概念

非税收入并非“苛政猛于虎”。设计科学、管理透明、规范明确的非税收入是合理的、必要的，不仅为政府供给特定公共产品和服务提供可靠的收入来源，还可以促进公平和效率，优化资源配置，提高公共服务水平，调节收入分配，促进社会公平正义。

“非税收入”具体包含哪些内容，我国从法制层面上一直没有厘清。但理论界与实务界就其基本内涵已经取得共识：非税收入是政府收入的重要组成部分，是维持公共财政正常运行，促进公共事业发展的重要保障，是中央、地方分别筹集用于特定专门用途的财政性资金，是政府参与国民收入分配和再分配的一种非税形式。

从官方文件上看，对“非税收入”的理解在不同时期是不同的。2003年5月财政部、国家发展改革委等几个部门第一次对“非税收入”的范围作了一个较明确的界定，即中央部门和单位按照国家有关规定收取或取得的行政事业性收费、政府性基金、罚款和罚没收入、彩票公益金和发行费、国有资产经营收益、以政府名义接受的捐赠收入、主管部门集中收入等属于非税收入。2004年财政部给出了“非税收入”的明确定义，即非税收入是指除税收以外，由各级政府、国家机关、事业单位、代行政府职能的社会团体及其他组织依法利用政府权力、政府信誉、国家资源、国有资产或提供特定公共服务、准公共服务取得并用于满足社会公共需要或准公共需要的财政资金。按照这个理解，财政收入总体上分为税收收入和非税收入，一种收入形式如果不属于税收收入，就应该属于非税收入。但是，2016年财政部颁布的《政府非税收入管理办法》中，

对非税收入进行了列举分类，提出非税收入包括行政事业性收费收入、政府性基金收入、罚没收入、国有资源（资产）有偿使用收入、国有资本收益、彩票公益金收入、特许经营收入、中央银行收入、以政府名义接受的捐赠收入、主管部门集中收入、政府收入的利息收入、其他非税收入等十二个类型，但明确指出不包括社会保险费、住房公积金（指计入缴存人个人账户部分）。按照这种理解，财政收入除了税收收入、非税收入，还有债务收入、社会保险费等其他多种形式的收入。

应尽快从法律层面上界定清楚“非税收入”的概念，本书建议把财政收入分为两大部分，一部分为税收收入，一部分为非税收入。依此划分，社会保险费、债务收入等也应该列入非税收入的范围。目前我国《预算法》中还没有“非税收入”这一提法，应该在明确非税收入概念的基础上，把“非税收入”尽快写入《预算法》，为下一步非税收入法制化提供基本的依据。

二、适应经济社会发展需要，对部分非税收入实施“费改税”

一是重新考虑社会保险费改为社会保险税征收。一直以来，我国的社会保险费由社会保险经办机构负责核定缴费数额并征收，2018年有部分地区采用税务部门代征模式，2019年1月1日起，社会保险费由税务部门统一征收。我国社会保险费的征收实践过程反映出由税务部门征收有利于提高效率，降低征收成本。社会保险费征收的法律依据是1999年国务院颁布的《社会保险费征缴暂行条例》，2019年进行了第一次修订。但是，“费”相较于“税”而言，其法律刚性弱化，所以西方发达国家一直征收的是社会保险税，并使其成为直接税的重要组成部分。我国早在20世纪90年代就探索社会保险费改税问题，后来由于学界和实践部门意见不一，也由于费改税存在诸多难点以及当时的社会环境限制，这一问题的讨论就暂停了。

本书建议在我国人口老龄化形势严峻，社会保险费尤其是养老保险费入不敷出的背景下，为提升社会保险费用征收的遵从度，应该重新考虑社会保险费改为社会保险税征收。具体方案和步骤可以仿照水资源税的实施路径，在人口老龄化严重、社会保险资金收支缺口较大的地区实行试点，总结经验，一旦试点经验成熟，再在全国推广。

关于“费”改“税”问题，我国是有成功经验可以借鉴的。2009年出台燃油税，取消了公路养路费、公路运输管理费、公路客货运附加费、航道养护费、水路运输管理费、水运客货运附加费等六项收费。2016年河北省首个试点水资源费改为水资源税，2020年全国9省（区、市）试行水资源税。2018年《中华人民共和国环境保护税法》开始实施，过去由环保部门征收排污费，改为由税务部门征收环保税。事实证明，我国这三个“费”改“税”是成功的，法律刚性加强，不仅征收率提升，尽可能做到应征尽征；而且在节约用水、减少环境污染等方面更好地发挥了作用。

二是将教育费附加和地方教育附加改为地方附加税征收。两项教育费是以流转税税额（包括增值税、营业税和消费税“三税”税额，“营改增”后变成增值税和消费税“两税”）为计费依据，用于发展地方义务教育事业的行政规费，本质上属于政府性基金，属于非税收入的征收范围。其中教育费附加是按照消费税和增值税之和的3%征收，地方教育附加是按照消费税和增值税之和的2%征收。这方面可以借鉴城市维护建设税的征收理念，城市维护建设税是按照纳税人缴纳的增值税和消费税税额的一定比例征收的，实际上是一种附加税，专门用于城镇建设事业。

从税收设置的理论逻辑看，教育税被视作起特殊补充作用的特定目的税，其目的在于筹集公共教育资金，以补充我国主体税种收入在教育投入方面的不足。因此，开征教育税合乎特定目的税的设立逻辑。当前，教育费附加和地方教育附加两项教育费均由税务部门征管，资金就地上缴地方财政，由教育部门专款专用，用于发展地方教育事业。教育费虽属行政规费，但其固定性、无偿性和强制性特点与税收无异，且又由税务机关征收，完全可升格为独立税种。

回顾历史也可以发现，教育费征收原本是一种权宜措施，早在2000年农村税费改革之际，教育部门和国家税务总局就曾多次提出教育费改税的动议，然而由于时代条件的局限性，改革并未落地。如今，随着2018年环保费改税的落地实施，教育费改税已成为业界重点关注的下一个改革备选项。据悉，早在2013年财政部布置的六项重点课题中，就包括“十三五”期间形成教育费改税改革方案的主题。而2017年财政部在对教育费改税政协提案的回复函中进一步指出：“教育费附加在流转税上征收，实际起到了税收效果，且教育费附加已纳入一般公共预算，具有费改税基础。”[①]这表明，相关议题已纳入决策者的视野。

教育费收入属于行政性收费，随税征收，缺乏法律权威性，征管用效率低，在当前“清费立税”的大背景下，其收入很容易受到政策变动的频繁冲击。例如，为减轻企业负担，2014年末国务院决定，小微企业三年免征教育费和地方教育费。2016年，为进一步清理和规范行政收费，国务院再次决定，将教育费附加和地方教育附加的免征范围由月营业额不超过3万元，扩大到不超过10万元。再加上营改增带来的减税效应和征管不力等因素的影响，2015年、2016年和2017年教育费收入分别陡降至1382亿元、1404亿元和1408亿元，严重影响了义务教育经费筹资。因此，政府宜未雨绸缪，抓住当前深化税费改革的有利契机，尽快启动费改税，进一步加大研究力度，对纳税人、征税范围、税率、计税依据等税制要素进行科学设计和充分论证，确立教育税的独立地位，推动相关立法进程。

鉴于地方教育附加不是全国统一开征的费种，其开征依据是《中华人民共和国教育法》（1995）第七章（教育投入与条件保障）第五十七条的规定：省、自治区、直辖市人民政府根据国务院的有关规定，可以决定开征用于教育的地方附加费，专款专用。我们建议，可以考虑将教育费附加和地方教育费附加改为教育附加税，将其作为地方税体系的构成部分，同时允许地方根据公共需要在授权范围内调整征收比例，这也是增强地方税收能力，完善税收治理的可行路径。

三、加强税费信息共享，积极构建税收共治格局

非税收入由税务部门统一征收之后，面临的最大困境是如何实现纳税信息共享。要保障非税收入的应收尽收，除了税务部门自身加强征管外，必须加强税务部门与其他行业监管部门的信息共享、联合执法，积极推进部门之间的协同监管、协同共治。

实践经验证明，只有构建科学合理的税收共治格局，实现纳税信息及其相关信息的共享才能实现收入的应收尽收。以水资源税改革为例，根据党中央、国务院决策部署，我国自2016年7月1日起在河北省率先实施水资源税改

---

① 财政部关于政协十二届全国委员会第五次会议第1901号提案答复的函［EB\OL］. http：//szs.mof.gov.cn/jytafwgk_8391/2017jytafwgk/2017zxwytafwgk/201711/t20171102_2743136.html.

革试点，由水资源费改征水资源税。河北省作为全国首批唯一试点省份，构建了水利核准、纳税申报、税务征收、联合监管、信息共享的新征管模式，实现了水资源税收入的快速增长。一个成功经验就是最大化地实现了信息共享，为水资源税的征收提供了技术保障。

在此基础上，2017年11月28日，财政部、税务总局、水利部三部门正式发布《扩大水资源税改革试点实施办法》（以下简称《实施办法》），自2017年12月1日起，北京、天津、山西等9个省份也纳入水资源税改革试点范围。为加强税收征管、提高征管效率，《实施办法》确定了“税务征管、水利核量、自主申报、信息共享”的水资源税征管模式，即税务机关依法征收管理，水行政主管部门负责核准取用水量，纳税人依法办理纳税申报，税务机关与水行政主管部门建立涉税信息共享平台和工作配合机制，定期交换征税和取用水信息资料。这一模式实现了纳税人、税务部门和水利部门三方共享涉税信息，既发挥水利部门在水资源管理上的专业优势，又充分发挥税务部门的税收征管优势，更好地形成征管合力。

非税收入形式多样，多以基金、收费等形式存在，在划转统一由税务部门征收之前分散在自然资源部门、水利部门、财政部门等征收。非税收入统一划转到税务部门征收，意味着这些部门要将相关基础数据信息及时与税务部门实时共享，并将计征、缴款等明细信息及时传递给税务部门。为了保障非税收入的高效率征收，本书建议在“非税收入征收管理法”中要体现“协税”理念，不仅要培育纳税人的“协税”理念，而且要培育公安、水利、海关、人民银行、农业、自然资源、财政等多个利益相关部门的“协税”理念，明确相关部门的“协税”义务，从而形成非税收入数据资源的共享机制，构建税收共治新格局。

四、加强授权立法，适当扩大地方非税收入管理权限

我国地域辽阔，地区间资源禀赋和经济发展水平差异较大，导致各地区非税收入来源和结构有所不同，应当在中央统一立法和非税收入开征权的前提下，根据各地区非税收入的构成特点，通过立法授权，适当给予并扩大地方政府非税收入征收管理权限。由于地方政府非税收入征收管理权限主要集中在省级，本书建议：

一是扩大省级非税收入征收管理权限。省级人大可以制定地方非税收入征收实施细则，根据本地经济社会发展实际和发展需要，确定非税收入的征收标准，以及针对本地特色可以开征新的非税收入种类。

二是对特定的非税收入类型赋予市县一定的非税收入管理权。由于市县一级更贴近提供基本公共服务，对部分地域性特点突出的非税收入，可以赋予市县部分非税收入征收管理权，主要包括非税收入征收标准以及非税收入的减免权，前提是应当履行法定程序。

五、加强非税收入事后管理，提升非税收入管理质效

当前，非税收入法制建设处于起步阶段，法律层级偏低、法制基础偏弱，特别是非税收入欠费追缴（强制执行）、加收滞纳金、行政罚款、缴费检查等事后管理事项，面临制度不够健全、各地执行不统一、执法风险较大等问题，不同程度影响非税收入管理质效提升。

非税收入不同于税收，普遍存在执法依据层级偏低、征管基础薄弱、费种要素各异的问题，并且有些费种的政策制定、费款核定是由业务部门管理，税务部门只负责征收管理。非税收入的特点决定了其征收管理的复杂性和多样性。从非税收入费种属性和征收方式不同可分为三类。

一类是强制征收类。此类项目主要包括：教育费附加、地方教育附加、残疾人就业保障金、文化事业建设费、国家重点水利工程建设基金等。此类费种有固定申报期限，缴费人根据政策规定自行计算应交费额，自行申报缴费。

二类是受益补偿类。此类项目主要包括：排污权出让收入、水土保持补偿费（按次）、防空地下室易地建设费等。此类费种是主管业务部门核定应缴费金额和缴费期限后，缴费人到税务部门申报缴费。

三类是自愿交易类。此类项目主要包括：国有土地使用权出让收入[①]、海域使用金、无居民海岛使用金、矿产资源专项收入等。此类费种缴费人的缴费

---

① 据财政部数据显示，2020年，中国土地使用权出让收入达8.4万亿元，占全部财政收入的23.8%。勾股大数据发布中国44个主要城市土地依赖程度排行榜，土地高依赖程度的城市有20个，中依赖程度有19个。其中，高土地依赖城市的土地出让收入高出一般公共预算收入1倍。

金额和缴费期限已在出让合同中约定，主管部门将费源信息推送到税务部门，缴费人到税务部门申报缴费（其征缴流程如图1、图2、图3、图4、图5、图6、图7、图8所示）。

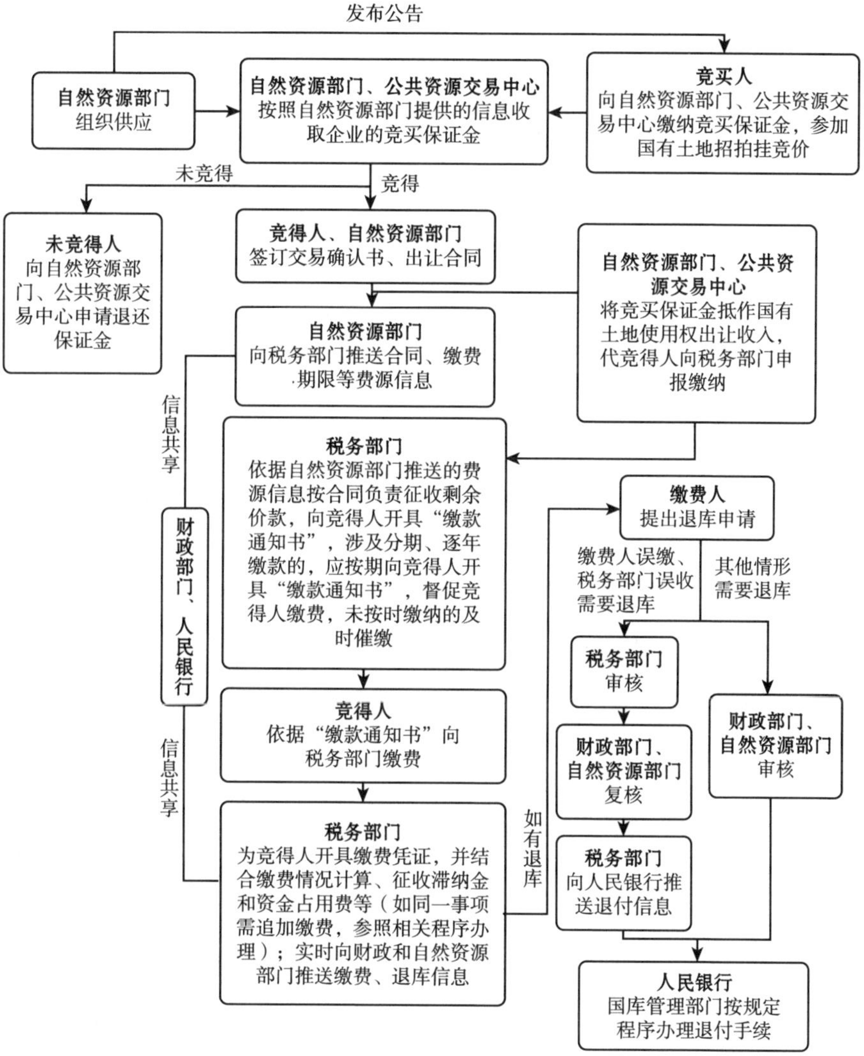

图1　国有土地使用权出让收入征缴流程

（涉及竞买保证金的情形）

备注：“同一事项”包括改变用地性质、划拨转出让、增加容积率和改变用途等补缴土地出让金行为。

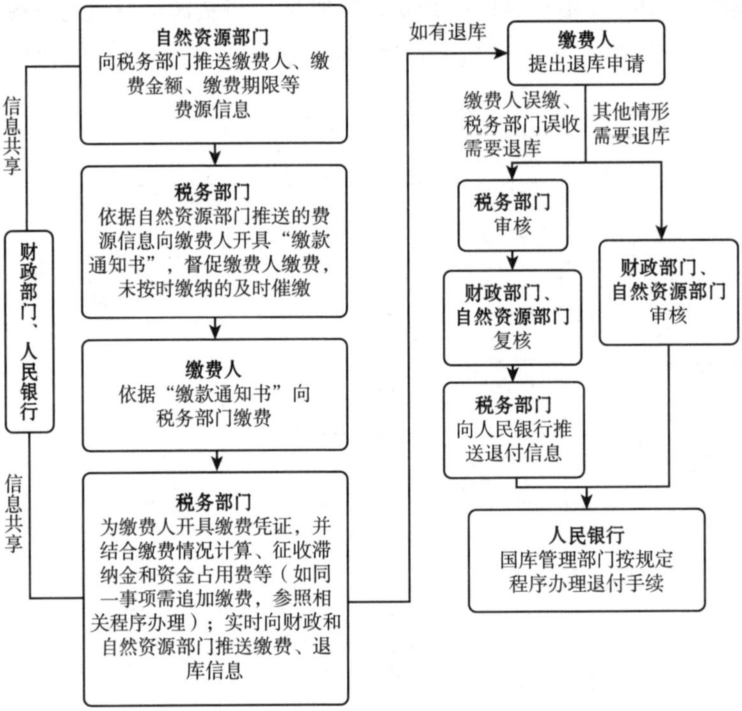

图2 国有土地使用权出让收入征缴流程

（按照规定标准确定出让金额，不涉及竞买保证金的情形）

备注：“同一事项”包括改变用地性质、划拨转出让、增加容积率和改变用途等补缴土地出让金行为。

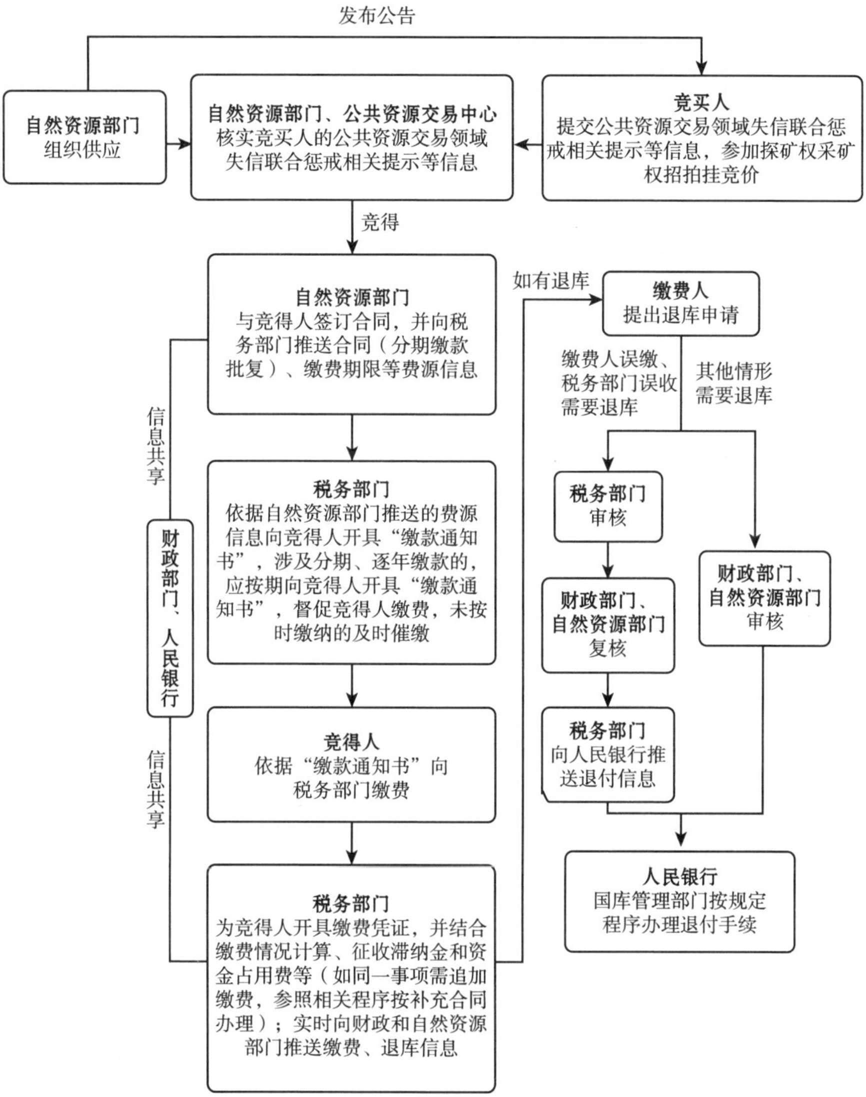

图３　探矿权采矿权出让收益征缴流程

备注：

1.“同一事项”包括新增资源、扩界等缴纳矿业权出让收益的情况；

2.其他需要退付的情形包括矿产资源整合关停矿山、关闭小煤矿、涉及生态保护红线自然保护地等禁止限制勘查开采区内矿业权退出的矿业权出让收益退付；

3.已出让探矿权转为采矿权等需征收出让收益情形的流程由试点地区参照相关流程设计具体征收流程。

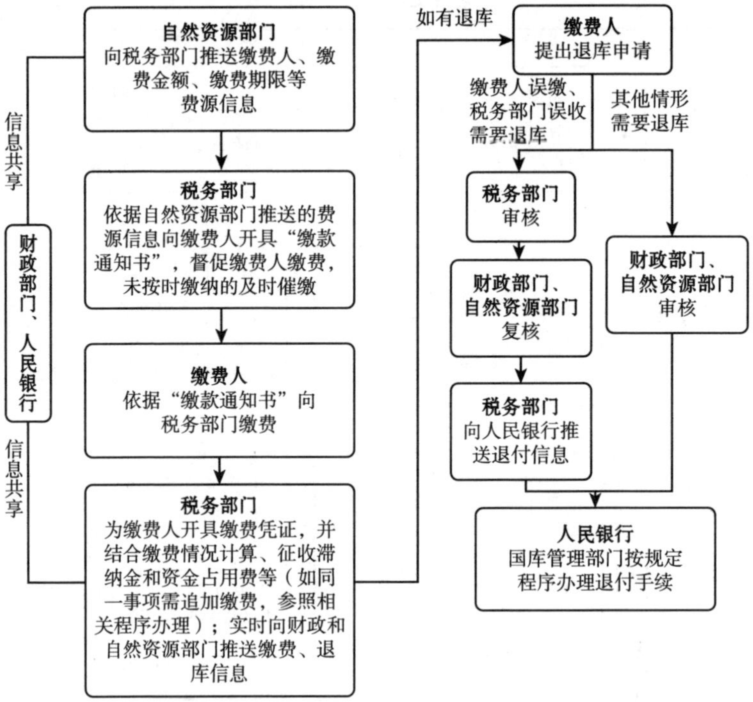

图 4　探矿权采矿权使用费（占用费）征缴流程

备注：“同一事项”包括调整勘查、开采区块面积或征收金额标准等情况。

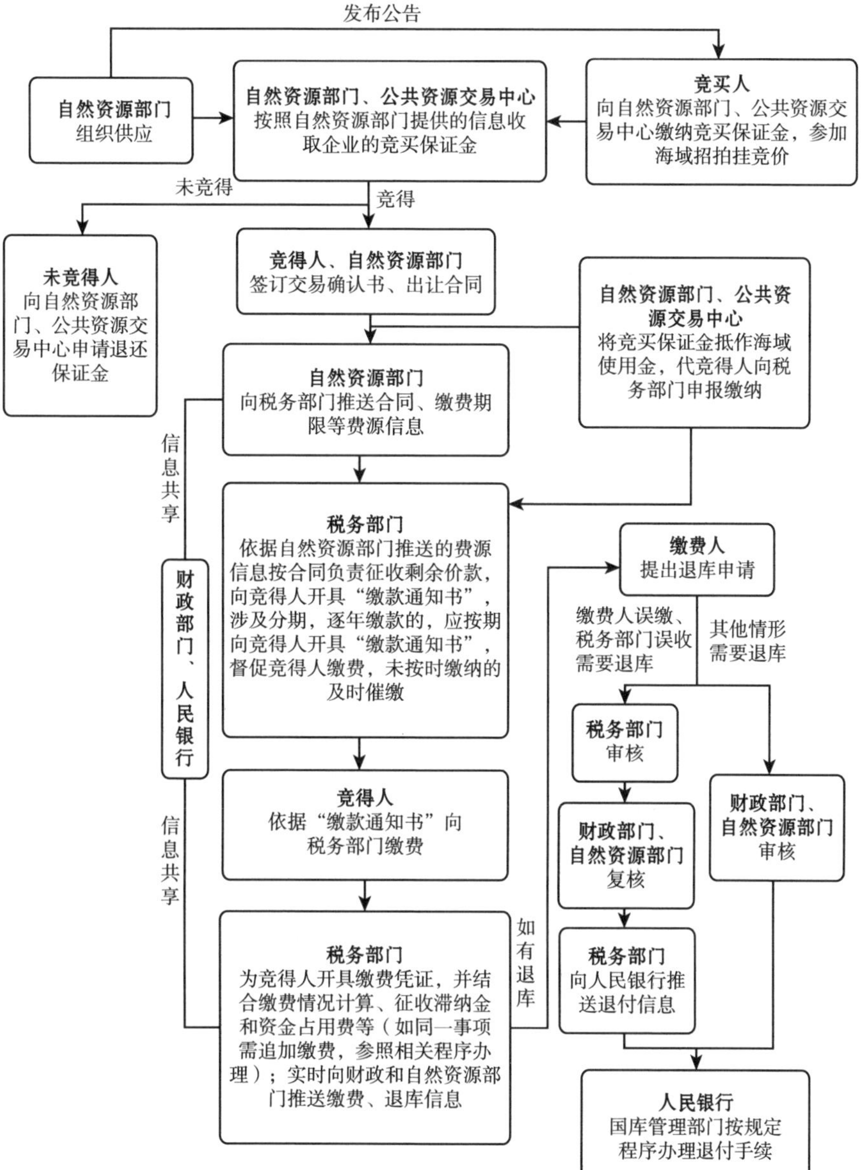

图 5　海域使用金征缴流程

（涉及竞买保证金的情形）

备注：“同一事项”是指用海方案调整等行为。

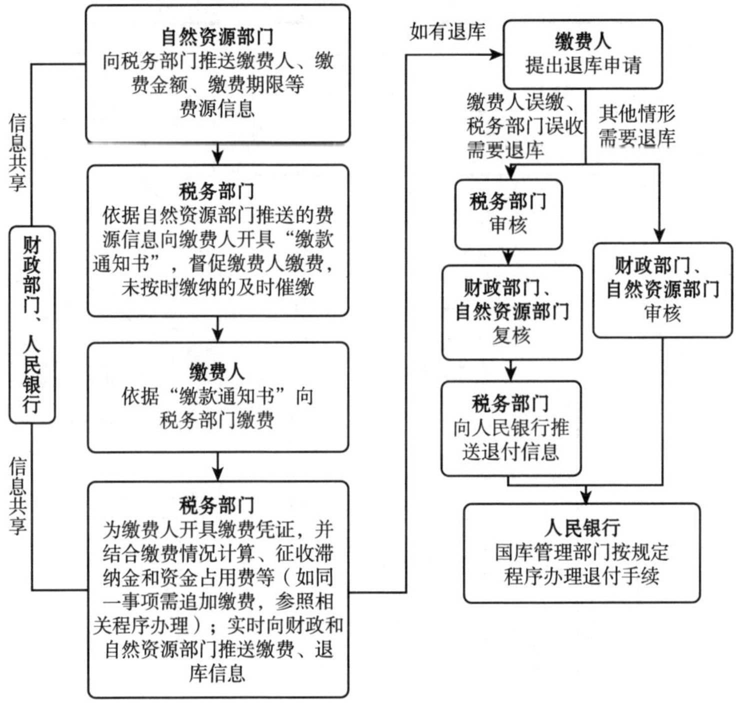

图 6　海域使用金征缴流程

（按照规定标准确定出让金额，不涉及竞买保证金的情形）

备注：“同一事项”是指用海方案调整等行为。

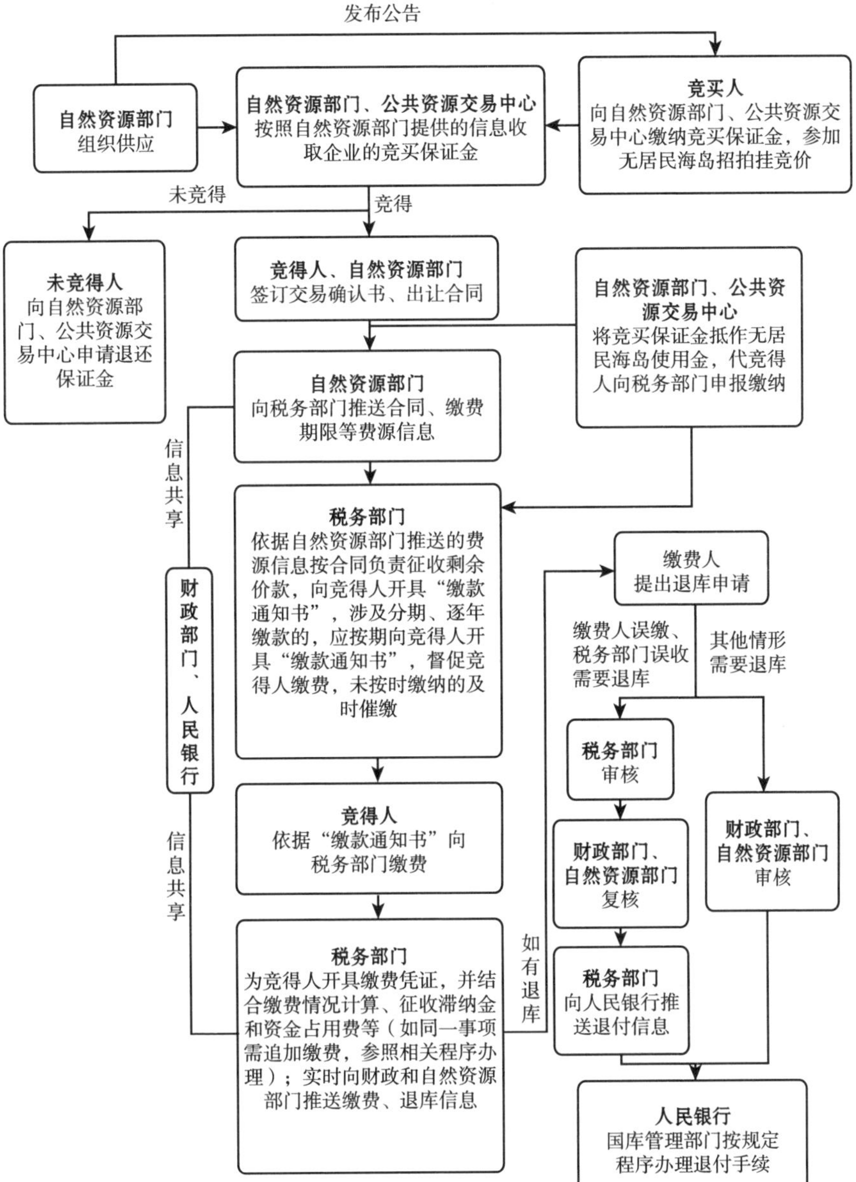

图 7　无居民海岛使用金征缴流程

（涉及竞买保证金的情形）

备注：“同一事项”是指用岛方案调整等行为。

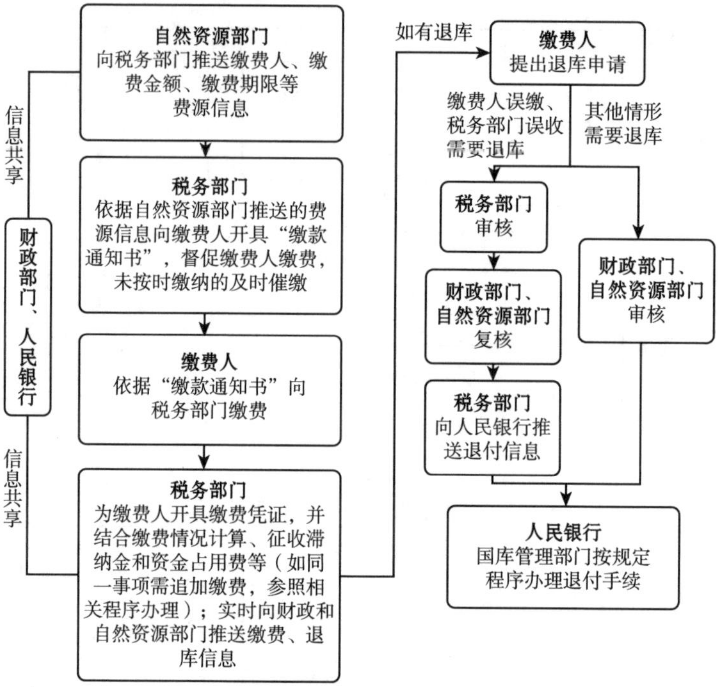

图 8　无居民海岛使用金征缴流程
（按照规定标准确定出让金额，不涉及竞买保证金的情形）

备注：“同一事项”是指用岛方案调整等行为。

第五节　税务部门征收非税收入的实务问题

非税收入征管职责划转税务部门是我国税收征管体制改革的重要举措，是我国构建现代财政制度的应有之义，也是推动我国国家治理能力和治理体系现代化的内在要求。从我国非税收入征管的实践来看，由税务机关征收非税收入促进了非税收入征管透明化，优化了营商环境。我国现有的非税收入名目繁多，且分散在各级政府及政府部门（包括人民团体），我国缺乏统一的非税收入立法，对非税收入的立项、征收管理等缺乏硬约束，除了中央政府以及各部委以外，地方政府也以各种名义开征了各种形式的非税收入项目，这些非税收入给企业和个人带来了沉重的负担，不利于营商环境的优化，将非税收入征管职责划转税务机关，对于降低企业负担、为企业营造良好的营商环境具有重要意义。但由于缺乏统一的非税收入征收管理立法和统一的非税收入征收管理机构，在非税收入征管职责划转税务机关后，税务机关征收非税收入的法律适用仍然存在争议。在现行“一费一征”的立法体例下，来自法律位阶的制度供给相对缺失，划转的28项非税收入中，有多达24项的征管依据是行政规范性文件，这使其征管程序规则面临合法性问题，如未缴、少缴所产生的滞纳金、罚款比例标准规则等多在这些依据中，税务机关面临着诸多法律困境。

一、划转税务机关征收的非税收入范围问题

中央明确了非税收入征管职责划转税务机关的改革方向，但是却没有对划转税务机关征管的非税收入范围进行清晰的界定，这就导致各地对应划转项目的理解不同，省定非税收入划转项目的选择和工作进度也存在较大差异。

从目前已经由其他部门划转到税务机关的非税收入项目来看，这些非税收入在性质上并不统一，有些属于政府性基金，比如国有土地出让权使用收入、国家重大水利工程建设基金、中央水库移民扶持基金、农网还贷资金、可再生能源发展基金、中央水库移民扶持基金、核电站燃料处理处置基金；有些属于专项收入，比如教育费附加、地方教育附加、文化事业建设费、残疾人就业保障金、地方水利建设基金、地方水库移民扶持基金；有些属于行政事业性收费，比如三峡电站水资源费、水土保持补偿费、防空地下室易地建设费；有些属于国有资源/资产有偿使用收入，比如国有土地使用权出让收入、矿产资源专项收入、海域使用金、无居民海岛使用金；有些则属于其他非税收入，比如土地闲置费、城镇垃圾处理费、排污权出让收入、免税商品特许经营费、油价调控风险准备金、国家留成油收入、石油特别收益金。尽管中央明确了非税收入征管职责划转税务机关应当遵循“便民、高效”的原则，但确定哪些非税收入由税务机关征收符合“便民、高效”原则，哪些非税收入征管职责划转税务机关不符合“便民、高效”原则，仍然缺乏十分明确的规则。

二、税务部门申请法院强制执行程序问题

根据我国《行政强制法》规定，税务机关申请法院强制执行的前提是缴费人未履行行政决定，也即税务机关要先作出行政决定后，缴费人不履行才有申请法院强制执行的必要。笔者认为，不同类型非税收入由谁做行政决定，何时做行政决定，需要具体分析。

第一类，强制征收类非税收入。该类非税收入属于企业自行申报类型，若企业未按时申报缴费，或者未足额缴费，税务部门经核查后，认为企业需要申报缴费或补缴费款的，应作出具有法律效力的行政决定书，缴费人在法定期限内不申请行政复议或者提起行政诉讼，又不履行行政决定的，税务部门可申请法院强制执行。

第二类，受益补偿类非税收入。该类非税收入是主管业务部门核定应交费额和缴费期限，税务部门只负责征收。若缴费人未按时申报缴费，或者未足额缴费，经税务部门催缴后仍未申报缴费，税务部门将未缴费或未足额缴费信息传递主管业务部门。主管业务部门根据行业管理职责不予核发建设施工、准予排放污染物等审批证书，此种情况缴费人放弃“受益”的权利，也就不存在“补偿”的义务，税务部门不用追缴欠费。若主管业务部门收到欠费信息后，已核发审批证书，再注销证书已无实际意义，认为应追缴欠缴费款，此时应该由哪个部门做出追缴欠费的行政决定呢？笔者认为，根据“法无授权不可为”的原则，税务机关负责追缴欠费，但并未授权税务部门对缴费事实本身作出处理，由税务部门独立作出行政决定，法律依据不足，若缴费人对缴费金额或缴费期限有异议提出复议或诉讼，因为缴费金额和缴费期限是由业务主管部门决定的，税务部门在复议或诉讼程序中无法就缴费争议作出专业的解释，不利于缴费争议的解决。而业务主管部门作为该费种的管理部门，具有确定缴费金额、费额减免、缴费期限等涉及缴费人实体权利义务的权力，从执法一致性和管理专业性角度看，业务主管部门更适宜做行政决定。缴费人在法定期限内不申请行政复议或者提起行政诉讼，又不履行行政决定的，业务主管部门可申请法院强制执行。建议由主管业务部门和税务部门共同做出行政决定，但是否符合行政强制法有关规定，需要有权机关予以明确。

第三类，自愿交易类非税收入。该类非税收入是以出让合同为基础，派

生出缴费人的缴费义务，若缴费人出现合同违约发生欠费，则合同性质的判断是关键因素。若认定出让合同属于民事合同，根据民事合同相对性原则，税务部门不宜参与到民事诉讼、仲裁和强制执行程序中。若认定出让合同属于行政协议，依据《最高人民法院关于审理行政协议案件若干问题的规定》（法释〔2019〕17号）第二十四条"公民、法人或者其他组织未按照行政协议约定履行义务，经催告后不履行，行政机关可以作出要求其履行协议的书面决定。公民、法人或者其他组织收到书面决定后在法定期限内未申请行政复议或者提起行政诉讼，且仍不履行，协议内容具有可执行性的，行政机关可以向人民法院申请强制执行"之规定，建议由主管业务部门和税务部门共同作出行政决定，但是否符合行政强制法有关规定，亦需要有权机关予以明确。

第四类，土地闲置费。土地闲置费有其特殊性，不同于上述三个类型，需要单独进行分析。根据财政部2021第8号通知，从2021年7月1日开端，土地闲置费的收取担任部门为自然资源部。土地闲置费由自然资源部门向缴纳义务人（土地使用权人）出具"征缴土地闲置费决定书"等文书，并向税务部门推送"征缴土地闲置费决定书"等费源信息。缴纳义务人依据"征缴土地闲置费决定书"向税务部门申报缴纳，税务部门开具缴费凭证。土地闲置费申报期限按现行规定执行，未按时缴纳的，由税务部门出具催缴通知，并通过涉税渠道及时追缴。由于"征缴土地闲置费决定书"包括缴费人违法事实、执法依据以及救济权利保障等内容，属于具体行政行为，也即《行政强制法》第五十三条中的"行政决定"。该决定书是自然资源部门作出的，根据《闲置土地处置办法》规定，欠缴土地闲置费应该由自然资源部门向法院提起强制执行申请。

三、税务部门对非税收入加收滞纳金问题

我国《行政强制法》第四十五条规定，行政机关依法作出金钱给付义务的行政决定，当事人逾期不履行的，行政机关可以依法加处罚款或者滞纳金。第十二条、第十三条规定，加处滞纳金是行政强制执行的方式之一，应当由法律设定。当前税务部门征收的中央27项非税收入中，有部分非税收入项目设置了滞纳金、行政罚款的规定，但这些规定的层次不一，法律法规的较少，大多是部门规范性文件。经梳理，税务部门统一征收的27项中央非税收入在滞

纳金制度规定方面存在三种情况：一是文化事业建设费、可再生能源发展基金、防空地下室易地建设费、农网还贷资金、中央水库移民扶持基金、免税商品特许经营费、排污权出让收入、土地闲置费、城镇垃圾处理费等15个项目没有关于滞纳金的规定。二是教育费附加（含地方教育附加）、废弃电器电子产品处理基金等2个项目有规范性文件或者规章明确适用《税收征收管理法》或者按照主税进行征收管理的规定。三是残疾人就业保障金、国家重大水利工程建设基金、水土保持补偿费等10个项目有行政法规、规章规定可加收滞纳金，但规定层级及内容差异较大，水土保持补偿费滞纳金由《水土保持法》设定，其余项目滞纳金有的是2012年1月1日《行政强制法》施行前非法律文件规定，有的是《行政强制法》施行后出台但规定层级不符合《行政强制法》要求。

针对税务机关征收非税收入能否加收滞纳金的法律适用困境，笔者认为，尽管《行政强制法》第四十五条规定，作出金钱给付义务行政决定的行政机关，可以依法加处滞纳金，但仅仅是对滞纳金决定主体和部分程序性规则的设定，并没有规定滞纳金加收标准，而是将滞纳金加收标准的确定权赋予了行政机关。非税收入划转税务部门征收后，应当根据非税收入现行法律法规的规定，通过法律解释为税务机关有效征管非税收入提供明确的执法指引。首先，《税收征收管理法》作为法律有权设立滞纳金。尽管《行政强制法》和《税收征收管理法》对滞纳金的规定存在区别，但并不妨碍税务机关依据《税收征收管理法》适用滞纳金制度。

关于教育费附加、废弃电器电子基金等有规范性文件或规章明确适用《税收征收管理法》或者按照主税进行征收管理的非税收入，税务机关有权依据《税收征收管理法》对逾期未缴非税收入的缴费人加收滞纳金。关于水土保持补偿费、三峡电站水资源费等有法律明确规定可以加收滞纳金的非税收入，税务机关有权依据相应法律法规加收滞纳金。此外，我国已经开始了水资源税试点，待试点成熟，水资源“费改税”后，水资源税征收适用滞纳金问题就会从根本上得以解决。关于残疾人就业保障金、矿产资源补偿费等有行政法规规定可以加收滞纳金的非税收入，税务机关在加收滞纳金时应当依据该行政法规或者规章，而非《行政强制法》。残疾人就业保障金征收的法律依据是《残疾人就业条例》，矿产资源补偿费是根据国务院颁布的行政法规《矿产资源补偿费征收管理规定》(1997)征收的，税务机关在加收滞纳金时应当按照《残疾人就业条例》和《矿产资源补偿费征收管理规定》的规定来执行。此外，国家重大水利工程建设基金、无居民海岛使用金以及石油特别收益金都是根据财政部等部委联合发布的部门规范性文件征收的，在部门规范性文件没有被有权机关改变或者撤销之前，税务机关在征收无居民海岛使用金、国家重大水利工程建设基金、石油特别收益金时加收滞纳金应当适用相应的部门规范性文件。当然，行政相对人对税务机关征收决定不服的，可以在提起行政诉讼时申请对这些规范性文件进行审查。

四、税务部门对非税收入检查权问题

与税务部门依据《税收征收管理法》实施的“税收管理——税收确定——税收征收——税收检查——税收处罚——税收救济”完整税收征管流程相比，非税收入征管中税务部门的权责分散，与财政部门、各领域业务部门在不同非税收入的不同征管环节中“分享”征管权责。目前，多数非税收入征管中仍由业务主管部门确定费款，再报送税务部门征收，但其征管职权也只集中在发出缴款通知、收款与缴库层面，对后续的催报催缴、缴费检查、行政处罚、强制执行等事项职责模糊，仍需将信息传递给原业务部门由其依法处理。仅少数非税收入，如土地闲置费等的划转通知规定，税务部门应催缴并通过“涉税渠道追缴”或应“确保非税收入及时足额入库”，而对一些资源型非税收入是否要求税务追缴则因地而异。事实上，税务部门缺少实施征收保障的检查权授权，其在税费统征要求与法无授权即禁止原则间，面临“两难”的窘境。当发生非税收入不缴、少缴、迟缴等行为时，税务部门的征收保障手段及依据十分有限。

鉴于行政检查权作为一种职权行为具有强制力和羁束力，本质上是一种影响公民权益的行政权，因此对行政检查权应由统一的法律规范。税务部门在税收征管中，开展税收执法检查有《税收征收管理法》作为执法依据，并且《税收征收管理法》对税收检查的范围、程序、救济程序都作出了明确的规定。但非税收入缴费检查，没有法律法规执法依据，主要散见于个别规范性文件，只是笼统性的表述，并没有对检查范围、程序、内容等作出明确规定。鉴于此，税务部门征收非税收入能否依据现有规范性文件开展缴费检查还需有权机关予以明确。

五、税务部门对非税收入违法处罚问题

当前，税务机关征收非税收入的法律适用仍然存在争议。事实上，目前，税务部门统一征收的27项中央非税收入针对违反非税收入征管制度的违法行为的处罚规定存在两种情况：一是水土保持补偿费等12个项目在有关文件中规定，可依据《水土保持补偿法》或《财政处罚处分条例》实施处罚。二是地方教育附加、文化事业建设费、国家重大水利工程建设基金等15个项目有关征管文件中没有关于处罚事项的规定。

笔者认为：一是依据国务院授权，税务部门对违反非税收入征管制度规定的违法行为有权实施处罚。2018年全国人大常委会和国务院发布的《关于国务院机构改革涉及法律规定的行政机关职责调整问题的决定》《关于国务院机构改革涉及行政法规规定的行政机关职责调整问题的决定》（以下简称“两个决定”）明确，在有关法律规定尚未修改之前，调整适用有关法律规定，由组建后的行政机关或者划入职责的行政机关承担。据此，相关非税收入划转税务部门征收后，税务部门对违反非税收入征管制度规定的违法行为有权实施处罚。二是税务部门可以依据《水土保持补偿法》实施处罚。划转后税务部门具体承接征管职责，在《水土保持法》修订前，税务部门可以依据“两个决定”和《水土保持补偿法》实施处罚。三是待处罚职权进一步明确后，税务部门可以依据《财政违法行为处罚处分条例》（国务院令第427号）对其余26项中央非税收入实施处罚。

此外，在非税收入征管实务中，对于当缴费人采取欺骗、隐瞒等手段不缴或者少缴非税收入时，税务机关能否以偷逃税款对其处罚，能否追究缴费人的逃税罪等法律责任问题。笔者认为，在认定偷逃税时，需要对“税”作严格的法律解释，在计算偷逃税数额时，只能计算我国现行18个税种的偷逃税数额，不宜将非税收入纳入计算范围。以废弃电器电子产品处理基金为例，缴纳义务人的法律责任只能“比照”税收违法行为给予“行政处罚”。但是，在认定偷逃税数额时，不宜将该基金数额纳入偷逃税数额，税务机关只能以《税收

征收管理法》规定的行政处罚为参考对废弃电器电子基金缴纳义务人进行处罚。另外，基于罪刑法定原则的要求，教育费附加和废弃电器电子基金等各种非税收入缴纳义务人存在偷逃非税收入时，不得追究刑事责任，因为《刑法》中的税收犯罪条款仅指狭义的税，不可作扩大解释。

综上所述，非税收入征管职责划转税务机关对于规范我国非税收入征管秩序、维护缴费人合法权益、降低缴费成本、优化营商环境具有重要的意义。当前，我国非税收入的名目、种类很多，划转税务机关征收后，为了提高征收效率，应当明确税务机关在非税收入征管中的具体权限，以便于税务机关更好地履行职能。针对我国当前税务机关征收非税收入面临的法律困境，既需要立足当前，以现行法律法规为基础，通过法律解释为税务机关有效征管非税收入提供执法指引；又需要立足长远，从良法善治的角度，通过完善相关立法为税务机关高效征管非税收入提供稳定的法制保障。譬如统一规定税务机关对非税收入处以滞纳金、处罚的行权程序与基本限制（如滞纳金不得超过应缴款本身）。基于不同非税收入的公法属性差异，各种非税收入的滞纳金、处罚等的具体比例标准，应在非税收入的单行立法中作特别规定，以弥补我国《行政强制法》等对滞纳金标准设定的不足。此外，可以考虑赋权税务机关对类似税收性质的非税收入，在存在不履行或履行瑕疵行为时，有采取冻结存款，扣押、查封其他财产的行政保全权力。

总之，建立现代财税制度，全面推进依法治国，建立完备的社会主义法治体系，最终实现国家治理体系和治理能力现代化，不仅要求税收法定，非税收入也应当法定，最终实现全部政府收入法定。非税收入改革作为财税领域改革的重要组成部分，加快非税收入改革进程，实现非税收入的法制化管理，不仅有利于推动地方各级政府政治、经济和社会各项事业的发展，提高财税工作科学化、精细化管理水平，而且有利于建立现代财税制度，推动财税体制改革的不断深化。

按照新时代法治政府建设要求，目前我国非税收入制度框架逐步成型，税务部门税费皆重、协同发展的征管格局逐渐形成，但非税法制化目标尚有较大差距，亟须深化改革予以改善。从某种意义上讲，非税收入法定比税收法定难度更大，需要深入研究非税收入法定的基本内涵和推进路径，配合财税领域改革、行政管理体制改革和中央地方财政关系改革等，通过立法，明确收费和基金的设立、收费、运行管理、评估调整、监督公开和退出等基本规则，为收费和基金管理与监督提供法律依据，定规则、明标准，以立法引领推进收费和基金的清理与规范，切实加强财税法治建设，努力提升国家治理体系和治理能力现代化。

适应“放管服”改革需要，中共中央办公厅、国务院办公厅《关于进一步深化税收征管改革的意见》明确“加强非税收入管理法制化建设”的要求，为下一阶段工作指明了方向。在“税收现代化服务中国式现代化”背景下，无论是基于“依法保留、适宜划转”原则进行的四次非税收入划转税务部门征管决定，还是现行试点的、旨在实现税收与非税收入征管衔接的金税四期工程，抑或近年来改革文件将依法治税范围扩大至非税收入等诸多事实，均表明决策层协同推进税费法治化进程的巨大决心，即通过规范税务部门的征管行为，协同提高税费征管效率，切实保障纳税人与缴费人权利，促进税费领域“良法善治”实现。

新发展阶段，以高质量税费治理服务中国式现代发展，既要在战略部署上做到“税费皆重”，又要在战术安排上把握好税费异同。既要以“逐步建立职责清晰、流程顺畅、征管规范、便民高效的非税收入征缴体制”的划转改革目标为着眼点，又要以当前非税收入征管面临的突出问题为着力点，处理好目标引领与问题导向的关系，处理好改革、发展与稳定的关系，积极推进非税收入管理法制化，加快非税收入立法，提升非税收入法律层级，明确税务部门在欠费追缴、缴费检查、违法处罚等环节享有的主体资格和职责权限，加快落实职责法定和依法行政，为加快推进法治国家、法治政府、法治社会、法治财税建设筑牢坚实的法治基础。

参考文献

［1］［英］洛克．政府论（下篇）［M］．北京：商务印书馆，1996.

［2］［英］M.J.C. 维尔．宪政与分权［M］．苏力，译．北京：三联书店，1997.

［3］李步云．论法治［M］．北京：社会科学文献出版社，2008.

［4］［美］E. 博登海默．法理学：法律哲学与法律方法［M］．邓正来，译．北京：中国政法大学出版社，1999.

［5］孙忠欣．政府非税收入制度建设与理论探索［M］．北京：中国财政经济出版社，2011.

［6］蒋熙辉．中国非税收入制度新探索［M］．北京：社会科学文献出版社，2012.

［7］高淑娟，刘普．外国政府非税收入管理［M］．北京：中国社会科学出版社，2021.

［8］梁双陆．政府非税收入研究（2022）［M］．北京：中国社会科学出版社，2022.

［9］谢次昌．国家所有权理论在实践中的运用和发展［J］．中国法学，1996（06）．

［10］潘明星，匡萍．创新政府非税收入管理方式的思考［J］．中国行政管理，2005（02）．

［11］马骏．中国公共预算改革的目标选择：近期目标与远期目标［J］．中央财经大学学报，2005（10）．

［12］孙文基，苏广山．我国政府非税收入管理中存在的问题及完善对策［J］．财贸经济，2006（09）．

［13］孙国锋．政府非税收入的立法探讨［J］．天津经济，2007（10）．

［14］马骏．中国预算改革的政治学：成就与困惑［J］．中山大学学报（社

会科学版)，2007（03）.

［15］江利红.日本受益者负担制度研究［J］.四川农业大学学报，2007（2）.

［16］安徽省财政厅政府非税收入管理考察团.美国、加拿大政府非税收入管理考察报告［J］.财政研究，2007（11）.

［17］马洪范，蒋义.政府非税收入管理国际经验及借鉴［J］.地方财政研究，2009（09）.

［18］徐汉明.法治的核心是宪法和法律的实施［J］.中国法学，2013（01）.

［19］郭艳.我国政府非税收入管理存在的问题及对策建议［J］.科学社会主义（双月刊），2014（05）.

［20］白宇飞，张紫娟.地方政府非税收入困态摆脱路径研究［J］.财政研究，2015（09）.

［21］夏荣静.深化我国政府非税收入管理的研究综述［J］.经济研究参考，2015（60）.

［22］俞可平.没有法治的民主是残缺的民主［J］.理论学习，2015（02）.

［23］谭立.政府非税收入设立权及其配置［J］.社会科学战线，2015（01）.

［24］贾小雷.我国非税收入法律规制与国家财权治理的现代化［J］.法学论坛，2017（04）.

［25］张学博.财政透明度规则：国家治理现代化的现实路径［J］.天津行政学院学报，2017（03）.

［26］朱青，胡静. 论税务部门征收非税收入的重要意义［J］. 税务研究，2018（08）.

［27］高佳敏.非税收入征管的制度困境与现实进路［J］.财政监督，2018（01）.

［28］贾博. 非税收入划转与国家治理［J］. 税务研究，2019（06）.

［29］李存英，赵秋梅，张燕.加强政府非税收入管理的思考［J］.中国财政，2020（18）.

［30］范子英，赵仁杰. 以非税收入划转改革推动国家治理现代化［J］. 学习与探索，2020（05）.

［31］李沐杉，刘莉卓.营商环境视域的非税收入改革路径研究［J］.海南

师范大学学报（社会科学版），2020（06）.

［32］王明世，王鲁宁，陈新，王才桂.税务征收体制下非税收入征管制度建构及创新路径研究［J］.税收经济研究，2020，25（03）.

［33］高勇.税务部门承接非税收入征管职责理论与实践分析［J］.注册税务师，2020（05）.

［34］国家税务总局成都市税务局非税收入课题组，汪四清.非税收入管理研究与探索——基于部分非税项目划转税务部门的思考［J］.公共经济与政策研究，2021（00）.

［35］马奎升.探索构建税务部门非税收入治理新模式［J］.税务研究，2021（12）.

［36］王晓洁，周楚涵.非税收入管理法制化：阶段演进、地方经验及未来展望［J］.财政监督，2021（20）.

［37］李贞，张瑞婷.双循环新发展格局下非税收入管理的优化研究［J］.财政监督，2021（18）.

［38］河北省税务局课题组，马列，马岩，赵波.非税收入管理法制化研究［J］.中国总会计师，2021（09）.

［39］许文.非税收入管理制度改革历程回顾与展望［J］.中国财政，2021（15）.

［40］李刚，徐中平，朱闰琪.税务征收背景下自然资源非税收入征管制度建设研究［J］.税务与经济，2022（03）.

［41］非税收入管理法制化建设研究课题组，谭建淋.我国非税收入管理法制化的地方经验与启示［J］.湖南税务高等专科学校学报，2022（05）.

附　录

政府非税收入管理办法

2016年3月15日，财政部以财税〔2016〕33号印发《政府非税收入管理办法》。该《办法》分总则、设立和征收管理、票据管理、资金管理、监督管理、附则6章41条，自颁布之日起施行。

第一章　总　则

第一条　为了加强政府非税收入（以下简称非税收入）管理，规范政府收支行为，健全公共财政职能，保护公民、法人和其他组织的合法权益，根据国家有关规定，制定本办法。

第二条　非税收入设立、征收、票据、资金和监督管理等活动，适用本办法。

第三条　本办法所称非税收入，是指除税收以外，由各级国家机关、事业单位、代行政府职能的社会团体及其他组织依法利用国家权力、政府信誉、国有资源（资产）所有者权益等取得的各项收入。具体包括：

（一）行政事业性收费收入；

（二）政府性基金收入；

（三）罚没收入；

（四）国有资源（资产）有偿使用收入；

（五）国有资本收益；

（六）彩票公益金收入；

（七）特许经营收入；

（八）中央银行收入；

（九）以政府名义接受的捐赠收入；

（十）主管部门集中收入；

（十一）政府收入的利息收入；

（十二）其他非税收入。

本办法所称非税收入不包括社会保险费、住房公积金（指计入缴存人个人账户部分）。

第四条　非税收入是政府财政收入的重要组成部分，应当纳入财政预算管理。

第五条　非税收入实行分类分级管理。

根据非税收入不同类别和特点，制定与分类相适应的管理制度。鼓励各地区探索和建立符合本地实际的非税收入管理制度。

第六条　非税收入管理应当遵循依法、规范、透明、高效的原则。

第七条　各级财政部门是非税收入的主管部门。

财政部负责制定全国非税收入管理制度和政策，按管理权限审批设立非税收入，征缴、管理和监督中央非税收入，指导地方非税收入管理工作。

县级以上地方财政部门负责制定本行政区域非税收入管理制度和政策，按管理权限审批设立非税收入，征缴、管理和监督本行政区域非税收入。

第八条　各级财政部门应当完善非税收入管理工作机制，建立健全非税收入管理系统和统计报告制度。

第二章　设立和征收管理

第九条　设立和征收非税收入，应当依据法律、法规的规定或者按下列管理权限予以批准：

（一）行政事业性收费按照国务院和省、自治区、直辖市（以下简称省级）人民政府及其财政、价格主管部门的规定设立和征收。

（二）政府性基金按照国务院和财政部的规定设立和征收。

（三）国有资源有偿使用收入、特许经营收入按照国务院和省级人民政府及其财政部门的规定设立和征收。

（四）国有资产有偿使用收入、国有资本收益由拥有国有资产（资本）产权的人民政府及其财政部门按照国有资产（资本）收益管理规定征收。

（五）彩票公益金按照国务院和财政部的规定筹集。

（六）中央银行收入按照相关法律法规征收。

（七）罚没收入按照法律、法规和规章的规定征收。

（八）主管部门集中收入、以政府名义接受的捐赠收入、政府收入的利息收入及其他非税收入按照同级人民政府及其财政部门的管理规定征收或者收取。

任何部门和单位不得违反规定设立非税收入项目或者设定非税收入的征收对象、范围、标准和期限。

第十条 取消、停征、减征、免征或者缓征非税收入，以及调整非税收入的征收对象、范围、标准和期限，应当按照设立和征收非税收入的管理权限予以批准，不许越权批准。

取消法律、法规规定的非税收入项目，应当按照法定程序办理。

第十一条 非税收入可以由财政部门直接征收，也可以由财政部门委托的部门和单位（以下统称执收单位）征收。

未经财政部门批准，不得改变非税收入执收单位。

法律、法规对非税收入执收单位已有规定的，从其规定。

第十二条 执收单位应当履行下列职责：

（一）公示非税收入征收依据和具体征收事项，包括项目、对象、范围、标准、期限和方式等；

（二）严格按照规定的非税收入项目、征收范围和征收标准进行征收，及时足额上缴非税收入，并对欠缴、少缴收入实施催缴；

（三）记录、汇总、核对并按规定向同级财政部门报送非税收入征缴情况；

（四）编报非税收入年度收入预算；

（五）执行非税收入管理的其他有关规定。

第十三条 执收单位不得违规多征、提前征收或者减征、免征、缓征非税收入。

第十四条 各级财政部门应当加强非税收入执收管理和监督，不得向执收单位下达非税收入指标。

第十五条 公民、法人或者其他组织（以下简称缴纳义务人）应当按规定履行非税收入缴纳义务。

对违规设立非税收入项目、扩大征收范围、提高征收标准的，缴纳义务人有权拒绝缴纳并向有关部门举报。

第十六条　缴纳义务人因特殊情况需要缓缴、减缴、免缴非税收入的，应当向执收单位提出书面申请，并由执收单位报有关部门按照规定审批。

第十七条　非税收入应当全部上缴国库，任何部门、单位和个人不得截留、占用、挪用、坐支或者拖欠。

第十八条　非税收入收缴实行国库集中收缴制度。

第十九条　各级财政部门应当加快推进非税收入收缴电子化管理，逐步降低征收成本，提高收缴水平和效率。

第三章　票据管理

第二十条　非税收入票据是征收非税收入的法定凭证和会计核算的原始凭证，是财政、审计等部门进行监督检查的重要依据。

第二十一条　非税收入票据种类包括非税收入通用票据、非税收入专用票据和非税收入一般缴款书。具体适用下列范围：

（一）非税收入通用票据，是指执收单位征收非税收入时开具的通用凭证。

（二）非税收入专用票据，是指特定执收单位征收特定的非税收入时开具的专用凭证，主要包括行政事业性收费票据、政府性基金票据、国有资源（资产）收入票据、罚没票据等。

（三）非税收入一般缴款书，是指实施非税收入收缴管理制度改革的执收单位收缴非税收入时开具的通用凭证。

第二十二条　各级财政部门应当通过加强非税收入票据管理，规范执收单位的征收行为，从源头上杜绝乱收费，并确保依法合规的非税收入及时足额上缴国库。

第二十三条　非税收入票据实行凭证领取、分次限量、核旧领新制度。

执收单位使用非税收入票据，一般按照财务隶属关系向同级财政部门申领。

第二十四条　除财政部另有规定以外，执收单位征收非税收入，应当向缴纳义务人开具财政部或者省级财政部门统一监（印）制的非税收入票据。

对附加在价格上征收或者需要依法纳税的有关非税收入，执收单位应当按规定向缴纳义务人开具税务发票。

不开具前款规定票据的，缴纳义务人有权拒付款项。

第二十五条 非税收入票据使用单位不得转让、出借、代开、买卖、擅自销毁、涂改非税收入票据；不得串用非税收入票据，不得将非税收入票据与其他票据互相替代。

第二十六条 非税收入票据使用完毕，使用单位应当按顺序清理票据存根、装订成册、妥善保管。

非税收入票据存根的保存期限一般为5年。保存期满需要销毁的，报经原核发票据的财政部门查验后销毁。

第四章 资金管理

第二十七条 非税收入应当依照法律、法规规定或者按照管理权限确定的收入归属和缴库要求，缴入相应级次国库。

第二十八条 非税收入实行分成的，应当按照事权与支出责任相适应的原则确定分成比例，并按下列管理权限予以批准：

（一）涉及中央与地方分成的非税收入，其分成比例由国务院或者财政部规定；

（二）涉及省级与市、县级分成的非税收入，其分成比例由省级人民政府或者其财政部门规定；

（三）涉及部门、单位之间分成的非税收入，其分成比例按照隶属关系由财政部或者省级财政部门规定。

未经国务院和省级人民政府及其财政部门批准，不得对非税收入实行分成或者调整分成比例。

第二十九条 非税收入应当通过国库单一账户体系收缴、存储、退付、清算和核算。

第三十条 上下级政府分成的非税收入，由财政部门按照分级划解、及时清算的原则办理。

第三十一条 已上缴中央和地方财政的非税收入依照有关规定需要退付

的，分别按照财政部和省级财政部门的规定执行。

第三十二条　根据非税收入不同性质，分别纳入一般公共预算、政府性基金预算和国有资本经营预算管理。

第三十三条　各级财政部门应当按照规定加强政府性基金、国有资本收益与一般公共预算资金统筹使用，建立健全预算绩效评价制度，提高资金使用效率。

第五章　监督管理

第三十四条　各级财政部门应当建立健全非税收入监督管理制度，加强非税收入政策执行情况的监督检查，依法处理非税收入违法违规行为。

第三十五条　执收单位应当建立健全内部控制制度，接受财政部门和审计机关的监督检查，如实提供非税收入情况和相关资料。

第三十六条　各级财政部门和执收单位应当通过政府网站和公共媒体等渠道，向社会公开非税收入项目名称、设立依据、征收方式和标准等，并加大预决算公开力度，提高非税收入透明度，接受公众监督。

第三十七条　任何单位和个人有权监督和举报非税收入管理中的违法违规行为。

各级财政部门应当按职责受理、调查、处理举报或者投诉，并为举报人保密。

第三十八条　对违反本办法规定设立、征收、缴纳、管理非税收入的行为，依照《中华人民共和国预算法》、《财政违法行为处罚处分条例》和《违反行政事业性收费和罚没收入收支两条线管理规定行政处分暂行规定》等国家有关规定追究法律责任；涉嫌犯罪的，依法移送司法机关处理。

第六章　附　则

第三十九条　教育收费管理参照本办法规定执行，收入纳入财政专户管理。

第四十条　省级财政部门可以根据本办法的规定，结合本地区实际情况，制定非税收入管理的具体实施办法。

第四十一条　本办法自颁布之日起施行。

政府性基金管理暂行办法

2010年9月10日，财政部以财综〔2010〕80号印发《政府性基金管理暂行办法》。该《办法》分总则、申请和审批程序、征收和缴库、预决算管理、监督检查与法律责任、附则6章40条，自2011年1月1日起施行。

第一章　总　则

第一条　为加强政府性基金管理，进一步规范审批、征收、使用、监管等行为，保护公民、法人和其他组织的合法权益，根据《中共中央 国务院关于坚决制止乱收费、乱罚款和各种摊派的决定》（中发〔1990〕16号）、《国务院关于加强预算外资金管理的决定》（国发〔1996〕29号）和《中共中央 国务院关于治理向企业乱收费、乱罚款和各种摊派等问题的决定》（中发〔1997〕14号）的规定，制定本办法。

第二条　本办法所称政府性基金，是指各级人民政府及其所属部门根据法律、行政法规和中共中央、国务院文件规定，为支持特定公共基础设施建设和公共事业发展，向公民、法人和其他组织无偿征收的具有专项用途的财政资金。

第三条　政府性基金实行中央一级审批制度，遵循统一领导、分级管理的原则。

第四条　政府性基金属于政府非税收入，全额纳入财政预算，实行"收支两条线"管理。

第五条　各级人民政府财政部门（以下简称各级财政部门）以及政府性基金征收、使用部门和单位按照本办法规定权限，分别负责政府性基金的征收、使用、管理和监督。

第六条　各级财政部门是政府性基金管理的职能部门。

财政部负责制定全国政府性基金征收使用管理政策和制度，审批、管理和监督全国政府性基金，编制中央政府性基金预决算草案，汇总全国政府性基金预决算草案。

地方各级财政部门依照规定负责对本行政区域内政府性基金的征收使用管理和监督，编制本级政府性基金预决算草案。

第七条　政府性基金征收部门和单位（以下简称征收机构）负责政府性基金的具体征收工作。

第八条　政府性基金使用部门和单位（以下简称使用单位）负责编制涉及本部门和单位的有关政府性基金收支预算和决算。

第九条　财政部于每年3月31日前编制截至上年12月31日的全国政府性基金项目目录，向社会公布。各省、自治区、直辖市人民政府（以下简称省级政府）财政部门按照财政部规定，于每年4月30日前编制截至上年12月31日在本行政区域范围内实施的政府性基金项目，向社会公布。

第十条　政府性基金的征收、使用、管理等应当接受财政、审计部门的监督检查。

第二章　申请和审批程序

第十一条　国务院所属部门（含直属机构，下同）、地方各级人民政府及其所属部门申请征收政府性基金，必须以法律、行政法规和中共中央、国务院文件为依据，法律、行政法规和中共中央、国务院文件没有明确规定征收政府性基金的，一律不予审批。

第十二条　法律、行政法规和中共中央、国务院文件明确规定征收政府性基金，但没有明确规定征收对象、范围和标准等内容的，应当按照下列程序进行申请和审批：

（一）国务院所属部门、地方各级人民政府及其所属部门申请附加在税收、价格上征收，或者按销售（营业）收入、固定资产原值等的一定比例征收的政府性基金项目，应当由国务院所属部门或者省级政府提出书面申请，经财政部会同有关部门审核后，报国务院批准。

（二）国务院所属部门申请征收除本条第一款（一）以外的其他政府性基金项目，应当向财政部提出书面申请，由财政部审批。

（三）地方各级人民政府及其所属部门申请征收除本条第一款（一）以外

的其他政府性基金项目，应当提出书面申请，经省级政府财政部门审核后，由省级政府财政部门或者省级政府报财政部审批。

法律、行政法规和中共中央、国务院文件已经明确政府性基金征收对象、范围和标准等内容的，其具体征收使用管理办法由财政部会同有关部门负责制定。

第十三条 征收政府性基金的申请文件应当包括下列内容：政府性基金项目名称、征收目的和依据、征收机构、征收对象、征收范围、征收标准、征收方式、资金用途、使用票据、使用单位、执行期限等，并说明有关理由。同时，还应当提交有关征收政府性基金的法律、行政法规和中共中央、国务院文件依据，以及国务院或财政部认为应当提交的其他相关数据和资料。

第十四条 财政部收到征收政府性基金的申请文件后，经初步审查确认申请文件的形式和内容符合本办法规定的，应当予以受理；经初步审查确认申请文件的形式和内容不符合本办法规定的，应当及时通知申请单位对申请文件作出相应修改或者补充相关资料。

第十五条 财政部正式受理申请后，应当对申请征收的政府性基金是否符合法律、行政法规和中共中央、国务院文件规定等内容进行审查，并对申请征收政府性基金的有关情况进行调查，通过召开座谈会、论证会、书面征求意见等形式，广泛听取征收对象和其他相关部门或者单位的意见。其中，涉及农民负担的政府性基金，应当听取农民负担监督管理部门的意见。

第十六条 财政部原则上应当自受理申请之日起90个工作日内作出是否批准征收政府性基金的决定或者提出是否同意征收政府性基金的审核意见。由于客观原因未能在规定时间内作出审批决定或者提出审核意见的，应当向申请单位说明理由。

第十七条 财政部关于批准或者不予批准征收政府性基金的决定，应当以书面形式发布。

批准决定应当包括以下内容：审批政府性基金的依据、政府性基金项目名称、征收机构、征收对象、征收范围、征收标准、征收方式、使用票据、资金用途、使用单位、执行期限、监督检查等。其中，政府性基金征收标准根据有关事业发展需要，兼顾经济发展和社会承受能力确定。

不予批准的决定，应当说明依据和理由。

第十八条　财政部同意或者不同意征收政府性基金的审核意见，应当以书面形式上报国务院。其内容包括：申请征收的政府性基金是否具有法律、行政法规和中共中央、国务院文件依据，是否同意征收及主要理由；对经审核同意征收的政府性基金，还应当提出对政府性基金项目名称、征收机构、征收对象、征收范围、征收标准、征收方式、使用票据、资金用途、使用单位、执行期限、监督检查等内容的具体意见和建议。

第十九条　按照本办法第十二条规定报经批准征收的政府性基金，在执行过程中需要变更项目名称，改变征收对象，调整征收范围、标准、支出范围及期限或减征、免征、缓征、停征的，除法律、行政法规、国务院或财政部另有规定外，应当按照本办法第十二条规定的审批程序重新履行报批手续。

第二十条　政府性基金在执行过程中，如遇征收政府性基金依据的法律、行政法规修改或者中共中央、国务院出台新的规定，应当按照修改后的法律、行政法规或新的规定执行。

因客观情况发生变化，对不宜再继续征收的政府性基金，由财政部按照规定程序报请国务院予以撤销，或者按照法律、行政法规规定程序予以撤销。

第二十一条　除法律、行政法规和中共中央、国务院或者财政部规定外，其他任何部门、单位和地方各级人民政府均不得批准设立或者征收政府性基金，不得改变征收对象、调整征收范围、标准及期限，不得减征、免征、缓征、停征或者撤销政府性基金，不得以行政事业性收费名义变相设立政府性基金项目。

第三章　征收和缴库

第二十二条　政府性基金按照规定实行国库集中收缴制度。各级财政部门可以自行征收政府性基金，也可以委托其他机构代征政府性基金。

委托其他机构代征政府性基金的，其代征费用由同级财政部门通过预算予以安排。

第二十三条　政府性基金征收机构应当严格按照法律、行政法规和中共中央、国务院或者财政部规定的项目、范围、标准和期限征收政府性基金。

公民、法人或者其他组织不得拒绝缴纳符合本办法规定设立的政府性基金。

第二十四条 除财政部另有规定外，政府性基金征收机构在征收政府性基金时，应当按照规定开具财政部或者省级政府财政部门统一印制或监制的财政票据；不按规定开具财政票据的，公民、法人和其他组织有权拒绝缴纳。

第二十五条 政府性基金收入应按规定及时、足额缴入相应级次国库，不得截留、坐支和挪作他用。

各级财政部门应当按照有关规定，监督政府性基金的征收和解缴入库。

第四章 预决算管理

第二十六条 政府性基金收支纳入政府性基金预算管理。

政府性基金预算编制遵循“以收定支、专款专用、收支平衡、结余结转下年安排使用”的原则。政府性基金支出根据政府性基金收入情况安排，自求平衡，不编制赤字预算。各项政府性基金按照规定用途安排，不得挪作他用。

各级财政部门应当建立健全政府性基金预算编报体系，不断提高政府性基金预算编制的完整性、准确性和精细化程度。

第二十七条 政府性基金使用单位应当按照财政部统一要求以及同级财政部门的有关规定，编制年度相关政府性基金预算，逐级汇总后报同级财政部门审核。

第二十八条 各级财政部门在审核使用单位年度政府性基金预算的基础上，编制本级政府年度政府性基金预算草案，经同级人民政府审定后，报同级人民代表大会审查批准。

财政部汇总中央和地方政府性基金预算，形成全国政府性基金预算草案，经国务院审定后，报全国人民代表大会审查批准。

第二十九条 各级财政部门要加强政府性基金预算执行管理，按照经同级人民代表大会批准的政府性基金预算和政府性基金征收缴库进度，以及国库集中支付的相关制度规定及时支付资金，确保政府性基金预算执行均衡。

政府性基金使用单位要强化预算执行，严格遵守财政部制定的财务管理和会计核算制度，按照财政部门批复的政府性基金预算使用政府性基金，确保政府性基金专款专用。

政府性基金预算调整必须符合法律、行政法规规定的程序。

第三十条 政府性基金使用单位按照财政部统一要求以及同级财政部门

的有关规定，根据年度相关政府性基金预算执行情况，编制政府性基金决算，报同级财政部门审核。

各级财政部门汇总编制本级政府性基金决算草案，报同级人民政府审定后，报同级人民代表大会常务委员会审查批准。

财政部汇总中央和地方政府性基金决算，形成全国政府性基金决算草案，经国务院审定后，报全国人民代表大会常务委员会审查批准。

第五章 监督检查与法律责任

第三十一条 各级财政部门、政府性基金征收机构和使用单位应当严格按照国家规定征收、使用和管理政府性基金。

第三十二条 对未按本办法规定的审批程序批准，自行设立政府性基金项目，或者改变政府性基金征收对象、范围、标准和期限的，财政部应当会同有关部门予以纠正，公民、法人和其他组织有权拒绝缴纳并向财政部举报。

第三十三条 各级财政部门应当按照财政部规定，加强政府性基金收支管理及相关财政票据使用情况的监督检查。

第三十四条 政府性基金征收机构和使用单位应当建立健全相关政府性基金的内部财务审计制度，自觉接受财政、审计部门的监督检查，如实提供相关政府性基金收支情况和资料。

第三十五条 财政部应当按照本办法规定定期向社会公布新批准征收或取消的政府性基金项目等相关信息。

省级政府财政部门应当按照本办法规定定期向社会公布本行政区域内实施的政府性基金项目等相关信息。

政府性基金征收机构应当按照规定在征收场所公布政府性基金的征收文件，自觉接受社会监督。

第三十六条 对违反本办法规定设立、征收、缴纳、管理和使用政府性基金等行为，依照《财政违法行为处罚处分条例》（国务院令第427号）等国家有关规定追究法律责任。

第六章 附 则

第三十七条 国务院所属部门代拟中共中央、国务院文件，凡涉及新设立政府性基金项目或调整政府性基金相关政策的，应当事先征求财政部意见。

第三十八条 通过公共财政预算安排资金设立的基金，公民、法人和其他组织自愿捐赠、赞助设立的基金，各类基金会接受社会自愿捐赠设立的基金，行政事业单位按照财务制度规定建立的专用基金，以及社会保险基金，不适用本办法。

第三十九条 省级政府财政部门可以根据本办法的规定，结合本地区实际情况，制定政府性基金管理的具体实施办法，经同级人民政府批准后，报财政部备案。

第四十条 本办法自2011年1月1日起施行。

国家行政事业性收费标准管理办法

2018年6月29日，国家发展改革委、财政部以发改价格规〔2018〕988号印发《国家行政事业性收费标准管理办法》。该《办法》分总则、申请和受理、审批程序和原则、管理和监督、法律责任、附则6章35条，自2018年5月1日起施行。

第一章　总　则

第一条　为加强行政事业性收费标准管理，保护公民、法人和其他组织的合法权益，规范对收费标准的管理行为，提高收费决策的科学性和透明度，根据《中华人民共和国价格法》《中华人民共和国预算法》及国务院有关规定，制定本办法。

第二条　中华人民共和国境内列入行政事业性收费目录清单的收费项目，收费标准的申请、受理、调查、论证、审核、决策、公布、公示、监督、检查等，适用本办法。法律法规另有规定的，从其规定。

第三条　本办法所称行政事业性收费（以下简称“收费”），是指国家机关、事业单位、代行政府职能的社会团体及其他组织根据法律法规等有关规定，依照国务院规定程序批准，在实施社会公共管理，以及在向公民、法人和其他组织提供特定公共服务过程中，向特定对象收取的费用。

第四条　收费标准实行中央和省两级审批制度。国务院和省、自治区、直辖市人民政府（以下简称“省级政府”）的价格、财政部门按照规定权限审批收费标准。未列入行政事业性收费目录清单的收费项目，一律不得审批收费标准。

中央有关部门和单位（包括中央驻地方单位，下同），以及全国或者区域（跨省、自治区、直辖市）范围内实施收费的收费标准，由国务院价格、财政部门审批。其中，重要收费项目的收费标准应当由国务院价格、财政部门审核后报请国务院批准。

除上款规定的其他收费标准，由省级政府价格、财政部门审批。其中，重要收费项目的收费标准应当由省级政府价格、财政部门审核后报请省级政府批准。

第五条 地域成本差异较大的全国或者区域（跨省、自治区、直辖市）范围内实施的收费标准，国务院价格、财政部门可以授权省级政府价格、财政部门审批。

专业性强且类别较多的考试、注册等收费，省级以上政府价格、财政部门可以制定收费标准的上限，由行业主管部门在上限范围内确定具体收费标准。

第六条 审批收费标准应当遵循以下原则：

（一）公平、公正、公开和效率的原则；

（二）满足社会公共管理需要，合理补偿管理或者服务成本，并与社会承受能力相适应的原则；

（三）促进环境保护、资源节约和有效利用，以及经济和社会事业持续发展的原则；

（四）符合国际惯例和国际对等的原则。

第七条 公民、法人或者其他组织有权对收费的实施和管理进行监督，可以拒绝缴纳和举报违反法律法规以及本办法规定的收费。

第二章 申请和受理

第八条 除法律法规和省级以上人民政府另有规定外，收费单位申请制定或者调整收费标准，应当按照管理权限向国务院价格、财政部门或者省级政府价格、财政部门（以下简称“价格、财政部门”）提出书面申请。

国务院价格、财政部门负责审批的收费标准，由中央有关部门，省级政府或者其价格、财政部门向国务院价格、财政部门提出书面申请。

省级政府价格、财政部门负责审批的收费标准，由省级政府有关部门、地市级人民政府或者其价格、财政部门向省级政府价格、财政部门提出书面申请。

第九条 申请制定或者调整收费标准应当提供以下材料：

（一）申请制定或者调整的收费标准方案、依据和理由，预计年度收费额或者近3年年度收费额、调整后的收费增减额；

（二）申请制定或者调整收费标准的成本测算材料；

（三）相关的法律法规、规章和政策规定；

（四）收费单位的有关情况，包括收费单位性质、职能设置、人员配备、经费来源等；

（五）对收费对象及相关行业的影响；

（六）价格、财政部门认为应当提供的其他相关材料。

申请人应当对提供材料的真实性、完整性、合法性负责。

第十条 价格、财政部门收到申请后，应当对申请材料进行初步审查。申请材料齐全、符合规定要求的，应当予以受理，并告知申请单位；申请材料不齐全或者内容不符合规定要求的，应当一次性告知申请单位对申请材料进行修改或者补充。

第十一条 具有下列情形之一的申请，不予以受理：

（一）申请依据与现行法律法规、规章和政策相抵触的；

（二）制定或者调整收费标准的理由不充分或者明显不合理的；

（三）提供虚假材料的；

（四）超出价格、财政部门审批权限的。

对不予受理的申请，应当在接到申请之日起15个工作日内书面通知申请单位，并说明理由。

第三章 审批程序和原则

第十二条 价格、财政部门受理申请后，可对收费成本进行审核，审查申请收费标准与收费单位履行职能需要是否相适应，以及实施收费的操作性、社会承受能力等相关事宜。

价格、财政部门可以委托第三方机构进行收费成本审核。

第十三条 价格、财政部门可以采用召开座谈会、论证会、听证会或者书面征求意见等形式，征求社会有关方面的意见。

第十四条 对符合规定申请的收费标准，应当根据收费的不同性质和成本构成特点实行分类审核。

第十五条 行政管理类收费，即根据法律法规规定，在行使国家管理职能时，向被管理对象收取的费用，收费标准按照行使管理职能的需要从严审核。其中，各种证件、牌照、簿卡等证照收费标准按照证照印制、发放的直接成本，即印制费用、运输费用、仓储费用及合理损耗等成本进行审核。

证照印制费用原则上按照招标价格确定。全国统一印制，分散发放的证照，应当分别制定印制证照和具体发放证照部门的收费标准。

第十六条 资源补偿类收费，即根据法律法规规定向开采、利用自然和社会公共资源者收取的费用，收费标准参考相关资源的价值或者其稀缺性，并考虑可持续发展等因素审核。

对开采利用自然资源造成生态破坏、环境污染或者其他环境损坏的，审核收费标准时，应当充分考虑相关生态环境治理和恢复成本。

第十七条 鉴定类收费，即根据法律法规规定，行使或者代行政府职能强制实施检验、检测、检定、认证、检疫等收取的费用，收费标准根据行使管理职能的需要，按照鉴定的场地费用、人员劳务费、仪器设备折旧、流动耗材损耗及其他成本审核。

第十八条 考试类收费，即根据法律法规、国务院或者省级政府文件规定组织考试收取的费用，以及组织经人力资源和社会保障部批准的专业技术资格、执业资格和职业资格考试收取的费用，收费标准按照考务工作、组织报名、租用考试场地、聘请监考人员等组织考试的成本审核。

在全国范围内统一组织的考试，可以分别制定中央有关单位向各地考试机构收取的考务费标准和各地考试机构向考生收取的考试费标准。

第十九条 培训类收费，即根据法律法规或者国务院规定开展强制性培训收取的费用，收费标准按照聘请师资、租用培训场地、编制培训资料、交通支出等培训成本审核。

第二十条 收费涉及与其他国家或者地区关系的，收费标准按照国际惯例和对等原则审核。

第二十一条 其他类别的收费标准，根据管理或者服务需要，按照成本补偿和非营利原则审核。

第二十二条 价格、财政部门原则上自受理申请之日起60个工作日内作出收费标准审批决定。申请单位同时申请设立收费项目和制定收费标准的，原则上在收费立项文件印发之日起60个工作日内作出收费标准审批决定。

对需要召开听证会的，根据听证的有关程序执行，听证时间不计入收费标准审批时限。

上述审批时限不包括上报国务院或者省级政府批准的时间。因特殊原因超过审批时限的，应当书面告知申请单位。

第二十三条　价格、财政部门审批收费标准的决定，以公文形式发布。主要内容包括：收费主体、收费对象、收费范围、计费（量）单位和标准、收费频次、执行期限等。

第二十四条　初次制定的收费标准，可以规定试行期。试行期满后继续收费的，申请单位应当在试行期满60个工作日前，按照规定程序和要求重新申请收费标准，由价格、财政部门根据试行情况和本办法规定重新审批。

第四章　管理和监督

第二十五条　除涉及国家秘密外，价格、财政部门应当及时将审批的收费标准告知申请单位，并向社会公布。

第二十六条　收费单位应当在收费地点的显著位置公示收费项目、收费标准、收费主体、计费单位、收费依据、收费范围、收费对象、减免规定、监督举报电话等，自觉接受社会监督。

第二十七条　价格、财政部门应当加快建立收费标准执行情况后评估制度，对收费标准执行情况进行监测或定期审核，加强事中事后监管。

法律法规及国务院规定发生变化，或者收费成本、范围、对象等情况变动较大的，价格、财政部门应当及时调整收费标准。

第二十八条　收费单位应当建立健全内部收费管理制度，严格执行国家各项收费管理规定。

第二十九条　行业主管部门应当加强对本行业收费单位的指导，督促收费单位依法依规收费。

第五章　法律责任

第三十条　收费单位违反规定，具有下列情形之一的，由各级价格、财政部门按照职责分工责令改正，并按照有关法律法规和党中央、国务院关于收费管理的有关规定进行查处。

（一）擅自制定收费标准的；

（二）不执行规定收费标准和减免政策的，或者采取分解收费项目、增加收费频次、延长收费时限、扩大收费范围等方式变相提高收费标准的；

（三）已明令取消的收费项目或者停止执行的收费标准仍然收费的；

（四）未按照规定向社会公示收费项目、收费标准收费的；

（五）其他违反收费管理规定的。

第三十一条 各级政府及其部门违反本办法规定，擅自审批收费标准的，责令改正，情节严重的给予通报批评，并对直接负责的主管人员和其他直接责任人员，依法给予处分。

第三十二条 各级价格、财政部门工作人员在收费管理工作中，滥用职权、徇私舞弊、玩忽职守、索贿受贿，构成犯罪的，依法追究刑事责任；尚不构成犯罪的，依法给予处分。

第六章 附 则

第三十三条 价格、财政部门在审批收费标准时，需要委托第三方机构进行成本审核、评估论证的，委托所需费用按照有关规定纳入部门预算。

第三十四条 本办法由国家发展改革委、财政部按照各自职责负责解释。

第三十五条 本办法自2018年5月1日起执行。《国家发展改革委 财政部关于印发〈行政事业性收费标准管理暂行办法〉的通知》（发改价格〔2006〕532号）同时废止。

行政事业性国有资产管理条例

（2020年12月30日国务院第120次常务会议通过，2021年2月1日中华人民共和国国务院令第738号公布，自2021年4月1日起施行）

第一章 总 则

第一条 为了加强行政事业性国有资产管理与监督，健全国有资产管理体制，推进国家治理体系和治理能力现代化，根据全国人民代表大会常务委员会关于加强国有资产管理情况监督的决定，制定本条例。

第二条 行政事业性国有资产，是指行政单位、事业单位通过以下方式取得或者形成的资产：

（一）使用财政资金形成的资产；

（二）接受调拨或者划转、置换形成的资产；

（三）接受捐赠并确认为国有的资产；

（四）其他国有资产。

第三条 行政事业性国有资产属于国家所有，实行政府分级监管、各部门及其所属单位直接支配的管理体制。

第四条 各级人民政府应当建立健全行政事业性国有资产管理机制，加强对本级行政事业性国有资产的管理，审查、批准重大行政事业性国有资产管理事项。

第五条 国务院财政部门负责制定行政事业单位国有资产管理规章制度并负责组织实施和监督检查，牵头编制行政事业性国有资产管理情况报告。

国务院机关事务管理部门和有关机关事务管理部门会同有关部门依法依规履行相关中央行政事业单位国有资产管理职责，制定中央行政事业单位国有资产管理具体制度和办法并组织实施，接受国务院财政部门的指导和监督检查。

相关部门根据职责规定，按照集中统一、分类分级原则，加强中央行政事业单位国有资产管理，优化管理手段，提高管理效率。

第六条 各部门根据职责负责本部门及其所属单位国有资产管理工作，应当明确管理责任，指导、监督所属单位国有资产管理工作。

各部门所属单位负责本单位行政事业性国有资产的具体管理，应当建立和完善内部控制管理制度。

第七条 各部门及其所属单位管理行政事业性国有资产应当遵循安全规范、节约高效、公开透明、权责一致的原则，实现实物管理与价值管理相统一，资产管理与预算管理、财务管理相结合。

第二章 资产配置、使用和处置

第八条 各部门及其所属单位应当根据依法履行职能和事业发展的需要，结合资产存量、资产配置标准、绩效目标和财政承受能力配置资产。

第九条 各部门及其所属单位应当合理选择资产配置方式，资产配置重大事项应当经可行性研究和集体决策，资产价值较高的按照国家有关规定进行资产评估，并履行审批程序。

资产配置包括调剂、购置、建设、租用、接受捐赠等方式。

第十条 县级以上人民政府应当组织建立、完善资产配置标准体系，明确配置的数量、价值、等级、最低使用年限等标准。

资产配置标准应当按照勤俭节约、讲求绩效和绿色环保的要求，根据国家有关政策、经济社会发展水平、市场价格变化、科学技术进步等因素适时调整。

第十一条 各部门及其所属单位应当优先通过调剂方式配置资产。不能调剂的，可以采用购置、建设、租用等方式。

第十二条 行政单位国有资产应当用于本单位履行职能的需要。

除法律另有规定外，行政单位不得以任何形式将国有资产用于对外投资或者设立营利性组织。

第十三条 事业单位国有资产应当用于保障事业发展、提供公共服务。

第十四条 各部门及其所属单位应当加强对本单位固定资产、在建工程、流动资产、无形资产等各类国有资产的管理，明确管理责任，规范使用流程，加强产权保护，推进相关资产安全有效使用。

第十五条 各部门及其所属单位应当明确资产使用人和管理人的岗位责任。

资产使用人、管理人应当履行岗位责任，按照规程合理使用、管理资产，充分发挥资产效能。资产需要维修、保养、调剂、更新、报废的，资产使用人、管理人应当及时提出。

资产使用人、管理人发生变化的，应当及时办理资产交接手续。

第十六条 各部门及其所属单位接受捐赠的资产，应当按照捐赠约定的用途使用。捐赠人意愿不明确或者没有约定用途的，应当统筹安排使用。

第十七条 事业单位利用国有资产对外投资应当有利于事业发展和实现国有资产保值增值，符合国家有关规定，经可行性研究和集体决策，按照规定权限和程序进行。

事业单位应当明确对外投资形成的股权及其相关权益管理责任，按照规定将对外投资形成的股权纳入经营性国有资产集中统一监管体系。

第十八条 县级以上人民政府及其有关部门应当建立健全国有资产共享共用机制，采取措施引导和鼓励国有资产共享共用，统筹规划有效推进国有资产共享共用工作。

各部门及其所属单位应当在确保安全使用的前提下，推进本单位大型设备等国有资产共享共用工作，可以对提供方给予合理补偿。

第十九条 各部门及其所属单位应当根据履行职能、事业发展需要和资产使用状况，经集体决策和履行审批程序，依据处置事项批复等相关文件及时处置行政事业性国有资产。

第二十条 各部门及其所属单位应当将依法罚没的资产按照国家规定公开拍卖或者按照国家有关规定处理，所得款项全部上缴国库。

第二十一条 各部门及其所属单位应当对下列资产及时予以报废、报损：

（一）因技术原因确需淘汰或者无法维修、无维修价值的资产；

（二）涉及盘亏、坏账以及非正常损失的资产；

（三）已超过使用年限且无法满足现有工作需要的资产；

（四）因自然灾害等不可抗力造成毁损、灭失的资产。

第二十二条 各部门及其所属单位发生分立、合并、改制、撤销、隶属关系改变或者部分职能、业务调整等情形，应当根据国家有关规定办理相关国有资产划转、交接手续。

第二十三条 国家设立的研究开发机构、高等院校对其持有的科技成果的使用和处置，依照《中华人民共和国促进科技成果转化法》、《中华人民共和国专利法》和国家有关规定执行。

第三章 预算管理

第二十四条 各部门及其所属单位购置、建设、租用资产应当提出资产配置需求，编制资产配置相关支出预算，并严格按照预算管理规定和财政部门批复的预算配置资产。

第二十五条 行政单位国有资产出租和处置等收入，应当按照政府非税收入和国库集中收缴制度的有关规定管理。

除国家另有规定外，事业单位国有资产的处置收入应当按照政府非税收入和国库集中收缴制度的有关规定管理。

事业单位国有资产使用形成的收入，由本级人民政府财政部门规定具体管理办法。

第二十六条 各部门及其所属单位应当及时收取各类资产收入，不得违反国家规定，多收、少收、不收、侵占、私分、截留、占用、挪用、隐匿、坐支。

第二十七条 各部门及其所属单位应当在决算中全面、真实、准确反映其国有资产收入、支出以及国有资产存量情况。

第二十八条 各部门及其所属单位应当按照国家规定建立国有资产绩效管理制度，建立健全绩效指标和标准，有序开展国有资产绩效管理工作。

第二十九条 县级以上人民政府投资建设公共基础设施，应当依法落实资金来源，加强预算约束，防范政府债务风险，并明确公共基础设施的管理维护责任单位。

第四章 基础管理

第三十条 各部门及其所属单位应当按照国家规定设置行政事业性国有资产台账，依照国家统一的会计制度进行会计核算，不得形成账外资产。

第三十一条　各部门及其所属单位采用建设方式配置资产的，应当在建设项目竣工验收合格后及时办理资产交付手续，并在规定期限内办理竣工财务决算，期限最长不得超过1年。

各部门及其所属单位对已交付但未办理竣工财务决算的建设项目，应当按照国家统一的会计制度确认资产价值。

第三十二条　各部门及其所属单位对无法进行会计确认入账的资产，可以根据需要组织专家参照资产评估方法进行估价，并作为反映资产状况的依据。

第三十三条　各部门及其所属单位应当明确资产的维护、保养、维修的岗位责任。因使用不当或者维护、保养、维修不及时造成资产损失的，应当依法承担责任。

第三十四条　各部门及其所属单位应当定期或者不定期对资产进行盘点、对账。出现资产盘盈盘亏的，应当按照财务、会计和资产管理制度有关规定处理，做到账实相符和账账相符。

第三十五条　各部门及其所属单位处置资产应当及时核销相关资产台账信息，同时进行会计处理。

第三十六条　除国家另有规定外，各部门及其所属单位将行政事业性国有资产进行转让、拍卖、置换、对外投资等，应当按照国家有关规定进行资产评估。

行政事业性国有资产以市场化方式出售、出租的，依照有关规定可以通过相应公共资源交易平台进行。

第三十七条　有下列情形之一的，各部门及其所属单位应当对行政事业性国有资产进行清查：

（一）根据本级政府部署要求；

（二）发生重大资产调拨、划转以及单位分立、合并、改制、撤销、隶属关系改变等情形；

（三）因自然灾害等不可抗力造成资产毁损、灭失；

（四）会计信息严重失真；

（五）国家统一的会计制度发生重大变更，涉及资产核算方法发生重要变化；

（六）其他应当进行资产清查的情形。

第三十八条 各部门及其所属单位资产清查结果和涉及资产核实的事项，应当按照国务院财政部门的规定履行审批程序。

第三十九条 各部门及其所属单位在资产清查中发现账实不符、账账不符的，应当查明原因予以说明，并随同清查结果一并履行审批程序。各部门及其所属单位应当根据审批结果及时调整资产台账信息，同时进行会计处理。

由于资产使用人、管理人的原因造成资产毁损、灭失的，应当依法追究相关责任。

第四十条 各部门及其所属单位对需要办理权属登记的资产应当依法及时办理。对有账簿记录但权证手续不全的行政事业性国有资产，可以向本级政府有关主管部门提出确认资产权属申请，及时办理权属登记。

第四十一条 各部门及其所属单位之间，各部门及其所属单位与其他单位和个人之间发生资产纠纷的，应当依照有关法律法规规定采取协商等方式处理。

第四十二条 国务院财政部门应当建立全国行政事业性国有资产管理信息系统，推行资产管理网上办理，实现信息共享。

第五章 资产报告

第四十三条 国家建立行政事业性国有资产管理情况报告制度。

国务院向全国人民代表大会常务委员会报告全国行政事业性国有资产管理情况。

县级以上地方人民政府按照规定向本级人民代表大会常务委员会报告行政事业性国有资产管理情况。

第四十四条 行政事业性国有资产管理情况报告，主要包括资产负债总量，相关管理制度建立和实施，资产配置、使用、处置和效益，推进管理体制机制改革等情况。

行政事业性国有资产管理情况按照国家有关规定向社会公开。

第四十五条 各部门所属单位应当每年编制本单位行政事业性国有资产管理情况报告，逐级报送相关部门。

各部门应当汇总编制本部门行政事业性国有资产管理情况报告，报送本级政府财政部门。

第四十六条　县级以上地方人民政府财政部门应当每年汇总本级和下级行政事业性国有资产管理情况，报送本级政府和上一级政府财政部门。

第六章　监　督

第四十七条　县级以上人民政府应当接受本级人民代表大会及其常务委员会对行政事业性国有资产管理情况的监督，组织落实本级人民代表大会及其常务委员会审议提出的整改要求，并向本级人民代表大会及其常务委员会报告整改情况。

乡、民族乡、镇人民政府应当接受本级人民代表大会对行政事业性国有资产管理情况的监督。

第四十八条　县级以上人民政府对下级政府的行政事业性国有资产管理情况进行监督。下级政府应当组织落实上一级政府提出的监管要求，并向上一级政府报告落实情况。

第四十九条　县级以上人民政府财政部门应当对本级各部门及其所属单位行政事业性国有资产管理情况进行监督检查，依法向社会公开检查结果。

第五十条　县级以上人民政府审计部门依法对行政事业性国有资产管理情况进行审计监督。

第五十一条　各部门应当建立健全行政事业性国有资产监督管理制度，根据职责对本行业行政事业性国有资产管理依法进行监督。

各部门所属单位应当制定行政事业性国有资产内部控制制度，防控行政事业性国有资产管理风险。

第五十二条　公民、法人或者其他组织发现违反本条例的行为，有权向有关部门进行检举、控告。接受检举、控告的有关部门应当依法进行处理，并为检举人、控告人保密。

任何单位或者个人不得压制和打击报复检举人、控告人。

第七章　法律责任

第五十三条　各部门及其所属单位有下列行为之一的，责令改正，情节较重的，对负有直接责任的主管人员和其他直接责任人员依法给予处分：

（一）配置、使用、处置国有资产未按照规定经集体决策或者履行审批程序；

（二）超标准配置国有资产；

（三）未按照规定办理国有资产调剂、调拨、划转、交接等手续；

（四）未按照规定履行国有资产拍卖、报告、披露等程序；

（五）未按照规定期限办理建设项目竣工财务决算；

（六）未按照规定进行国有资产清查；

（七）未按照规定设置国有资产台账；

（八）未按照规定编制、报送国有资产管理情况报告。

第五十四条 各部门及其所属单位有下列行为之一的，责令改正，有违法所得的没收违法所得，情节较重的，对负有直接责任的主管人员和其他直接责任人员依法给予处分；构成犯罪的，依法追究刑事责任：

（一）非法占有、使用国有资产或者采用弄虚作假等方式低价处置国有资产；

（二）违反规定将国有资产用于对外投资或者设立营利性组织；

（三）未按照规定评估国有资产导致国家利益损失；

（四）其他违反本条例规定造成国有资产损失的行为。

第五十五条 各部门及其所属单位在国有资产管理工作中有违反预算管理规定行为的，依照《中华人民共和国预算法》及其实施条例、《财政违法行为处罚处分条例》等法律、行政法规追究责任。

第五十六条 各部门及其所属单位的工作人员在国有资产管理工作中滥用职权、玩忽职守、徇私舞弊或者有浪费国有资产等违法违规行为的，由有关部门依法给予处分；构成犯罪的，依法追究刑事责任。

第八章 附 则

第五十七条 除国家另有规定外，社会组织直接支配的行政事业性国有资产管理，依照本条例执行。

第五十八条 货币形式的行政事业性国有资产管理，按照预算管理有关规定执行。

执行企业财务、会计制度的事业单位以及事业单位对外投资的全资企业或者控股企业的资产管理，不适用本条例。

第五十九条 公共基础设施、政府储备物资、国有文物文化等行政事业性国有资产管理的具体办法，由国务院财政部门会同有关部门制定。

第六十条 中国人民解放军、中国人民武装警察部队直接支配的行政事业性国有资产管理，依照中央军事委员会有关规定执行。

第六十一条 本条例自2021年4月1日起施行。

违反行政事业性收费和罚没收入收支两条线管理规定行政处分暂行规定

（2000年2月1日国务院第26次常务会议通过2000年2月12日中华人民共和国国务院令第281号发布自发布之日起施行）

第一条 为了严肃财经纪律，加强廉政建设，落实行政事业性收费和罚没收入“收支两条线”管理，促进依法行政，根据法律、行政法规和国家有关规定，制定本规定。

第二条 国家公务员和法律、行政法规授权行使行政事业性收费或者罚没职能的事业单位的工作人员有违反“收支两条线”管理规定行为的，依照本规定给予行政处分。

第三条 本规定所称“行政事业性收费”，是指下列属于财政性资金的收入：

（一）依据法律、行政法规、国务院有关规定、国务院财政部门与计划部门共同发布的规章或者规定以及省、自治区、直辖市的地方性法规、政府规章或者规定和省、自治区、直辖市人民政府财政部门与计划（物价）部门共同发布的规定所收取的各项收费；

（二）法律、行政法规和国务院规定的以及国务院财政部门按照国家有关规定批准的政府性基金、附加。

事业单位因提供服务收取的经营服务性收费不属于行政事业性收费。

第四条 本规定所称“罚没收入”，是指法律、行政法规授权的执行处罚的部门依法实施处罚取得的罚没款和没收物品的折价收入。

第五条 违反规定，擅自设立行政事业性收费项目或者设置罚没处罚的，对直接负责的主管人员和其他直接责任人员给予降级或者撤职处分。

第六条 违反规定，擅自变更行政事业性收费或者罚没范围、标准的，对直接负责的主管人员和其他直接责任人员给予记大过处分；情节严重的，给予降级或者撤职处分。

第七条 对行政事业性收费项目审批机关已经明令取消或者降低标准的收费项目，仍按原定项目或者标准收费的，对直接负责的主管人员和其他直接责任人员给予记大过处分；情节严重的，给予降级或者撤职处分。

第八条 下达或者变相下达罚没指标的，对直接负责的主管人员和其他直接责任人员给予降级或者撤职处分。

第九条 违反《收费许可证》规定实施行政事业性收费的，对直接负责的主管人员和其他直接责任人员给予警告处分；情节严重的，给予记过或者记大过处分。

第十条 违反财政票据管理规定实施行政事业性收费、罚没的，对直接负责的主管人员和其他直接责任人员给予降级或者撤职处分；以实施行政事业性收费、罚没的名义收取钱物，不出具任何票据的，给予开除处分。

第十一条 违反罚款决定与罚款收缴分离的规定收缴罚款的，对直接负责的主管人员和其他直接责任人员给予记大过或者降级处分。

第十二条 不履行行政事业性收费、罚没职责，应收不收、应罚不罚，经批评教育仍不改正的，对直接负责的主管人员和其他直接责任人员给予警告处分；情节严重的，给予记过或者记大过处分。

第十三条 不按照规定将行政事业性收费纳入单位财务统一核算、管理的，对直接负责的主管人员和其他直接责任人员给予记过处分；情节严重的，给予记大过或者降级处分。

第十四条 不按照规定将行政事业性收费缴入国库或者预算外资金财政专户的，对直接负责的主管人员和其他直接责任人员给予记大过处分；情节严重的，给予降级或者撤职处分。

不按照规定将罚没收入上缴国库的，依照前款规定给予处分。

第十五条 违反规定，擅自开设银行账户的，对直接负责的主管人员和其他直接责任人员给予降级处分；情节严重的，给予撤职或者开除处分。

第十六条 截留、挪用、坐收坐支行政事业性收费、罚没收入的，对直接负责的主管人员和其他直接责任人员给予降级处分；情节严重的，给予撤职或者开除处分。

第十七条 违反规定，将行政事业性收费、罚没收入用于提高福利补贴标准或者扩大福利补贴范围、滥发奖金实物、挥霍浪费或者有其他超标准支出行为的，对直接负责的主管人员和其他直接责任人员给予记大过处分；情节严重的，给予降级或者撤职处分。

第十八条 不按照规定编制预算外资金收支计划、单位财务收支计划和收支决算的，对直接负责的主管人员和其他直接责任人员给予记过处分；情节严重的，给予记大过或者降级处分。

第十九条 不按照预算和批准的收支计划核拨财政资金，贻误核拨对象正常工作的，对直接负责的主管人员和其他直接责任人员给予记过处分；情节严重的，给予记大过或者降级处分。

第二十条 对坚持原则抵制违法违纪的行政事业性收费、罚没行为的单位或者个人打击报复的，给予降级处分；情节严重的，给予撤职或者开除处分。

第二十一条 实施行政处分的权限以及不服行政处分的申诉，按照国家有关规定办理。

第二十二条 违反本规定，构成犯罪的，依法追究刑事责任。

第二十三条 本规定自发布之日起施行。

优化营商环境条例

（2019年10月8日国务院第66次常务会议通过，2019年10月22日中华人民共和国国务院令第722号公布，自2020年1月1日起施行）

第一章　总　则

第一条　为了持续优化营商环境，不断解放和发展社会生产力，加快建设现代化经济体系，推动高质量发展，制定本条例。

第二条　本条例所称营商环境，是指企业等市场主体在市场经济活动中所涉及的体制机制性因素和条件。

第三条　国家持续深化简政放权、放管结合、优化服务改革，最大限度减少政府对市场资源的直接配置，最大限度减少政府对市场活动的直接干预，加强和规范事中事后监管，着力提升政务服务能力和水平，切实降低制度性交易成本，更大激发市场活力和社会创造力，增强发展动力。

各级人民政府及其部门应当坚持政务公开透明，以公开为常态、不公开为例外，全面推进决策、执行、管理、服务、结果公开。

第四条　优化营商环境应当坚持市场化、法治化、国际化原则，以市场主体需求为导向，以深刻转变政府职能为核心，创新体制机制、强化协同联动、完善法治保障，对标国际先进水平，为各类市场主体投资兴业营造稳定、公平、透明、可预期的良好环境。

第五条　国家加快建立统一开放、竞争有序的现代市场体系，依法促进各类生产要素自由流动，保障各类市场主体公平参与市场竞争。

第六条　国家鼓励、支持、引导非公有制经济发展，激发非公有制经济活力和创造力。

国家进一步扩大对外开放，积极促进外商投资，平等对待内资企业、外商投资企业等各类市场主体。

第七条 各级人民政府应当加强对优化营商环境工作的组织领导，完善优化营商环境的政策措施，建立健全统筹推进、督促落实优化营商环境工作的相关机制，及时协调、解决优化营商环境工作中的重大问题。

县级以上人民政府有关部门应当按照职责分工，做好优化营商环境的相关工作。县级以上地方人民政府根据实际情况，可以明确优化营商环境工作的主管部门。

国家鼓励和支持各地区、各部门结合实际情况，在法治框架内积极探索原创性、差异化的优化营商环境具体措施；对探索中出现失误或者偏差，符合规定条件的，可以予以免责或者减轻责任。

第八条 国家建立和完善以市场主体和社会公众满意度为导向的营商环境评价体系，发挥营商环境评价对优化营商环境的引领和督促作用。

开展营商环境评价，不得影响各地区、各部门正常工作，不得影响市场主体正常生产经营活动或者增加市场主体负担。

任何单位不得利用营商环境评价谋取利益。

第九条 市场主体应当遵守法律法规，恪守社会公德和商业道德，诚实守信、公平竞争，履行安全、质量、劳动者权益保护、消费者权益保护等方面的法定义务，在国际经贸活动中遵循国际通行规则。

第二章 市场主体保护

第十条 国家坚持权利平等、机会平等、规则平等，保障各种所有制经济平等受到法律保护。

第十一条 市场主体依法享有经营自主权。对依法应当由市场主体自主决策的各类事项，任何单位和个人不得干预。

第十二条 国家保障各类市场主体依法平等使用资金、技术、人力资源、土地使用权及其他自然资源等各类生产要素和公共服务资源。

各类市场主体依法平等适用国家支持发展的政策。政府及其有关部门在政府资金安排、土地供应、税费减免、资质许可、标准制定、项目申报、职称评定、人力资源政策等方面，应当依法平等对待各类市场主体，不得制定或者实施歧视性政策措施。

第十三条 招标投标和政府采购应当公开透明、公平公正，依法平等对待各类所有制和不同地区的市场主体，不得以不合理条件或者产品产地来源等进行限制或者排斥。

政府有关部门应当加强招标投标和政府采购监管，依法纠正和查处违法违规行为。

第十四条 国家依法保护市场主体的财产权和其他合法权益，保护企业经营者人身和财产安全。

严禁违反法定权限、条件、程序对市场主体的财产和企业经营者个人财产实施查封、冻结和扣押等行政强制措施；依法确需实施前述行政强制措施的，应当限定在所必需的范围内。

禁止在法律、法规规定之外要求市场主体提供财力、物力或者人力的摊派行为。市场主体有权拒绝任何形式的摊派。

第十五条 国家建立知识产权侵权惩罚性赔偿制度，推动建立知识产权快速协同保护机制，健全知识产权纠纷多元化解决机制和知识产权维权援助机制，加大对知识产权的保护力度。

国家持续深化商标注册、专利申请便利化改革，提高商标注册、专利申请审查效率。

第十六条 国家加大中小投资者权益保护力度，完善中小投资者权益保护机制，保障中小投资者的知情权、参与权，提升中小投资者维护合法权益的便利度。

第十七条 除法律、法规另有规定外，市场主体有权自主决定加入或者退出行业协会商会等社会组织，任何单位和个人不得干预。

除法律、法规另有规定外，任何单位和个人不得强制或者变相强制市场主体参加评比、达标、表彰、培训、考核、考试以及类似活动，不得借前述活动向市场主体收费或者变相收费。

第十八条 国家推动建立全国统一的市场主体维权服务平台，为市场主体提供高效、便捷的维权服务。

第三章 市场环境

第十九条 国家持续深化商事制度改革，统一企业登记业务规范，统一数据标准和平台服务接口，采用统一社会信用代码进行登记管理。

国家推进“证照分离”改革，持续精简涉企经营许可事项，依法采取直接取消审批、审批改为备案、实行告知承诺、优化审批服务等方式，对所有涉企经营许可事项进行分类管理，为企业取得营业执照后开展相关经营活动提供便利。除法律、行政法规规定的特定领域外，涉企经营许可事项不得作为企业登记的前置条件。

政府有关部门应当按照国家有关规定，简化企业从申请设立到具备一般性经营条件所需办理的手续。在国家规定的企业开办时限内，各地区应当确定并公开具体办理时间。

企业申请办理住所等相关变更登记的，有关部门应当依法及时办理，不得限制。除法律、法规、规章另有规定外，企业迁移后其持有的有效许可证件不再重复办理。

第二十条 国家持续放宽市场准入，并实行全国统一的市场准入负面清单制度。市场准入负面清单以外的领域，各类市场主体均可以依法平等进入。

各地区、各部门不得另行制定市场准入性质的负面清单。

第二十一条 政府有关部门应当加大反垄断和反不正当竞争执法力度，有效预防和制止市场经济活动中的垄断行为、不正当竞争行为以及滥用行政权力排除、限制竞争的行为，营造公平竞争的市场环境。

第二十二条 国家建立健全统一开放、竞争有序的人力资源市场体系，打破城乡、地区、行业分割和身份、性别等歧视，促进人力资源有序社会性流动和合理配置。

第二十三条 政府及其有关部门应当完善政策措施、强化创新服务，鼓励和支持市场主体拓展创新空间，持续推进产品、技术、商业模式、管理等创新，充分发挥市场主体在推动科技成果转化中的作用。

第二十四条 政府及其有关部门应当严格落实国家各项减税降费政策，及时研究解决政策落实中的具体问题，确保减税降费政策全面、及时惠及市场主体。

第二十五条 设立政府性基金、涉企行政事业性收费、涉企保证金，应当有法律、行政法规依据或者经国务院批准。对政府性基金、涉企行政事业性收费、涉企保证金以及实行政府定价的经营服务性收费，实行目录清单管理并向社会公开，目录清单之外的前述收费和保证金一律不得执行。推广以金融机构保函替代现金缴纳涉企保证金。

第二十六条 国家鼓励和支持金融机构加大对民营企业、中小企业的支持力度，降低民营企业、中小企业综合融资成本。

金融监督管理部门应当完善对商业银行等金融机构的监管考核和激励机制，鼓励、引导其增加对民营企业、中小企业的信贷投放，并合理增加中长期贷款和信用贷款支持，提高贷款审批效率。

商业银行等金融机构在授信中不得设置不合理条件，不得对民营企业、中小企业设置歧视性要求。商业银行等金融机构应当按照国家有关规定规范收费行为，不得违规向服务对象收取不合理费用。商业银行应当向社会公开开设企业账户的服务标准、资费标准和办理时限。

第二十七条 国家促进多层次资本市场规范健康发展，拓宽市场主体融资渠道，支持符合条件的民营企业、中小企业依法发行股票、债券以及其他融资工具，扩大直接融资规模。

第二十八条 供水、供电、供气、供热等公用企事业单位应当向社会公开服务标准、资费标准等信息，为市场主体提供安全、便捷、稳定和价格合理的服务，不得强迫市场主体接受不合理的服务条件，不得以任何名义收取不合理费用。各地区应当优化报装流程，在国家规定的报装办理时限内确定并公开具体办理时间。

政府有关部门应当加强对公用企事业单位运营的监督管理。

第二十九条 行业协会商会应当依照法律、法规和章程，加强行业自律，及时反映行业诉求，为市场主体提供信息咨询、宣传培训、市场拓展、权益保护、纠纷处理等方面的服务。

国家依法严格规范行业协会商会的收费、评比、认证等行为。

第三十条 国家加强社会信用体系建设，持续推进政务诚信、商务诚信、社会诚信和司法公信建设，提高全社会诚信意识和信用水平，维护信用信息安全，严格保护商业秘密和个人隐私。

第三十一条 地方各级人民政府及其有关部门应当履行向市场主体依法作出的政策承诺以及依法订立的各类合同，不得以行政区划调整、政府换届、机构或者职能调整以及相关责任人更替等为由违约毁约。因国家利益、社会公共利益需要改变政策承诺、合同约定的，应当依照法定权限和程序进行，并依法对市场主体因此受到的损失予以补偿。

第三十二条 国家机关、事业单位不得违约拖欠市场主体的货物、工程、服务等账款，大型企业不得利用优势地位拖欠中小企业账款。

县级以上人民政府及其有关部门应当加大对国家机关、事业单位拖欠市场主体账款的清理力度，并通过加强预算管理、严格责任追究等措施，建立防范和治理国家机关、事业单位拖欠市场主体账款的长效机制。

第三十三条 政府有关部门应当优化市场主体注销办理流程，精简申请材料、压缩办理时间、降低注销成本。对设立后未开展生产经营活动或者无债权债务的市场主体，可以按照简易程序办理注销。对有债权债务的市场主体，在债权债务依法解决后及时办理注销。

县级以上地方人民政府应当根据需要建立企业破产工作协调机制，协调解决企业破产过程中涉及的有关问题。

第四章 政务服务

第三十四条 政府及其有关部门应当进一步增强服务意识，切实转变工作作风，为市场主体提供规范、便利、高效的政务服务。

第三十五条 政府及其有关部门应当推进政务服务标准化，按照减环节、减材料、减时限的要求，编制并向社会公开政务服务事项（包括行政权力事项和公共服务事项，下同）标准化工作流程和办事指南，细化量化政务服务标准，压缩自由裁量权，推进同一事项实行无差别受理、同标准办理。没有法律、法规、规章依据，不得增设政务服务事项的办理条件和环节。

第三十六条 政府及其有关部门办理政务服务事项，应当根据实际情况，推行当场办结、一次办结、限时办结等制度，实现集中办理、就近办理、网上办理、异地可办。需要市场主体补正有关材料、手续的，应当一次性告知需要补正的内容；需要进行现场踏勘、现场核查、技术审查、听证论证的，应当及时安排、限时办结。

法律、法规、规章以及国家有关规定对政务服务事项办理时限有规定的，应当在规定的时限内尽快办结；没有规定的，应当按照合理、高效的原则确定办理时限并按时办结。各地区可以在国家规定的政务服务事项办理时限内进一步压减时间，并应当向社会公开；超过办理时间的，办理单位应当公开说明理由。

地方各级人民政府已设立政务服务大厅的，本行政区域内各类政务服务事项一般应当进驻政务服务大厅统一办理。对政务服务大厅中部门分设的服务窗口，应当创造条件整合为综合窗口，提供一站式服务。

第三十七条 国家加快建设全国一体化在线政务服务平台（以下称一体化在线平台），推动政务服务事项在全国范围内实现“一网通办”。除法律、法规另有规定或者涉及国家秘密等情形外，政务服务事项应当按照国务院确定的步骤，纳入一体化在线平台办理。

国家依托一体化在线平台，推动政务信息系统整合，优化政务流程，促进政务服务跨地区、跨部门、跨层级数据共享和业务协同。政府及其有关部门应当按照国家有关规定，提供数据共享服务，及时将有关政务服务数据上传至一体化在线平台，加强共享数据使用全过程管理，确保共享数据安全。

国家建立电子证照共享服务系统，实现电子证照跨地区、跨部门共享和全国范围内互信互认。各地区、各部门应当加强电子证照的推广应用。

各地区、各部门应当推动政务服务大厅与政务服务平台全面对接融合。市场主体有权自主选择政务服务办理渠道，行政机关不得限定办理渠道。

第三十八条 政府及其有关部门应当通过政府网站、一体化在线平台，集中公布涉及市场主体的法律、法规、规章、行政规范性文件和各类政策措施，并通过多种途径和方式加强宣传解读。

第三十九条 国家严格控制新设行政许可。新设行政许可应当按照行政许可法和国务院的规定严格设定标准，并进行合法性、必要性和合理性审查论证。对通过事中事后监管或者市场机制能够解决以及行政许可法和国务院规定不得设立行政许可的事项，一律不得设立行政许可，严禁以备案、登记、注册、目录、规划、年检、年报、监制、认定、认证、审定以及其他任何形式变相设定或者实施行政许可。

法律、行政法规和国务院决定对相关管理事项已作出规定，但未采取行政许可管理方式的，地方不得就该事项设定行政许可。对相关管理事项尚未制定法律、行政法规的，地方可以依法就该事项设定行政许可。

第四十条 国家实行行政许可清单管理制度，适时调整行政许可清单并向社会公布，清单之外不得违法实施行政许可。

国家大力精简已有行政许可。对已取消的行政许可，行政机关不得继续实施或者变相实施，不得转由行业协会商会或者其他组织实施。

对实行行政许可管理的事项，行政机关应当通过整合实施、下放审批层级等多种方式，优化审批服务，提高审批效率，减轻市场主体负担。符合相关条件和要求的，可以按照有关规定采取告知承诺的方式办理。

第四十一条 县级以上地方人民政府应当深化投资审批制度改革，根据项目性质、投资规模等分类规范投资审批程序，精简审批要件，简化技术审查事项，强化项目决策与用地、规划等建设条件落实的协同，实行与相关审批在线并联办理。

第四十二条 设区的市级以上地方人民政府应当按照国家有关规定，优化工程建设项目（不包括特殊工程和交通、水利、能源等领域的重大工程）审批流程，推行并联审批、多图联审、联合竣工验收等方式，简化审批手续，提高审批效能。

在依法设立的开发区、新区和其他有条件的区域，按照国家有关规定推行区域评估，由设区的市级以上地方人民政府组织对一定区域内压覆重要矿产资源、地质灾害危险性等事项进行统一评估，不再对区域内的市场主体单独提出评估要求。区域评估的费用不得由市场主体承担。

第四十三条 作为办理行政审批条件的中介服务事项（以下称法定行政审批中介服务）应当有法律、法规或者国务院决定依据；没有依据的，不得作为办理行政审批的条件。中介服务机构应当明确办理法定行政审批中介服务的条件、流程、时限、收费标准，并向社会公开。

国家加快推进中介服务机构与行政机关脱钩。行政机关不得为市场主体指定或者变相指定中介服务机构；除法定行政审批中介服务外，不得强制或者变相强制市场主体接受中介服务。行政机关所属事业单位、主管的社会组织及其举办的企业不得开展与本机关所负责行政审批相关的中介服务，法律、行政法规另有规定的除外。

行政机关在行政审批过程中需要委托中介服务机构开展技术性服务的，应当通过竞争性方式选择中介服务机构，并自行承担服务费用，不得转嫁给市场主体承担。

第四十四条 证明事项应当有法律、法规或者国务院决定依据。

设定证明事项，应当坚持确有必要、从严控制的原则。对通过法定证照、法定文书、书面告知承诺、政府部门内部核查和部门间核查、网络核验、合同凭证等能够办理，能够被其他材料涵盖或者替代，以及开具单位无法调查核实的，不得设定证明事项。

政府有关部门应当公布证明事项清单，逐项列明设定依据、索要单位、开具单位、办理指南等。清单之外，政府部门、公用企事业单位和服务机构不得索要证明。各地区、各部门之间应当加强证明的互认共享，避免重复索要证明。

第四十五条　政府及其有关部门应当按照国家促进跨境贸易便利化的有关要求，依法削减进出口环节审批事项，取消不必要的监管要求，优化简化通关流程，提高通关效率，清理规范口岸收费，降低通关成本，推动口岸和国际贸易领域相关业务统一通过国际贸易“单一窗口”办理。

第四十六条　税务机关应当精简办税资料和流程，简并申报缴税次数，公开涉税事项办理时限，压减办税时间，加大推广使用电子发票的力度，逐步实现全程网上办税，持续优化纳税服务。

第四十七条　不动产登记机构应当按照国家有关规定，加强部门协作，实行不动产登记、交易和缴税一窗受理、并行办理，压缩办理时间，降低办理成本。在国家规定的不动产登记时限内，各地区应当确定并公开具体办理时间。

国家推动建立统一的动产和权利担保登记公示系统，逐步实现市场主体在一个平台上办理动产和权利担保登记。纳入统一登记公示系统的动产和权利范围另行规定。

第四十八条　政府及其有关部门应当按照构建亲清新型政商关系的要求，建立畅通有效的政企沟通机制，采取多种方式及时听取市场主体的反映和诉求，了解市场主体生产经营中遇到的困难和问题，并依法帮助其解决。

建立政企沟通机制，应当充分尊重市场主体意愿，增强针对性和有效性，不得干扰市场主体正常生产经营活动，不得增加市场主体负担。

第四十九条　政府及其有关部门应当建立便利、畅通的渠道，受理有关营商环境的投诉和举报。

第五十条　新闻媒体应当及时、准确宣传优化营商环境的措施和成效，为优化营商环境创造良好舆论氛围。

国家鼓励对营商环境进行舆论监督，但禁止捏造虚假信息或者歪曲事实进行不实报道。

第五章 监管执法

第五十一条 政府有关部门应当严格按照法律法规和职责，落实监管责任，明确监管对象和范围、厘清监管事权，依法对市场主体进行监管，实现监管全覆盖。

第五十二条 国家健全公开透明的监管规则和标准体系。国务院有关部门应当分领域制定全国统一、简明易行的监管规则和标准，并向社会公开。

第五十三条 政府及其有关部门应当按照国家关于加快构建以信用为基础的新型监管机制的要求，创新和完善信用监管，强化信用监管的支撑保障，加强信用监管的组织实施，不断提升信用监管效能。

第五十四条 国家推行"双随机、一公开"监管，除直接涉及公共安全和人民群众生命健康等特殊行业、重点领域外，市场监管领域的行政检查应当通过随机抽取检查对象、随机选派执法检查人员、抽查事项及查处结果及时向社会公开的方式进行。针对同一检查对象的多个检查事项，应当尽可能合并或者纳入跨部门联合抽查范围。

对直接涉及公共安全和人民群众生命健康等特殊行业、重点领域，依法依规实行全覆盖的重点监管，并严格规范重点监管的程序；对通过投诉举报、转办交办、数据监测等发现的问题，应当有针对性地进行检查并依法依规处理。

第五十五条 政府及其有关部门应当按照鼓励创新的原则，对新技术、新产业、新业态、新模式等实行包容审慎监管，针对其性质、特点分类制定和实行相应的监管规则和标准，留足发展空间，同时确保质量和安全，不得简单化予以禁止或者不予监管。

第五十六条 政府及其有关部门应当充分运用互联网、大数据等技术手段，依托国家统一建立的在线监管系统，加强监管信息归集共享和关联整合，推行以远程监管、移动监管、预警防控为特征的非现场监管，提升监管的精准化、智能化水平。

第五十七条　国家建立健全跨部门、跨区域行政执法联动响应和协作机制，实现违法线索互联、监管标准互通、处理结果互认。

国家统筹配置行政执法职能和执法资源，在相关领域推行综合行政执法，整合精简执法队伍，减少执法主体和执法层级，提高基层执法能力。

第五十八条　行政执法机关应当按照国家有关规定，全面落实行政执法公示、行政执法全过程记录和重大行政执法决定法制审核制度，实现行政执法信息及时准确公示、行政执法全过程留痕和可回溯管理、重大行政执法决定法制审核全覆盖。

第五十九条　行政执法中应当推广运用说服教育、劝导示范、行政指导等非强制性手段，依法慎重实施行政强制。采用非强制性手段能够达到行政管理目的的，不得实施行政强制；违法行为情节轻微或者社会危害较小的，可以不实施行政强制；确需实施行政强制的，应当尽可能减少对市场主体正常生产经营活动的影响。

开展清理整顿、专项整治等活动，应当严格依法进行，除涉及人民群众生命安全、发生重特大事故或者举办国家重大活动，并报经有权机关批准外，不得在相关区域采取要求相关行业、领域的市场主体普遍停产、停业的措施。

禁止将罚没收入与行政执法机关利益挂钩。

第六十条　国家健全行政执法自由裁量基准制度，合理确定裁量范围、种类和幅度，规范行政执法自由裁量权的行使。

第六章　法治保障

第六十一条　国家根据优化营商环境需要，依照法定权限和程序及时制定或者修改、废止有关法律、法规、规章、行政规范性文件。

优化营商环境的改革措施涉及调整实施现行法律、行政法规等有关规定的，依照法定程序经有权机关授权后，可以先行先试。

第六十二条　制定与市场主体生产经营活动密切相关的行政法规、规章、行政规范性文件，应当按照国务院的规定，充分听取市场主体、行业协会商会的意见。

除依法需要保密外，制定与市场主体生产经营活动密切相关的行政法规、规章、行政规范性文件，应当通过报纸、网络等向社会公开征求意见，并建立健全意见采纳情况反馈机制。向社会公开征求意见的期限一般不少于30日。

第六十三条 制定与市场主体生产经营活动密切相关的行政法规、规章、行政规范性文件，应当按照国务院的规定进行公平竞争审查。

制定涉及市场主体权利义务的行政规范性文件，应当按照国务院的规定进行合法性审核。

市场主体认为地方性法规同行政法规相抵触，或者认为规章同法律、行政法规相抵触的，可以向国务院书面提出审查建议，由有关机关按照规定程序处理。

第六十四条 没有法律、法规或者国务院决定和命令依据的，行政规范性文件不得减损市场主体合法权益或者增加其义务，不得设置市场准入和退出条件，不得干预市场主体正常生产经营活动。

涉及市场主体权利义务的行政规范性文件应当按照法定要求和程序予以公布，未经公布的不得作为行政管理依据。

第六十五条 制定与市场主体生产经营活动密切相关的行政法规、规章、行政规范性文件，应当结合实际，确定是否为市场主体留出必要的适应调整期。

政府及其有关部门应当统筹协调、合理把握规章、行政规范性文件等的出台节奏，全面评估政策效果，避免因政策叠加或者相互不协调对市场主体正常生产经营活动造成不利影响。

第六十六条 国家完善调解、仲裁、行政裁决、行政复议、诉讼等有机衔接、相互协调的多元化纠纷解决机制，为市场主体提供高效、便捷的纠纷解决途径。

第六十七条 国家加强法治宣传教育，落实国家机关普法责任制，提高国家工作人员依法履职能力，引导市场主体合法经营、依法维护自身合法权益，不断增强全社会的法治意识，为营造法治化营商环境提供基础性支撑。

第六十八条 政府及其有关部门应当整合律师、公证、司法鉴定、调解、仲裁等公共法律服务资源，加快推进公共法律服务体系建设，全面提升公共法律服务能力和水平，为优化营商环境提供全方位法律服务。

第六十九条 政府和有关部门及其工作人员有下列情形之一的，依法依规追究责任：

（一）违法干预应当由市场主体自主决策的事项；

（二）制定或者实施政策措施不依法平等对待各类市场主体；

（三）违反法定权限、条件、程序对市场主体的财产和企业经营者个人财产实施查封、冻结和扣押等行政强制措施；

（四）在法律、法规规定之外要求市场主体提供财力、物力或者人力；

（五）没有法律、法规依据，强制或者变相强制市场主体参加评比、达标、表彰、培训、考核、考试以及类似活动，或者借前述活动向市场主体收费或者变相收费；

（六）违法设立或者在目录清单之外执行政府性基金、涉企行政事业性收费、涉企保证金；

（七）不履行向市场主体依法作出的政策承诺以及依法订立的各类合同，或者违约拖欠市场主体的货物、工程、服务等账款；

（八）变相设定或者实施行政许可，继续实施或者变相实施已取消的行政许可，或者转由行业协会商会或者其他组织实施已取消的行政许可；

（九）为市场主体指定或者变相指定中介服务机构，或者违法强制市场主体接受中介服务；

（十）制定与市场主体生产经营活动密切相关的行政法规、规章、行政规范性文件时，不按照规定听取市场主体、行业协会商会的意见；

（十一）其他不履行优化营商环境职责或者损害营商环境的情形。

第七十条　公用企事业单位有下列情形之一的，由有关部门责令改正，依法追究法律责任：

（一）不向社会公开服务标准、资费标准、办理时限等信息；

（二）强迫市场主体接受不合理的服务条件；

（三）向市场主体收取不合理费用。

第七十一条　行业协会商会、中介服务机构有下列情形之一的，由有关部门责令改正，依法追究法律责任：

（一）违法开展收费、评比、认证等行为；

（二）违法干预市场主体加入或者退出行业协会商会等社会组织；

（三）没有法律、法规依据，强制或者变相强制市场主体参加评比、达标、表彰、培训、考核、考试以及类似活动，或者借前述活动向市场主体收费或者变相收费；

（四）不向社会公开办理法定行政审批中介服务的条件、流程、时限、收费标准；

（五）违法强制或者变相强制市场主体接受中介服务。

第七章　附　则

第七十二条　本条例自2020年1月1日起施行。

税务规范性文件制定管理办法

（2017年5月16日国家税务总局令第41号公布，自2017年7月1日起施行，根据2019年11月26日国家税务总局令第50号第一次修正，根据2021年12月31日国家税务总局令第53号第二次修正）

第一章　总　则

第一条　为了规范税务规范性文件制定和管理工作，落实税收法定原则，建设规范统一的税收法律制度体系，优化税务执法方式，促进税务机关依法行政，保障税务行政相对人的合法权益，根据《中华人民共和国立法法》《规章制定程序条例》等法律法规和有关规定，结合税务机关工作实际，制定本办法。

第二条　本办法所称税务规范性文件，是指县以上税务机关依照法定职权和规定程序制定并发布的，影响纳税人、缴费人、扣缴义务人等税务行政相对人权利、义务，在本辖区内具有普遍约束力并在一定期限内反复适用的文件。

国家税务总局制定的税务部门规章，不属于本办法所称的税务规范性文件。

第三条　税务规范性文件的起草、审查、决定、发布、备案、清理等工作，适用本办法。

第四条　制定税务规范性文件，应当充分体现社会主义核心价值观的内容和要求，坚持科学、民主、公开、统一的原则，符合法律、法规、规章以及上级税务规范性文件的规定，遵循本办法规定的制定规则和制定程序。

第五条　税务规范性文件不得设定税收开征、停征、减税、免税、退税、补税事项，不得设定行政许可、行政处罚、行政强制、行政事业性收费以及其他不得由税务规范性文件设定的事项。

第六条 县税务机关制定税务规范性文件，应当依据法律、法规、规章或者省以上税务机关税务规范性文件的明确授权；没有授权又确需制定税务规范性文件的，应当提请上一级税务机关制定。

各级税务机关的内设机构、派出机构和临时性机构，不得以自己的名义制定税务规范性文件。

第二章 制定规则

第七条 税务规范性文件可以使用“办法”“规定”“规程”“规则”等名称，但是不得称“条例”“实施细则”“通知”“批复”等。

上级税务机关对下级税务机关有关特定税务行政相对人的特定事项如何适用法律、法规、规章或者税务规范性文件的请示所作的批复，需要普遍适用的，应当按照本办法规定的制定规则和制定程序另行制定税务规范性文件。

第八条 税务规范性文件应当根据需要，明确制定目的和依据、适用范围和主体、权利义务、具体规范、操作程序、施行日期或者有效期限等事项。

第九条 制定税务规范性文件，应当做到内容具体、明确，内在逻辑严密，语言规范、简洁、准确，避免产生歧义，具有可操作性。

第十条 税务规范性文件可以采用条文式或者段落式表述。

采用条文式表述的税务规范性文件，需要分章、节、条、款、项、目的，章、节应当有标题，章、节、条的序号用中文数字依次表述；款不编序号；项的序号用中文数字加括号依次表述；目的序号用阿拉伯数字依次表述。

第十一条 上级税务机关需要下级税务机关对规章和税务规范性文件细化具体操作规定的，可以授权下级税务机关制定具体的实施办法。

被授权税务机关不得将被授予的权力转授给其他机关。

第十二条 税务规范性文件由制定机关负责解释。制定机关不得将税务规范性文件的解释权授予本级机关的内设机构或者下级税务机关。

税务规范性文件有下列情形之一的，制定机关应当及时作出解释：

（一）税务规范性文件的规定需要进一步明确具体含义的；

（二）税务规范性文件制定后出现新的情况，需要明确适用依据的。

下级税务机关在适用上级税务机关制定的税务规范性文件时认为存在本条第二款规定情形之一的，应当提请制定机关解释。

第十三条 税务规范性文件不得溯及既往，但是为了更好地保护税务行政相对人权利和利益而作出的特别规定除外。

第十四条 税务规范性文件应当自发布之日起30日后施行。

税务规范性文件发布后不立即施行将有碍执行的，可以自发布之日起施行。

与法律、法规、规章或者上级机关决定配套实施的税务规范性文件，其施行日期需要与前述文件保持一致的，不受本条第一款、第二款时限规定的限制。

第三章 制定程序

第十五条 税务规范性文件由制定机关业务主管部门负责起草。内容涉及两个或者两个以上部门的，由制定机关负责人指定牵头起草部门。

第十六条 各级税务机关从事纳税服务和政策法规工作的部门或者人员（以下统称纳税服务部门、政策法规部门）负责对税务规范性文件进行审查，包括权益性审核、合法性审核、世界贸易组织规则合规性评估。其中纳税服务部门负责权益性审核；政策法规部门负责合法性审核和世界贸易组织规则合规性评估。

未经纳税服务部门和政策法规部门审查的税务规范性文件，办公厅（室）不予核稿，制定机关负责人不予签发。

第十七条 起草税务规范性文件，起草部门应当深入调查研究，总结实践经验，听取基层税务机关意见。起草与税务行政相对人生产经营密切相关的税务规范性文件，起草部门应当听取税务行政相对人代表和行业协会商会的意见。起草部门可以邀请纳税服务部门和政策法规部门共同听取意见。

听取意见可以采取书面、网络征求意见，或者召开座谈会、论证会等多种形式。

除依法需要保密的外，对涉及税务行政相对人切身利益或者对其权利义务可能产生重大影响的税务规范性文件，起草部门应当向社会公开征求意见。

法律、行政法规对规范性文件公开征求意见期限有明确规定的，从其规定。

第十八条 起草税务规范性文件，应当明确列举拟清理文件的名称、文号以及条款，避免与本机关已发布的税务规范性文件相矛盾。

同一事项已由多个税务规范性文件作出规定的，起草部门在起草同类文件时，应当对有关文件进行归并、整合。

第十九条 税务规范性文件送审稿应当由起草部门负责人签署后，依次送交纳税服务部门和政策法规部门审查。

送审稿内容涉及征管业务及其工作流程的，应当于送交审查前会签征管科技部门；涉及其他业务主管部门工作的，应当于送交审查前会签相关业务主管部门；未按规定会签的，纳税服务部门和政策法规部门不予审查。

起草部门认定送审稿属于重要文件的，应当注明“请主要负责人会签”。

第二十条 起草部门将送审稿送交审查时，应当一并提供下列材料：

（一）起草说明，包括制定目的、制定依据、必要性与可行性、起草过程、征求意见以及采纳情况、对税务行政相对人权利和利益可能产生影响的评估情况、施行日期的说明、相关文件衔接处理情况以及其他需要说明的事项；

（二）税务规范性文件解读稿，包括文件出台的背景、意义，文件内容的重点、理解的难点、必要的举例说明和落实的措施要求等；

（三）作为制定依据的法律、法规、规章以及税务规范性文件纸质或者电子文本；

（四）会签单位意见以及采纳情况；

（五）其他相关材料。

按照规定应当对送审稿进行公平竞争审查的，起草部门应当提供相关审查材料。

第二十一条 制定内容简单的税务规范性文件，起草部门在征求意见、提供材料等方面可以从简适用本办法第十七条、第二十条的规定。

从简适用第二十条的，不得缺少起草说明和税务规范性文件解读稿。

第二十二条 纳税服务部门应当就下列事项进行权益性审核：

（一）是否无法律法规依据减损税务行政相对人的合法权利和利益，或者增加其义务，主要涉及业务办理环节、报送资料、管理事项等方面；

（二）是否存在泄露税务行政相对人税费保密信息风险。

对审核中发现的明显不适当的规定，纳税服务部门可以提出删除或者修改的建议。

纳税服务部门审核过程中认为有必要的，可以通过召开座谈会、论证会等形式听取相关各方意见。

第二十三条　纳税服务部门进行权益性审核，根据不同情况提出审核意见：

（一）认为送审稿不存在无法律法规依据减损税务行政相对人权益或者增加其负担的情形的，提出审核通过意见；

（二）认为送审稿减损税务行政相对人权益或者增加其负担的理由不充分，经协商不能达成一致意见的，提出书面审核意见并退回起草部门。

第二十四条　政策法规部门应当就下列事项进行合法性审核：

（一）是否超越法定权限；

（二）是否具有法定依据；

（三）是否违反法律、法规、规章以及上级税务机关税务规范性文件的规定；

（四）是否设定行政许可、行政处罚、行政强制、行政事业性收费以及其他不得由税务规范性文件设定的事项；

（五）是否违法、违规减损税务行政相对人的合法权利和利益，或者违法、违规增加其义务；

（六）是否违反本办法规定的制定规则或者程序；

（七）是否与本机关制定的其他税务规范性文件进行衔接。

对审核中发现的明显不适当的规定，政策法规部门可以提出删除或者修改的建议。

政策法规部门审核过程中认为有必要的，可以通过召开座谈会、论证会等形式听取相关各方意见。

第二十五条　政策法规部门进行合法性审核，根据不同情况提出审核意见：

（一）认为送审稿没有问题或者经过协商达成一致意见的，提出审核通过意见；

（二）认为起草部门应当补充征求意见，或者对重大分歧意见没有合理说明的，退回起草部门补充征求意见或者作出进一步说明；

（三）认为送审稿存在问题，经协商不能达成一致意见的，提出书面审核意见后，退回起草部门。

第二十六条 政策法规部门应当根据世界贸易组织规则对送审稿进行合规性评估，并提出评估意见。

第二十七条 送审稿经纳税服务部门和政策法规部门审查通过的，按公文处理程序报制定机关负责人签发。

第二十八条 送审稿涉及重大公共利益或者对税务行政相对人合法权益、税务管理产生重大影响的，经纳税服务部门和政策法规部门审查通过后，起草部门应当提请集体审议。纳税服务部门或者政策法规部门在审查时，认为税务规范性文件涉及重大公共利益或者对税务行政相对人合法权益、税务管理产生重大影响的，可以建议起草部门提请集体审议。

第二十九条 税务机关牵头与其他机关联合制定规范性文件，省以下税务机关代地方人大及其常委会、政府起草涉及税务行政相对人权利义务的文件，业务主管部门应当将文件送审稿或者会签文本送交纳税服务部门和政策法规部门审查。

经其他机关会签后，文件内容有实质性变动的，起草部门应当重新送交纳税服务部门和政策法规部门审查。

其他机关牵头与税务机关联合制定的规范性文件，参照本条第一款规定执行。

第三十条 税务规范性文件应当以公告形式发布；未以公告形式发布的，不得作为税务机关执法依据。

第三十一条 制定机关应当及时在本级政府公报、税务部门公报、本辖区范围内公开发行的报纸或者在政府网站、税务机关网站上刊登税务规范性文件。

不具备本条第一款所述发布条件的税务机关，应当通过公告栏或者宣传材料等形式，在办税服务厅等公共场所及时发布税务规范性文件。

第三十二条 制定机关的起草部门、纳税服务部门和政策法规部门应当及时跟踪了解税务规范性文件的施行情况。

对实施机关或者税务行政相对人反映存在问题的税务规范性文件，制定机关应当进行认真分析评估，并及时研究提出处理意见。

第四章　备案审查

第三十三条　税务规范性文件应当备案审查，实行有件必备、有备必审、有错必纠。

第三十四条　省以下税务机关的税务规范性文件应当自发布之日起30日内向上一级税务机关报送备案。

省税务机关应当于每年3月1日前向国家税务总局报送上一年度本辖区内税务机关发布的税务规范性文件目录。

第三十五条　报送税务规范性文件备案，应当提交备案报告和以下材料的电子文本：

（一）税务规范性文件备案报告表；

（二）税务规范性文件；

（三）起草说明；

（四）税务规范性文件解读稿。

第三十六条　上一级税务机关的政策法规部门具体负责税务规范性文件备案登记、合法性审核和世界贸易组织规则合规性评估，会同纳税服务部门负责督促整改和考核工作；纳税服务部门负责税务规范性文件权益性审核工作；业务主管部门承担其职能范围内的税务规范性文件审查工作，并按照规定时限向政策法规部门送交审查意见。

第三十七条　报送备案的税务规范性文件资料齐全的，上一级税务机关政策法规部门予以备案登记；资料不齐全的，通知制定机关限期补充报送。

第三十八条　上一级税务机关对报送备案的税务规范性文件进行审查时，可以征求相关部门意见；需要了解相关情况的，可以要求制定机关提交情况说明或者补充材料。

第三十九条　上一级税务机关对报送备案的税务规范性文件，应当就本办法第二十二条、第二十四条所列事项以及是否符合世界贸易组织规则进行审查。

第四十条　上一级税务机关审查发现报送备案的税务规范性文件存在问题需要纠正或者补正的，应当通知制定机关在规定的时限内纠正或者补正。

制定机关应当按期纠正或者补正，并于规定时限届满之日起30日内，将处理情况报告上一级税务机关。

第四十一条 对未报送备案或者不按时报送备案的，上一级税务机关应当要求制定机关限期报送；逾期仍不报送的，予以通报，并责令限期改正。

第四十二条 税务行政相对人认为税务规范性文件违反法律、法规、规章或者上级税务规范性文件规定的，可以向制定机关或者其上一级税务机关书面提出审查的建议，制定机关或者其上一级税务机关应当依法及时研究处理。

有税务规范性文件制定权的税务机关应当建立书面审查建议的处理制度和工作机制。

第五章 文件清理

第四十三条 制定机关应当及时对税务规范性文件进行清理，形成文件清理长效机制。

清理采取日常清理和集中清理相结合的方法。

第四十四条 日常清理由业务主管部门负责。

业务主管部门应当根据立法变化以及税务工作发展需要，对税务规范性文件进行及时清理。

第四十五条 有下列情形之一的，制定机关应当进行集中清理：

（一）上级机关部署的；

（二）新的法律、法规颁布或者法律、法规进行重大修改，对税务执法产生普遍影响的。

第四十六条 集中清理由政策法规部门负责牵头组织，业务主管部门分工负责。

业务主管部门应当在规定期限内列出需要清理的税务规范性文件目录，并提出清理意见；政策法规部门应当对业务主管部门提出的文件目录以及清理意见进行汇总、审查后，提请集体讨论决定。

清理过程中，业务主管部门和政策法规部门应当听取有关各方意见。

第四十七条 对清理中发现存在问题的税务规范性文件，制定机关应当分类处理：

（一）有下列情形之一的，宣布失效：

1.调整对象灭失；

2.不需要继续执行的。

（二）有下列情形之一的，宣布废止：

1.违反上位法规定的；

2.已被新的规定替代的；

3.明显不适应现实需要的。

（三）有下列情形之一的，予以修改：

1.与本机关税务规范性文件相矛盾的；

2.与本机关税务规范性文件相重复的；

3.存在漏洞或者难以执行的。

税务规范性文件部分内容被修改的，应当全文发布修改后的税务规范性文件。

第四十八条　制定机关应当及时发布日常清理结果；在集中清理结束后，应当统一发布失效、废止的税务规范性文件目录。

上级税务机关发布清理结果后，下级税务机关应当及时对本机关制定的税务规范性文件相应进行清理。

第六章　附　则

第四十九条　税务规范性文件的解释、修改或者废止，参照本办法的有关规定执行。

第五十条　各级税务机关在税务规范性文件制定管理过程中，应当充分发挥公职律师的作用。

各级税务机关负有督察内审职责的部门应当加强对税务规范性文件制定管理工作的监督。

第五十一条　税务规范性文件合规性评估的具体实施办法由国家税务总局另行制定。

第五十二条　本办法自2017年7月1日起施行。《税收规范性文件制定管理办法》（国家税务总局令第20号公布）同时废止。

财政违法行为处罚处分条例

（中华人民共和国国务院令第427号，自2005年2月1日起施行）

第一条 为了纠正财政违法行为，维护国家财政经济秩序，制定本条例。

第二条 县级以上人民政府财政部门及审计机关在各自职权范围内，依法对财政违法行为作出处理、处罚决定。

省级以上人民政府财政部门的派出机构，应当在规定职权范围内，依法对财政违法行为作出处理、处罚决定；审计机关的派出机构，应当根据审计机关的授权，依法对财政违法行为作出处理、处罚决定。

根据需要，国务院可以依法调整财政部门及其派出机构（以下统称财政部门）、审计机关及其派出机构（以下统称审计机关）的职权范围。

有财政违法行为的单位，其直接负责的主管人员和其他直接责任人员，以及有财政违法行为的个人，属于国家公务员的，由监察机关及其派出机构（以下统称监察机关）或者任免机关依照人事管理权限，依法给予行政处分。

第三条 财政收入执收单位及其工作人员有下列违反国家财政收入管理规定的行为之一的，责令改正，补收应当收取的财政收入，限期退还违法所得。对单位给予警告或者通报批评。对直接负责的主管人员和其他直接责任人员给予警告、记过或者记大过处分；情节严重的，给予降级或者撤职处分：

（一）违反规定设立财政收入项目；

（二）违反规定擅自改变财政收入项目的范围、标准、对象和期限；

（三）对已明令取消、暂停执行或者降低标准的财政收入项目，仍然依照原定项目、标准征收或者变换名称征收；

（四）缓收、不收财政收入；

（五）擅自将预算收入转为预算外收入；

（六）其他违反国家财政收入管理规定的行为。

《中华人民共和国税收征收管理法》等法律、行政法规另有规定的，依照其规定给予行政处分。

第四条　财政收入执收单位及其工作人员有下列违反国家财政收入上缴规定的行为之一的，责令改正，调整有关会计账目，收缴应当上缴的财政收入，限期退还违法所得。对单位给予警告或者通报批评。对直接负责的主管人员和其他直接责任人员给予记大过处分；情节较重的，给予降级或者撤职处分；情节严重的，给予开除处分：

（一）隐瞒应当上缴的财政收入；

（二）滞留、截留、挪用应当上缴的财政收入；

（三）坐支应当上缴的财政收入；

（四）不依照规定的财政收入预算级次、预算科目入库；

（五）违反规定退付国库库款或者财政专户资金；

（六）其他违反国家财政收入上缴规定的行为。

《中华人民共和国税收征收管理法》《中华人民共和国预算法》等法律、行政法规另有规定的，依照其规定给予行政处分。

第五条　财政部门、国库机构及其工作人员有下列违反国家有关上解、下拨财政资金规定的行为之一的，责令改正，限期退还违法所得。对单位给予警告或者通报批评。对直接负责的主管人员和其他直接责任人员给予记过或者记大过处分；情节较重的，给予降级或者撤职处分；情节严重的，给予开除处分：

（一）延解、占压应当上解的财政收入；

（二）不依照预算或者用款计划核拨财政资金；

（三）违反规定收纳、划分、留解、退付国库库款或者财政专户资金；

（四）将应当纳入国库核算的财政收入放在财政专户核算；

（五）擅自动用国库库款或者财政专户资金；

（六）其他违反国家有关上解、下拨财政资金规定的行为。

第六条　国家机关及其工作人员有下列违反规定使用、骗取财政资金的行为之一的，责令改正，调整有关会计账目，追回有关财政资金，限期退还违法所得。对单位给予警告或者通报批评。对直接负责的主管人员和其他直接责任人员给予记大过处分；情节较重的，给予降级或者撤职处分；情节严重的，给予开除处分：

（一）以虚报、冒领等手段骗取财政资金；

（二）截留、挪用财政资金；

（三）滞留应当下拨的财政资金；

（四）违反规定扩大开支范围，提高开支标准；

（五）其他违反规定使用、骗取财政资金的行为。

第七条 财政预决算的编制部门和预算执行部门及其工作人员有下列违反国家有关预算管理规定的行为之一的，责令改正，追回有关款项，限期调整有关预算科目和预算级次。对单位给予警告或者通报批评。对直接负责的主管人员和其他直接责任人员给予警告、记过或者记大过处分；情节较重的，给予降级处分；情节严重的，给予撤职处分：

（一）虚增、虚减财政收入或者财政支出；

（二）违反规定编制、批复预算或者决算；

（三）违反规定调整预算；

（四）违反规定调整预算级次或者预算收支种类；

（五）违反规定动用预算预备费或者挪用预算周转金；

（六）违反国家关于转移支付管理规定的行为；

（七）其他违反国家有关预算管理规定的行为。

第八条 国家机关及其工作人员违反国有资产管理的规定，擅自占有、使用、处置国有资产的，责令改正，调整有关会计账目，限期退还违法所得和被侵占的国有资产。对单位给予警告或者通报批评。对直接负责的主管人员和其他直接责任人员给予记大过处分；情节较重的，给予降级或者撤职处分；情节严重的，给予开除处分。

第九条 单位和个人有下列违反国家有关投资建设项目规定的行为之一的，责令改正，调整有关会计账目，追回被截留、挪用、骗取的国家建设资金，没收违法所得，核减或者停止拨付工程投资。对单位给予警告或者通报批评，其直接负责的主管人员和其他直接责任人员属于国家公务员的，给予记大过处分；情节较重的，给予降级或者撤职处分；情节严重的，给予开除处分：

（一）截留、挪用国家建设资金；

（二）以虚报、冒领、关联交易等手段骗取国家建设资金；

（三）违反规定超概算投资；

（四）虚列投资完成额；

（五）其他违反国家投资建设项目有关规定的行为。

《中华人民共和国政府采购法》《中华人民共和国招标投标法》《国家重点建设项目管理办法》等法律、行政法规另有规定的，依照其规定处理、处罚。

第十条　国家机关及其工作人员违反《中华人民共和国担保法》及国家有关规定，擅自提供担保的，责令改正，没收违法所得。对单位给予警告或者通报批评。对直接负责的主管人员和其他直接责任人员给予警告、记过或者记大过处分；造成损失的，给予降级或者撤职处分；造成重大损失的，给予开除处分。

第十一条　国家机关及其工作人员违反国家有关账户管理规定，擅自在金融机构开立、使用账户的，责令改正，调整有关会计账目，追回有关财政资金，没收违法所得，依法撤销擅自开立的账户。对单位给予警告或者通报批评。对直接负责的主管人员和其他直接责任人员给予降级处分；情节严重的，给予撤职或者开除处分。

第十二条　国家机关及其工作人员有下列行为之一的，责令改正，调整有关会计账目，追回被挪用、骗取的有关资金，没收违法所得。对单位给予警告或者通报批评。对直接负责的主管人员和其他直接责任人员给予降级处分；情节较重的，给予撤职处分；情节严重的，给予开除处分：

（一）以虚报、冒领等手段骗取政府承贷或者担保的外国政府贷款、国际金融组织贷款；

（二）滞留政府承贷或者担保的外国政府贷款、国际金融组织贷款；

（三）截留、挪用政府承贷或者担保的外国政府贷款、国际金融组织贷款；

（四）其他违反规定使用、骗取政府承贷或者担保的外国政府贷款、国际金融组织贷款的行为。

第十三条　企业和个人有下列不缴或者少缴财政收入行为之一的，责令改正，调整有关会计账目，收缴应当上缴的财政收入，给予警告，没收违法所得，并处不缴或者少缴财政收入10%以上30%以下的罚款；对直接负责的主管人员和其他直接责任人员处3000元以上5万元以下的罚款：

（一）隐瞒应当上缴的财政收入；

（二）截留代收的财政收入；

（三）其他不缴或者少缴财政收入的行为。

属于税收方面的违法行为，依照有关税收法律、行政法规的规定处理、处罚。

第十四条 企业和个人有下列行为之一的，责令改正，调整有关会计账目，追回违反规定使用、骗取的有关资金，给予警告，没收违法所得，并处被骗取有关资金10%以上50%以下的罚款或者被违规使用有关资金10%以上30%以下的罚款；对直接负责的主管人员和其他直接责任人员处3000元以上5万元以下的罚款：

（一）以虚报、冒领等手段骗取财政资金以及政府承贷或者担保的外国政府贷款、国际金融组织贷款；

（二）挪用财政资金以及政府承贷或者担保的外国政府贷款、国际金融组织贷款；

（三）从无偿使用的财政资金以及政府承贷或者担保的外国政府贷款、国际金融组织贷款中非法获益；

（四）其他违反规定使用、骗取财政资金以及政府承贷或者担保的外国政府贷款、国际金融组织贷款的行为。

属于政府采购方面的违法行为，依照《中华人民共和国政府采购法》及有关法律、行政法规的规定处理、处罚。

第十五条 事业单位、社会团体、其他社会组织及其工作人员有财政违法行为的，依照本条例有关国家机关的规定执行；但其在经营活动中的财政违法行为，依照本条例第十三条、第十四条的规定执行。

第十六条 单位和个人有下列违反财政收入票据管理规定的行为之一的，销毁非法印制的票据，没收违法所得和作案工具。对单位处5000元以上10万元以下的罚款；对直接负责的主管人员和其他直接责任人员处3000元以上5万元以下的罚款。属于国家公务员的，还应当给予降级或者撤职处分；情节严重的，给予开除处分：

（一）违反规定印制财政收入票据；

（二）转借、串用、代开财政收入票据；

（三）伪造、变造、买卖、擅自销毁财政收入票据；

（四）伪造、使用伪造的财政收入票据监（印）制章；

（五）其他违反财政收入票据管理规定的行为。

属于税收收入票据管理方面的违法行为，依照有关税收法律、行政法规的规定处理、处罚。

第十七条 单位和个人违反财务管理的规定，私存私放财政资金或者其他公款的，责令改正，调整有关会计账目，追回私存私放的资金，没收违法所得。对单位处3000元以上5万元以下的罚款；对直接负责的主管人员和其他直接责任人员处2000元以上2万元以下的罚款。属于国家公务员的，还应当给予记大过处分；情节严重的，给予降级或者撤职处分。

第十八条 属于会计方面的违法行为，依照会计方面的法律、行政法规的规定处理、处罚。对其直接负责的主管人员和其他直接责任人员，属于国家公务员的，还应当给予警告、记过或者记大过处分；情节较重的，给予降级或者撤职处分；情节严重的，给予开除处分。

第十九条 属于行政性收费方面的违法行为，《中华人民共和国行政许可法》《违反行政事业性收费和罚没收入收支两条线管理规定行政处分暂行规定》等法律、行政法规及国务院另有规定的，有关部门依照其规定处理、处罚、处分。

第二十条 单位和个人有本条例规定的财政违法行为，构成犯罪的，依法追究刑事责任。

第二十一条 财政部门、审计机关、监察机关依法进行调查或者检查时，被调查、检查的单位和个人应当予以配合，如实反映情况，不得拒绝、阻挠、拖延。

违反前款规定的，责令限期改正。逾期不改正的，对属于国家公务员的直接负责的主管人员和其他直接责任人员，给予警告、记过或者记大过处分；情节严重的，给予降级或者撤职处分。

第二十二条 财政部门、审计机关、监察机关依法进行调查或者检查时，经县级以上人民政府财政部门、审计机关、监察机关的负责人批准，可以向与被调查、检查单位有经济业务往来的单位查询有关情况，可以向金融机构查询被调查、检查单位的存款，有关单位和金融机构应当配合。

财政部门、审计机关、监察机关在依法进行调查或者检查时，执法人员不得少于2人，并应当向当事人或者有关人员出示证件；查询存款时，还应当持有县级以上人民政府财政部门、审计机关、监察机关签发的查询存款通知书，并负有保密义务。

第二十三条 财政部门、审计机关、监察机关依法进行调查或者检查时，在有关证据可能灭失或者以后难以取得的情况下，经县级以上人民政府财政部门、审计机关、监察机关的负责人批准，可以先行登记保存，并应当在7日内及时作出处理决定。在此期间，当事人或者有关人员不得销毁或者转移证据。

第二十四条 对被调查、检查单位或者个人正在进行的财政违法行为，财政部门、审计机关应当责令停止。拒不执行的，财政部门可以暂停财政拨款或者停止拨付与财政违法行为直接有关的款项，已经拨付的，责令其暂停使用；审计机关可以通知财政部门或者其他有关主管部门暂停财政拨款或者停止拨付与财政违法行为直接有关的款项，已经拨付的，责令其暂停使用，财政部门和其他有关主管部门应当将结果书面告知审计机关。

第二十五条 依照本条例规定限期退还的违法所得，到期无法退还的，应当收缴国库。

第二十六条 单位和个人有本条例所列财政违法行为，财政部门、审计机关、监察机关可以公告其财政违法行为及处理、处罚、处分决定。

第二十七条 单位和个人有本条例所列财政违法行为，弄虚作假骗取荣誉称号及其他有关奖励的，应当撤销其荣誉称号并收回有关奖励。

第二十八条 财政部门、审计机关、监察机关的工作人员滥用职权、玩忽职守、徇私舞弊的，给予警告、记过或者记大过处分；情节较重的，给予降级或者撤职处分；情节严重的，给予开除处分。构成犯罪的，依法追究刑事责任。

第二十九条 财政部门、审计机关、监察机关及其他有关监督检查机关对有关单位或者个人依法进行调查、检查后，应当出具调查、检查结论。有关监督检查机关已经作出的调查、检查结论能够满足其他监督检查机关履行本机关职责需要的，其他监督检查机关应当加以利用。

第三十条 财政部门、审计机关、监察机关及其他有关机关应当加强配合，对不属于其职权范围的事项，应当依法移送。受移送机关应当及时处理，并将结果书面告知移送机关。

第三十一条　对财政违法行为作出处理、处罚和处分决定的程序，依照本条例和《中华人民共和国行政处罚法》《中华人民共和国行政监察法》等有关法律、行政法规的规定执行。

第三十二条　单位和个人对处理、处罚不服的，依照《中华人民共和国行政复议法》《中华人民共和国行政诉讼法》的规定申请复议或者提起诉讼。

国家公务员对行政处分不服的，依照《中华人民共和国行政监察法》《国家公务员暂行条例》等法律、行政法规的规定提出申诉。

第三十三条　本条例所称“财政收入执收单位”，是指负责收取税收收入和各种非税收入的单位。

第三十四条　对法律、法规授权的具有管理公共事务职能的组织以及国家行政机关依法委托的组织及其工勤人员以外的工作人员，企业、事业单位、社会团体中由国家行政机关以委任、派遣等形式任命的人员以及其他人员有本条例规定的财政违法行为，需要给予处分的，参照本条例有关规定执行。

第三十五条　本条例自2005年2月1日起施行。1987年6月16日国务院发布的《国务院关于违反财政法规处罚的暂行规定》同时废止。

财政部关于将国家重大水利工程建设基金等政府非税收入项目划转税务部门征收的通知

财税〔2018〕147号

国家税务总局：

为贯彻落实党中央、国务院关于非税收入征管职责划转的有关要求，平稳有序推进财政部驻地方财政监察专员办事处（以下简称专员办）征收的部分非税收入项目划转工作，现就有关事项通知如下：

一、自2019年1月1日起，将专员办负责征收的国家重大水利工程建设基金、农网还贷资金、可再生能源发展基金、中央水库移民扶持基金（含大中型水库移民后期扶持基金、三峡水库库区基金、跨省际大中型水库库区基金）、三峡电站水资源费、核电站乏燃料处理处置基金、免税商品特许经营费、油价调控风险准备金、核事故应急准备专项收入，以及国家留成油收入、石油特别收益金划转税务部门负责征收。以前年度应缴未缴的非税收入，由税务部门负责征缴入库。

二、国家重大水利工程建设基金、可再生能源发展基金、跨省际大中型水库库区基金、大中型水库移民后期扶持基金、三峡电站水资源费2018年度汇算清缴工作仍由专员办负责，以后年度汇算清缴工作由税务部门负责。

三、缴纳义务人或代征单位应当按照规定的期限和程序，向税务部门申报和缴纳相关非税收入。申报和缴纳期限最后一日是法定休假日的，以休假日期满的次日为最后一日，期限内有连续3日以上法定休假日的，按休假日天数顺延。

四、划转税务部门征收的非税收入项目，其征收范围、对象和标准，以及收入分成和使用政策仍按照现行规定执行。

五、税务部门应当按照非税收入国库集中收缴等有关规定，将非税收入缴入国库，并做好申报征收、会统核算、缴费检查、欠费追缴等工作。对应申报未申报、申报不实、不按规定缴纳等违规行为，要依法查处，并纳入社会信用体系。有关部门和单位应当配合税务部门做好非税收入征收工作。税务部门征收非税收入应当使用财政部统一监（印）制的非税收入票据，按照税务部门全国统一信息化方式规范管理。

六、税务总局应当与财政部系统互联互通，及时共享非税收入计征、缴库、财政票据等明细信息，并积极创造条件，尽快实现非税收入征缴明细信息实时共享。

七、税务部门征收非税收入，因税务部门误收、缴费人误缴以及汇算清缴需要退库的，由财政部授权税务部门办理退库事宜；因收入减免等政策性原因需要退库的，按照财政部有关退库管理规定办理。

八、本通知自公布之日起实施。

国家税务总局关于国家重大水利工程建设基金等政府非税收入项目征管职责划转有关事项的公告

国家税务总局公告2018年第63号

根据党中央、国务院关于政府非税收入（以下简称“非税收入”）征管职责划转的有关要求，国家重大水利工程建设基金等非税收入项目划转至税务部门征收。为确保非税收入征管职责划转及各项征管工作平稳有序运行，现将有关事项公告如下：

一、自2019年1月1日起，原由财政部驻地方财政监察专员办事处（以下简称“专员办”）负责征收的国家重大水利工程建设基金、农网还贷资金、可再生能源发展基金、中央水库移民扶持基金（含大中型水库移民后期扶持基金、三峡水库库区基金、跨省际大中型水库库区基金）、三峡电站水资源费、核电站乏燃料处理处置基金、免税商品特许经营费、油价调控风险准备金、核事故应急准备专项收入，以及国家留成油收入、石油特别收益金，划转至税务部门征收。征收范围、对象、标准及收入分成等仍按现行规定执行。

二、税务部门按照属地原则征收划转的非税收入，具体征收机关由国家税务总局各省、自治区、直辖市和计划单列市税务局按照“便民、高效”原则确定。三峡电站水资源费的中央分成和湖北省分成部分，由缴费人向湖北省税务部门申报缴纳；重庆市分成部分，由缴费人向重庆市税务部门申报缴纳。

三、国家重大水利工程建设基金、农网还贷资金、可再生能源发展基金、中央水库移民扶持基金（含大中型水库移民后期扶持基金、三峡水库库区基金、跨省际大中型水库库区基金）、三峡电站水资源费、核电站乏燃料处理处置基金、免税商品特许经营费、核事故应急准备专项收入和国家留成油收入等非税收入的申报，统一使用《非税收入通用申报表》（附件1），石油特别收益金使用《石油特别收益金申报表》（附件2），油价调控风险准备金使用《油价调控风险准备金申报表》（附件3）。

四、缴费人采用自行申报方式办理非税收入申报缴纳等有关事项。相关电网企业按照现行规定进行代征，并向税务部门申报缴纳。符合非税收入减免政策的，缴费人自行申报享受，相关资料由缴费人留存备查，并对资料的真实性和合法性承担责任。

五、各项非税收入缴纳期限按现行规定执行，期限最后一日是法定休假日的，以休假日期满的次日为最后一日，期限内有连续3日以上法定休假日的，按休假日天数顺延。

六、对于国家重大水利工程建设基金、可再生能源发展基金、跨省际大中型水库库区基金、大中型水库移民后期扶持基金、三峡电站水资源费2018年度的汇算清缴，缴费人向专员办申报办理。以后年度的汇算清缴，缴费人向税务部门申报办理。

七、涉及误收误缴、汇算清缴需要退库的，缴费人向主管税务机关申请办理。涉及收入减免等政策性原因需要退库的，按照财政部有关退库管理规定办理。

八、国家税务总局各省、自治区、直辖市和计划单列市税务局可根据本公告制定具体实施办法。

本公告自2019年1月1日起施行。

特此公告。

附件：1.非税收入通用申报表

2.石油特别收益金申报表

3.油价调控风险准备金申报表

财政部关于税务部门罚没收入等政府非税收入管理有关事项的通知

财税〔2018〕161号

国家税务总局，各省、自治区、直辖市、计划单列市财政厅（局），新疆生产建设兵团财政局：

为贯彻落实党和国家机构改革工作，明确改革后税务部门罚没收入等政府非税收入管理要求，现就有关事项通知如下：

一、税务部门在税收征缴过程中收取或产生的相关罚没收入、利息收入和违约金收入，全额上缴中央国库。

二、相关罚没收入，是指税务部门收取的各项罚没收入，不包括随各税种税款加收的滞纳金和罚款；利息收入，是指税务代保管资金账户中资金产生的利息收入；违约金收入，是指因税务部门委托代征人未履行代征义务，税务部门按《委托代征协议书》约定向代征人收取的违约金。

三、税务部门收取的上述罚没收入缴库时填列政府收支分类科目一般公共预算收入“税务部门罚没收入”（103050107目）科目；利息收入缴库时填列政府收支分类科目一般公共预算收入“其他利息收入”（103070599目）科目；违约金收入缴库时填列政府收支分类科目一般公共预算收入“其他收入”（1039999项）科目。

四、各部门应严格执行上述规定，确保相关政府非税收入及时、足额上缴中央国库。

五、本通知自2019年1月1日起施行。

财政部关于国家重大水利工程建设基金、水利建设基金划转税务部门征收的通知

财税〔2020〕9号

税务总局：

为贯彻落实党中央、国务院关于政府非税收入征管职责划转的有关要求，平稳有序推进国家重大水利工程建设基金、水利建设基金的划转工作，按照“便民、高效”原则，现就有关事项通知如下：

一、自2020年1月1日起，将地方政府及有关部门征收的国家重大水利工程建设基金，以及向企事业单位和个体经营者征收的水利建设基金，划转至税务部门征收。所属期为2019年度的上述基金收入，收缴及汇算清缴工作继续由原执收（监缴）单位负责。

二、上述基金划转至税务部门征收后，以前年度应缴未缴的基金收入，由税务部门负责征缴入库。

三、上述基金的征收范围、对象、标准、分成、使用和时限等政策继续按照现行规定执行。税务部门应按照国库集中收缴制度等有关规定，依法依规开展收入征管工作，确保基金收入及时足额缴库。

四、因误收、缴费人误缴以及汇算清缴需要退库的，由财政部门授权税务部门办理退库事宜；因收入减免等政策性原因需要退库的，按照财政部门有关退库管理规定办理。

五、税务总局要督促各地税务部门，会同财政等有关部门做好业务交接衔接和信息系统互联互通工作，确保在2020年底前基本实现信息实时共享。

国家税务总局关于水利建设基金等政府非税收入项目征管职责划转有关事项的公告

国家税务总局公告2020年第2号

根据国务院关于政府非税收入（以下简称“非税收入”）征管职责划转的有关要求，水利建设基金等非税收入项目划转至税务部门征收。为确保非税收入征管职责划转及各项征管工作平稳有序运行，现将有关事项公告如下：

一、自2020年起，地方政府及有关部门负责征收的国家重大水利工程建设基金，以及向企事业单位和个体经营者征收的水利建设基金，划转至税务部门征收。

二、所属期为2019年度的上述项目费款，收缴及汇算清缴工作继续由原执收（监缴）部门负责完成。所属期为2020年度的上述项目费款，自2020年2月1日起，由缴费人向税务部门申报缴纳。

三、税务部门按照属地原则征收上述项目，具体征收机关由国家税务总局各省、自治区、直辖市和计划单列市税务局按照“便民、高效”原则确定。

四、上述项目的征收范围、对象和标准，以及收入分成和使用等政策仍按照现行规定执行。

五、缴费人采用自行申报方式办理申报缴纳等有关事项。申报可以使用《非税收入通用申报表》（附件）。

六、符合非税收入减免政策的，缴费人自行申报享受，相关资料由缴费人留存备查，并对资料的真实性和合法性承担责任。

七、国家税务总局各省、自治区、直辖市和计划单列市税务局可根据本公告制定具体实施办法。

本公告自2020年2月1日起施行。

特此公告。

附件：非税收入通用申报表

财政部关于水土保持补偿费等四项非税收入划转税务部门征收的通知

财税〔2020〕58号

税务总局、水利部、生态环境部、国家人民防空办公室：

为贯彻落实党中央、国务院关于政府非税收入征管职责划转的有关要求，平稳有序推进水土保持补偿费等四项非税收入划转工作，现就有关事项通知如下：

一、自2021年1月1日起，将水土保持补偿费、地方水库移民扶持基金、排污权出让收入、防空地下室易地建设费划转至税务部门征收。征期在2021年度、所属期为2020年度的上述收入，收缴及汇算清缴工作继续由原执收（监缴）单位负责。

二、上述非税收入划转至税务部门征收后，以前年度应缴未缴的收入，由税务部门负责征缴入库。

三、上述非税收入的征收范围、对象、标准、分成、使用等政策继续按照现行规定执行。税务部门应积极履行征收职责，推动降低征缴成本。划转后，各级财政部门不安排代扣代缴、代收代缴和委托代征经费。

四、税务部门应按照国库集中收缴制度等有关规定，依法依规开展收入征管工作，确保非税收入及时足额入库。

五、各级税务部门要会同财政、生态环境、水利、人防等有关部门，按照“便民、高效”的原则，逐项确定职责划转后的经费划转方案和征缴流程，推动办事缴费“一门、一站、一次”办理，不断提高征管效率，优化缴费服务，切实增强缴费人获得感。

六、资金入库后需要退库的，按照财政部门有关退库管理规定办理。其中，因缴费人误缴、税务部门误收以及汇算清缴需要退库的，由财政部门授权税务部门审核退库，具体由缴费人直接向税务部门申请办理。

七、各地税务部门要会同财政、生态环境、水利、人防等有关部门做好业务交接衔接和信息系统互联互通工作，及时实现征管信息实时共享，并将计征、缴款等明细信息通过互联互通系统传递给财政等相关部门。同时，向财政部门报送征收情况，并附文字说明材料。

国家税务总局关于水土保持补偿费等政府非税收入项目征管职责划转有关事项的公告

国家税务总局公告2020年第21号

根据党中央、国务院关于政府非税收入（以下简称“非税收入”）征管职责划转的有关要求，水土保持补偿费等非税收入项目划转至税务部门征收。为确保非税收入征管职责划转及各项征管工作平稳有序运行，现将有关事项公告如下：

一、自2021年1月1日起，水土保持补偿费、地方水库移民扶持基金、排污权出让收入、防空地下室易地建设费划转至税务部门征收。征收范围、征收对象、征收标准等政策仍按现行规定执行。

二、税务部门按照属地原则征收上述非税收入项目，具体征收机关由国家税务总局各省、自治区、直辖市和计划单列市税务局按照“便民、高效”原则确定。

三、水土保持补偿费自2021年1月1日起，由缴费人向税务部门自行申报缴纳。按次缴纳的，应于项目开工前或建设活动开始前，缴纳水土保持补偿费。按期缴纳的，在期满之日起15日内申报缴纳水土保持补偿费。

四、地方水库移民扶持基金自2021年2月1日起，由缴费人按月向税务部门自行申报缴纳，申报缴纳期限按现行规定执行。

五、已征收排污权出让收入的地区自2021年1月1日起，由缴费人向税务部门自行申报缴纳。其他地区有关排污权出让收入的征管事项，待国务院相关部门确定深化排污权有偿使用和交易改革方案后，由税务总局另行明确。

六、防空地下室易地建设费自2021年1月1日起，由缴费人根据人防部门核定的收费金额向税务部门申报缴纳。

七、缴费人原则上使用《非税收入通用申报表》申报缴纳水土保持补偿费、地方水库移民扶持基金、排污权出让收入、防空地下室易地建设费。各地可与其他项目合并申报资料、简并申报流程。

八、各地税务部门要加强与生态环境、水利、人防等部门的合作，持续优化缴费流程、精简申报资料，推行“非接触式”缴费服务，拓展“实体、网上、掌上、自助”等多样化缴费渠道，切实方便缴费人缴费。

九、各地税务部门应会同财政、生态环境、水利、人防等部门做好业务衔接和信息互联互通，及时共享非税收入计征、缴款等信息。

十、国家税务总局各省、自治区、直辖市和计划单列市税务局可根据本公告制定具体实施办法。

本公告自2021年1月1日起施行。

特此公告。

财政部关于土地闲置费、城镇垃圾处理费划转税务部门征收的通知

财税〔2021〕8号

税务总局、自然资源部、住房城乡建设部：

为贯彻落实党中央、国务院关于政府非税收入征管职责划转的有关要求，平稳有序推进土地闲置费、城镇垃圾处理费划转工作，现就有关事项通知如下：

一、自2021年7月1日起，将自然资源部门负责征收的土地闲置费、住房城乡建设等部门负责征收的按行政事业性收费管理的城镇垃圾处理费划转至税务部门征收。征期在2021年7月1日以后（含）、所属期为2021年7月1日以前的上述收入，收缴及汇算清缴工作继续由原执收（监缴）单位负责。

二、缴纳义务人或代征单位应当按规定的期限和程序，向税务部门申报和缴纳土地闲置费、城镇垃圾处理费。其中，土地闲置费根据自然资源部门出具的《征缴土地闲置费决定书》申报缴纳，税务部门为缴纳义务人开具缴费凭证，受理后要实时与自然资源部门推送的信息进行比对，并负责通过涉税渠道及时追缴。

三、税务部门应按照国库集中收缴制度等有关规定，依法依规开展收入征管工作，确保非税收入及时足额入库。土地闲置费、城镇垃圾处理费划转税务部门征收以前欠缴的收入，由税务部门负责征缴入库。

四、各级税务部门要会同财政、自然资源、住房城乡建设等有关部门，按照“便民、高效”的原则，逐项确定职责划转后的征缴流程，不断提高征管效率，降低征管成本。涉及经费划转的，方案按程序报批。

五、税务部门征收土地闲置费、城镇垃圾处理费应当使用财政部统一监（印）制的非税收入票据，按照税务部门全国统一信息化方式规范管理。

六、资金入库后需要退库的，按照财政部门有关退库管理规定办理。其中，因缴费人误缴、税务部门误收以及汇算清缴需要退库的，由财政部门授权

税务部门审核退库，具体由缴费人直接向税务部门申请办理。

七、除本通知规定外，土地闲置费、城镇垃圾处理费的征收范围、对象、标准、分成、使用等政策继续按照现行规定执行。

八、各级税务部门要会同财政、自然资源、住房城乡建设等有关部门做好业务交接衔接和信息系统互联互通工作，按期实现征管信息实时共享，并将计征、缴款等明细信息通过互联互通系统传递给财政、自然资源、住房城乡建设等相关部门。同时，向财政部门报送征收情况，并附文字说明材料。

国家税务总局 财政部 自然资源部 住房和城乡建设部 中国人民银行关于土地闲置费城镇垃圾处理费划转有关征管事项的公告

国家税务总局 财政部 自然资源部 住房和城乡建设部
中国人民银行公告2021年第12号

为贯彻落实党中央、国务院关于政府非税收入征管职责划转有关部署要求，以及中办、国办印发的《关于进一步深化税收征管改革的意见》，根据《财政部关于土地闲置费　城镇垃圾处理费划转税务部门征收的通知》（财税〔2021〕8号），自2021年7月1日起，自然资源部门负责征收的土地闲置费、住房和城乡建设等部门负责征收的按行政事业性收费管理的城镇垃圾处理费（以下简称城镇垃圾处理费）划转至税务部门征收。现就划转有关征管事项公告如下：

一、土地闲置费由自然资源部门向缴纳义务人（土地使用权人）出具《征缴土地闲置费决定书》等文书，并向税务部门推送《征缴土地闲置费决定书》等费源信息。缴纳义务人依据《征缴土地闲置费决定书》向税务部门申报缴纳，税务部门开具缴费凭证。土地闲置费申报期限按现行规定执行，未按时缴纳的，由税务部门出具催缴通知，并通过涉税渠道及时追缴。

二、城镇垃圾处理费由缴纳义务人或代征单位自行向税务部门申报缴纳，申报期限和程序按现行规定执行。未按时缴纳的，由税务部门出具催缴通知，并通过涉税渠道及时追缴。

三、税务、财政、自然资源、住房和城乡建设、人民银行等部门应加强协同配合，通过信息共享和规范表证单书，实时推送费源信息、征收信息，及时开展征管信息比对，确保非税收入及时足额入库。

四、划转税务部门征收以前欠缴的土地闲置费、城镇垃圾处理费，由税务部门负责征缴入库。原执收（监缴）单位和税务部门要加强部门协同，做好征管资料交接、欠费金额确认等工作，确保征收工作有效衔接、欠缴费款及时入库。缴纳义务人或代征单位拒不缴纳的，按现行有关规定执行。

五、资金入库后需要办理退库的，应当按照财政部门有关退库管理规定办理。其中，因缴费人误缴、税务部门误收以及汇算清缴需要退库的，由财政部门授权税务部门审核退库，具体由缴费人直接向税务部门申请办理。人民银行国库管理部门按规定办理退付手续。

六、税务部门按照属地原则征收上述项目，具体征收机关由国家税务总局各省、自治区、直辖市和计划单列市税务局按照“便民、高效”原则确定。

七、缴纳义务人或代征单位原则上使用《非税收入通用申报表》申报缴纳土地闲置费、城镇垃圾处理费。各地可与其他项目合并申报资料、简并申报流程。

八、税务、财政、自然资源、住房和城乡建设、人民银行等部门要积极推进办事缴费“一门、一站、一次”办理，不断提高征管效率，降低征管成本。持续优化缴费流程、精简申报资料，推行“非接触式”缴费服务，拓展“实体、网上、掌上、自助”等多样化缴费渠道，切实方便缴费人缴费。

九、省级税务、财政、自然资源、住房和城乡建设、人民银行等部门，可依据本公告制定具体实施办法。

十、各级税务、财政、自然资源、住房和城乡建设、人民银行等部门要把思想统一到党中央、国务院决策部署上来，切实提高政治站位，强化部门协作配合，形成非税收入征管职责划转协同共治合力。各地在征管职责划转工作中遇到的重大问题，应当及时向同级政府和上级主管部门报告，确保征管职责划转工作平稳有序落实。

本公告自2021年7月1日起施行。

特此公告。

关于将国有土地使用权出让收入、矿产资源专项收入、海域使用金、无居民海岛使用金四项政府非税收入划转税务部门征收有关问题的通知

财综〔2021〕19号

各省、自治区、直辖市、计划单列市财政厅（局）、自然资源厅（局），新疆生产建设兵团财政局、自然资源局，国家税务总局各省、自治区、直辖市、计划单列市税务局，中国人民银行上海总部，各分行、营业管理部，各省会（首府）城市中心支行，各副省级城市中心支行：

为贯彻落实党中央、国务院关于政府非税收入征管职责划转税务部门的有关部署和要求，决定将国有土地使用权出让收入、矿产资源专项收入、海域使用金、无居民海岛使用金四项政府非税收入统一划转税务部门征收。现就平稳有序推进划转工作有关事项通知如下：

一、将由自然资源部门负责征收的国有土地使用权出让收入、矿产资源专项收入、海域使用金、无居民海岛使用金四项政府非税收入（以下简称四项政府非税收入），全部划转给税务部门负责征收。自然资源部（本级）按照规定负责征收的矿产资源专项收入、海域使用金、无居民海岛使用金，同步划转税务部门征收。

二、先试点后推开。自2021年7月1日起，选择在河北、内蒙古、上海、浙江、安徽、青岛、云南省（自治区、直辖市、计划单列市）以省（区、市）为单位开展征管职责划转试点，探索完善征缴流程、职责分工等，为全面推开划转工作积累经验。暂未开展征管划转试点地区要积极做好四项政府非税收入征收划转准备工作，自2022年1月1日起全面实施征管划转工作。

三、四项政府非税收入划转给税务部门征收后，以前年度和今后形成的应缴未缴收入以及按规定分期缴纳的收入，由税务部门负责征缴入库，有关部门应当配合做好相关信息传递和材料交接工作。税务部门应当按照国库集中收缴制度等规定，依法依规开展收入征管工作，确保非税收入及时足额缴入国

库。已缴入财政非税专户，但尚未划缴国库的有关资金，由财政部门按非税收入收缴管理制度规定缴入国库。

四、税务部门按照属地原则征收四项政府非税收入。具体征收机关由国家税务总局有关省（自治区、直辖市、计划单列市）税务局按照“便民、高效”原则确定。原由自然资源部（本级）负责征收的矿产资源专项收入、海域使用金、无居民海岛使用金等非税收入，征管职责划转后的具体工作由国家税务总局北京市税务局承担。

五、税务部门应当商财政、自然资源、人民银行等部门逐项确定职责划转后的征缴流程，实现办事缴费“一门、一站、一次”办理，不断提高征管效率，降低征管成本。具体征缴流程可参照本通知附件流程图并结合当地实际研究确定。涉及经费划转的，方案按程序报批。

六、税务部门征收四项政府非税收入应当使用财政部统一监（印）制的非税收入票据，按照税务部门全国统一信息化方式规范管理。

七、资金入库后需要办理退库的，应当按照财政部门有关退库管理规定办理。其中，因缴费人误缴、税务部门误收需要退库的，由缴费人向税务部门申请办理，税务部门经严格审核并商有关财政、自然资源部门复核同意后，按规定办理退付手续；其他情形需要退库的，由缴费人向财政部门和自然资源部门申请办理。人民银行国库管理部门按规定办理退付手续。

八、除本通知规定外，四项政府非税收入的征收范围、对象、标准、减免、分成、使用、管理等政策，继续按照现行规定执行。

九、自然资源部门与使用权人签订出让、划拨等合同后，应当及时向税务部门和财政部门传递相关信息，确保征管信息实时共享。税务部门应会同财政、自然资源、人民银行等部门做好业务衔接和信息互联互通工作，并将计征、缴款等明细信息通过互联互通系统传递给财政、自然资源、人民银行等相关部门，确保征管信息实时共享，账目清晰无误。同时，向财政部门报送征收情况，并附文字说明材料。

各级财政、自然资源、税务、人民银行等部门要把思想认识统一到中央决策部署上来，切实提高政治站位，强化部门协作配合，形成非税收入征管职责划转协同共治合力。各地在征管职责划转试点工作中若遇到重大问题，应当及时向税务总局报告，税务总局应当会同财政部、自然资源部、人民银行等有关部门根据试点情况，研究完善具体征缴流程，指导各地做好划转工作；涉及地方跨部门协调难点问题，应当及时向同级政府报告，请地方政府及时协调解决和处理，确保划转工作顺利进行。

附件：国有土地使用权出让收入等四项政府非税收入征缴流程

财政部　自然资源部　税务总局　人民银行

2021年5月21日

财政部关于将森林植被恢复费、草原植被恢复费划转税务部门征收的通知

财税〔2022〕50号

税务总局、林草局：

为贯彻落实党中央、国务院关于政府非税收入征管职责划转的有关要求，平稳有序推进森林植被恢复费、草原植被恢复费划转工作，现就有关事项通知如下：

一、自2023年1月1日起，将森林植被恢复费、草原植被恢复费划转至税务部门征收。2023年1月1日以前审核（批准）的相关用地申请、应于2023年1月1日（含）以后缴纳的上述收入，收缴工作继续由原执收（监缴）单位负责。划转以前和以后年度形成的欠缴收入由税务部门负责征缴入库。

二、缴纳义务人应当依据林草部门核定的费额，按照规定的期限和程序，向税务部门申报和缴纳森林植被恢复费、草原植被恢复费。

三、税务部门按照属地原则征收森林植被恢复费、草原植被恢复费，并会同林草部门逐项确定职责划转后的征缴流程，按照国库集中收缴制度等有关规定，依法依规开展收入征管工作，确保收入及时足额缴库。

四、税务部门征收森林植被恢复费、草原植被恢复费应当使用财政部统一监（印）制的非税收入票据，按照税务部门全国统一信息化方式规范管理。

五、森林植被恢复费、草原植被恢复费入库后需要办理退库的，由缴费人向税务部门申请办理，税务部门经严格审核并商有关财政、林草部门复核同意后，按照财政部门有关退库管理规定办理退付手续。

六、除本通知规定外，森林植被恢复费、草原植被恢复费的征收范围、对象、标准、分成、减免等政策继续按照现行规定执行。

七、各级税务部门要会同财政、林草部门做好业务交接衔接和信息系统互联互通工作，及时实现征管信息实时共享，并将计征、缴款等明细信息通过

互联互通系统传递给财政、林草部门。同时，向财政部门报送征收情况，并附文字说明材料。

财政部

2022年12月13日

财政部　自然资源部　税务总局关于印发《矿业权出让收益征收办法》的通知

财综〔2023〕10号

各省、自治区、直辖市、计划单列市财政厅（局）、自然资源厅（局），新疆生产建设兵团财政局、自然资源局，国家税务总局各省、自治区、直辖市、计划单列市税务局：

根据《国务院关于印发矿产资源权益金制度改革方案的通知》（国发〔2017〕29号），为进一步健全矿产资源有偿使用制度，规范矿业权出让收益征收管理，维护矿产资源国家所有者权益，促进矿产资源保护与合理利用，推动相关行业健康有序发展，财政部、自然资源部、税务总局制定了《矿业权出让收益征收办法》，请遵照执行。

该办法自2023年5月1日起施行，《矿业权出让收益征收管理暂行办法》（财综〔2017〕35号）、《财政部　自然资源部关于进一步明确矿业权出让收益征收管理有关问题的通知》（财综〔2019〕11号）同时废止。

附件：矿业权出让收益征收办法

财政部　自然资源部　税务总局

2023年3月24日

附 件

矿业权出让收益征收办法

第一章 总 则

第一条 为健全矿产资源有偿使用制度，规范矿业权出让收益征收管理，维护矿产资源国家所有者权益，促进矿产资源保护与合理利用，根据《中华人民共和国矿产资源法》、《国务院关于印发矿产资源权益金制度改革方案的通知》（国发〔2017〕29号）等有关规定，制定本办法。

第二条 矿业权出让收益是国家基于自然资源所有权，依法向矿业权人收取的国有资源有偿使用收入。矿业权出让收益包括探矿权出让收益和采矿权出让收益。

第三条 在中华人民共和国领域及管辖海域勘查、开采矿产资源的矿业权人，应依照本办法缴纳矿业权出让收益。

第四条 矿业权出让收益为中央和地方共享收入，由中央和地方按照4∶6的比例分成，纳入一般公共预算管理。

地方管理海域的矿业权出让收益，由中央和地方按照4∶6的比例分成；其他我国管辖海域的矿业权出让收益，全部缴入中央国库。

地方分成的矿业权出让收益在省（自治区、直辖市）、市、县级之间的分配比例，由省级人民政府确定。

第五条 财政部门、自然资源主管部门、税务部门按职责分工负责矿业权出让收益的征收管理，监缴由财政部各地监管局负责。

第六条 矿业权出让收益原则上按照矿业权属地征收。矿业权范围跨市、县级行政区域的，具体征收机关由有关省（自治区、直辖市、计划单列市）税务部门会同同级财政、自然资源主管部门确定；跨省级行政区域，以及同时跨省级行政区域与其他我国管辖海域的，具体征收机关由税务总局会同财政部、自然资源部确定。

陆域油气矿业权、海域油气矿业权范围跨省级行政区域的，由各省（自治区、直辖市、计划单列市）税务部门按照财政部门、自然资源主管部门确定的钻井所在地、钻井平台所在海域确定具体征收机关。海域油气矿业权范围同时跨省级行政区域与其他我国管辖海域的，其中按成交价征收的部分，按照海域管辖权确定具体征收机关，并按所占的海域面积比例分别计征；按出让收益率形式征收的部分，依据钻井平台所在海域确定具体征收机关。

第二章　出让收益征收方式

第七条　矿业权出让方式包括竞争出让和协议出让。

矿业权出让收益征收方式包括按矿业权出让收益率形式征收或按出让金额形式征收。

第八条　按矿业权出让收益率形式征收矿业权出让收益的具体规定：

（一）适用范围。按矿业权出让收益率形式征收矿业权出让收益的矿种，具体范围为本办法所附《按矿业权出让收益率形式征收矿业权出让收益的矿种目录（试行）》（以下简称《矿种目录》）。《矿种目录》的调整，由自然资源部商财政部确定后公布。

（二）征收方式。按竞争方式出让探矿权、采矿权的，在出让时征收竞争确定的成交价；在矿山开采时，按合同约定的矿业权出让收益率逐年征收采矿权出让收益。矿业权出让收益率依据矿业权出让时《矿种目录》规定的标准确定。按协议方式出让探矿权、采矿权的，成交价按起始价确定，在出让时征收；在矿山开采时，按矿产品销售时的矿业权出让收益率逐年征收采矿权出让收益。

矿业权出让收益=探矿权（采矿权）成交价+逐年征收的采矿权出让收益。其中，逐年征收的采矿权出让收益=年度矿产品销售收入×矿业权出让收益率。

第九条　矿产品销售收入，按照矿业权人销售矿产品向购买方收取的全部收入确定，不包括增值税税款。销售收入的具体规定，由自然资源部商财政部、税务总局另行明确。

第十条　起始价主要依据矿业权面积，综合考虑成矿条件、勘查程度、矿业权市场变化等因素确定。起始价指导意见由自然资源部商财政部制定。起始价征收标准由省级自然资源主管部门、财政部门参照国家的指导意见制定，报省级人民政府同意后公布执行。

矿业权出让收益率征收标准综合考虑经济社会发展水平、矿产品价格变化等因素确定。具体标准由自然资源部商财政部制定，纳入《矿种目录》。

第十一条　按出让金额形式征收矿业权出让收益的具体规定：

（一）适用范围。除本办法《矿种目录》所列矿种外，其余矿种按出让金额形式征收矿业权出让收益。

（二）征收方式。按竞争方式出让探矿权、采矿权的，矿业权出让收益按竞争结果确定。按协议方式出让探矿权、采矿权的，矿业权出让收益按照评估值、矿业权出让收益市场基准价测算值就高确定。

（三）探矿权转为采矿权的，继续缴纳原探矿权出让收益，并在采矿权出让合同中约定剩余探矿权出让收益的缴纳时间和期限，不再另行缴纳采矿权出让收益。探矿权未转为采矿权的，剩余探矿权出让收益不再缴纳。

第十二条　按出让金额形式征收的矿业权出让收益，可按照以下原则分期缴纳：

出让探矿权的，探矿权出让收益首次征收比例不得低于探矿权出让收益的10%且不高于20%，探矿权人自愿一次性缴清的除外；剩余部分转采后在采矿许可证有效期内按年度分期缴清。其中，矿山生产规模为中型及以上的，均摊征收年限不少于采矿许可证有效期的一半。

出让采矿权的，采矿权出让收益首次征收比例不得低于采矿权出让收益的10%且不高于20%，采矿权人自愿一次性缴清的除外；剩余部分在采矿许可证有效期内按年度分期缴清。其中，矿山生产规模为中型及以上的，均摊征收年限不少于采矿许可证有效期的一半。

具体首次征收比例和分期征收年限，由省级财政部门商自然资源主管部门按照上述原则制定。

第十三条　矿业权出让收益市场基准价既要注重维护矿产资源国家所有者权益，又要体现市场配置资源的决定性作用。省级自然资源主管部门应在梳理以往基准价制定情况的基础上，根据本地区矿业权出让实际选择矿种，以矿业权出让成交价格等有关统计数据为基础，以现行技术经济水平下的预期收益为调整依据，以其他矿业权市场交易资料为参考补充，按照矿业权出让收益评估指南要求，选择恰当的评估方法进行模拟评估，考虑地质勘查工作程度、区域成矿地质条件以及资源品级、矿产品价格、开采技术条件、交通运输条件、地区差异等影响因素，科学设计调整系数，综合形成矿业权出让收益市场基准价，经省级人民政府同意后公布执行，并将结果报自然资源部备案。矿业权出让收益市场基准价应结合矿业市场发展形势适时调整，原则上每三年更新一次。

自然资源部应加强对省（自治区、直辖市）矿业权出让收益市场基准价制定情况的检查指导。

第十四条 调整矿业权出让收益评估参数，评估期限要与采矿权登记发证年限、矿山开发利用实际有效衔接且最长不超过三十年。采矿权人拟动用评估范围外的资源储量时，应按规定进行处置。

第十五条 已设且进行过有偿处置的采矿权，涉及动用采矿权范围内未有偿处置的资源储量时，比照协议出让方式，按以下原则征收采矿权出让收益：

《矿种目录》所列矿种，按矿产品销售时的矿业权出让收益率逐年征收采矿权出让收益。

《矿种目录》外的矿种，按出让金额形式征收采矿权出让收益。

第十六条 探矿权变更勘查主矿种时，原登记矿种均不存在的，原合同约定的矿业权出让收益不需继续缴纳，按采矿权新立时确定的矿种征收采矿权出让收益。其他情形，应按合同约定继续缴纳矿业权出让收益，涉及增加的矿种，在采矿权新立时征收采矿权出让收益。

采矿权变更开采主矿种时，应按合同约定继续缴纳矿业权出让收益，并对新增矿种直接征收采矿权出让收益。

其中，变更后的矿种在《矿种目录》中的，比照第八条中规定的协议出让方式，按矿产品销售时的矿业权出让收益率逐年征收采矿权出让收益；变更后的矿种在《矿种目录》外的，比照第十一条中规定的协议出让方式，按出让金额形式征收采矿权出让收益。

第十七条 石油、天然气、页岩气和煤层气若有相互增列矿种的情形，销售收入合并计算并按主矿种的矿业权出让收益率征收。

第十八条 矿业权转让时，未缴纳的矿业权出让收益及涉及的相关费用，缴纳义务由受让人承担。

第十九条 对发现油气资源并开始开采、产生收入的油气探矿权人，应按本办法第八条规定逐年征收矿业权出让收益。

第二十条 对国家鼓励实行综合开发利用的矿产资源，可结合矿产资源综合利用情况减缴矿业权出让收益。

第二十一条 采矿权人开采完毕注销采矿许可证前，应当缴清采矿权出让收益。因国家政策调整、重大自然灾害等原因注销采矿许可证的，按出让金额形式征收的矿业权出让收益根据采矿权实际动用的资源储量进行核定，实行多退少补。

第二十二条 对于法律法规或国务院规定明确要求支持的承担特殊职能的非营利性矿山企业，缴纳矿业权出让收益确有困难的，经财政部、自然资源部批准，可在一定期限内缓缴应缴矿业权出让收益。

第三章 缴款及退库

第二十三条 自然资源主管部门与矿业权人签订合同后，以及发生合同、权证内容变更等影响矿业权出让收益征收的情形时，及时向税务部门推送合同等费源信息。税务部门征收矿业权出让收益后，及时向自然资源主管部门回传征收信息。费源信息、征收信息推送内容和要求，按照《财政部 自然资源部 税务总局 人民银行关于将国有土地使用权出让收入、矿产资源专项收入、海域使用金、无居民海岛使用金四项政府非税收入划转税务部门征收有关问题的通知》（财综〔2021〕19号）的规定执行。

第二十四条 按出让金额形式征收的矿业权出让收益，税务部门依据自然资源部门推送的合同等费源信息开具缴款通知书，通知矿业权人及时缴款。矿业权人在收到缴款通知书之日起30日内，按缴款通知及时缴纳矿业权出让收益。分期缴纳矿业权出让收益的矿业权人，首期出让收益按缴款通知书缴纳，剩余部分按矿业权合同约定的时间缴纳。

按矿业权出让收益率形式征收的矿业权出让收益，成交价部分以合同约定及时通知矿业权人缴款，矿业权人在收到缴款通知书之日起30日内，按缴款通知及时缴纳矿业权出让收益（成交价部分）。按矿业权出让收益率逐年缴纳的部分，由矿业权人向税务部门据实申报缴纳上一年度采矿权出让收益，缴款时间最迟不晚于次年2月底。

第二十五条 矿业权出让收益缴入“矿业权出让收益”（103071404目）科目。

第二十六条 已上缴中央和地方财政的矿业权出让收益、矿业权价款，因误缴、误收、政策性关闭、重大自然灾害以及非矿业权人自身原因需要办理退库的，从“矿业权出让收益”（103071404目）科目下，按入库时中央与地方分成比例进行退库。

因缴费人误缴、税务部门误收需要退库的，由缴费人向税务部门申请办理，税务部门经严格审核并商有关财政部门、自然资源主管部门复核同意后，按规定办理退付手续；

其他情形需要退库的，由缴费人向财政部门和自然资源主管部门申请办理。有关财政部门、自然资源主管部门应按照预算管理级次和权限逐级报批。涉及中央分成部分退库的，应由省级财政部门、自然资源主管部门向财政部当地监管局提出申请。

中央分成的矿业权出让收益、矿业权价款退还工作由财政部各地监管局负责。监管局应当在收到省级财政部门、自然资源主管部门矿业权出让收益（价款）退还申请及相关材料之日起30个工作日内，完成审核工作，向省级财政部门、自然资源主管部门出具审核意见，按《财政部驻各地财政监察专员办事处开展财政国库业务监管工作规程》（财库〔2016〕47号）等有关规定程序办理就地退库手续，并报财政部、自然资源部备案。地方分成部分退还工作由省级财政部门、自然资源主管部门负责，具体办法由省级财政部门、自然资源主管部门确定。

第二十七条 财政部门、自然资源主管部门、税务部门要按照《财政部 自然资源部 税务总局 人民银行关于将国有土地使用权出让收入、矿产资源专项收入、海域使用金、无居民海岛使用金四项政府非税收入划转税务部门征收有关问题的通知》（财综〔2021〕19号）和《财政部 税务总局关于印发〈省级财税部门系统互联互通和信息共享方案（非税收入）〉的通知》（财库〔2021〕11号）等规定及时共享缴款信息。

第四章　新旧政策衔接

第二十八条　本办法实施前已签订的合同或分期缴款批复不再调整，矿业权人继续缴纳剩余部分，有关资金缴入矿业权出让收益科目，并统一按规定分成比例分成。

《矿业权出让收益征收管理暂行办法》（财综〔2017〕35号）印发前分期缴纳矿业权价款需承担资金占用费的，应当继续按规定缴纳。资金占用费利率可参考人民银行发布的上一期新发放贷款加权平均利率计算。资金占用费缴入矿业权出让收益科目，并统一按规定分成比例分成。

第二十九条　以申请在先方式取得，未进行有偿处置且不涉及国家出资探明矿产地的探矿权、采矿权，比照协议出让方式，按照以下原则征收采矿权出让收益：

（一）《矿种目录》所列矿种，探矿权尚未转为采矿权的，应在转为采矿权后，按矿产品销售时的矿业权出让收益率逐年征收采矿权出让收益。

（二）《矿种目录》所列矿种，已转为采矿权的，按矿产品销售时的矿业权出让收益率逐年征收采矿权出让收益。

自2017年7月1日至2023年4月30日未缴纳的矿业权出让收益，按本办法规定的矿业权出让收益率征收标准及未缴纳期间的销售收入计算应缴矿业权出让收益，可一次性或平均分六年征收。相关自然资源主管部门应清理确认矿业权人欠缴矿业权出让收益情况，一次性推送同级财政部门、税务部门。相关税务部门据此及时通知矿业权人缴纳欠缴款项直至全部缴清，并及时向相关财政部门、自然资源主管部门反馈收缴信息。

自2023年5月1日后应缴的矿业权出让收益，按矿产品销售时的矿业权出让收益率逐年征收。

（三）《矿种目录》所列矿种外，探矿权尚未转为采矿权的，应在采矿权新立时，按出让金额形式征收采矿权出让收益。

（四）《矿种目录》所列矿种外，已转为采矿权的，以2017年7月1日为剩余资源储量估算基准日，按出让金额形式征收采矿权出让收益。

第三十条　对于无偿占有属于国家出资探明矿产地的探矿权和无偿取得的采矿权，自2006年9月30日以来欠缴的矿业权出让收益（价款），比照协议出让方式，按以下原则征收采矿权出让收益：

（一）《矿种目录》所列矿种，探矿权尚未转为采矿权的，在转采时按矿产品销售时的出让收益率征收采矿权出让收益。

（二）《矿种目录》所列矿种，已转为采矿权的，通过评估后，按出让金额形式征收自2006年9月30日（地方已有规定的从其规定）至本办法实施之日已动用资源储量的采矿权出让收益，并可参照第十二条的规定在采矿许可证剩余有效期内进行分期缴纳；之后的剩余资源储量，按矿产品销售时的出让收益率征收采矿权出让收益。

（三）《矿种目录》所列矿种外，探矿权尚未转为采矿权的，应在采矿权新立时，按出让金额形式征收采矿权出让收益。

（四）《矿种目录》所列矿种外，已转为采矿权的，以2006年9月30日为剩余资源储量估算基准日（地方已有规定的从其规定），按出让金额形式征收采矿权出让收益。

第三十一条 经财政部门和原国土资源主管部门批准，已将探矿权、采矿权价款转增国家资本金（国家基金），或以折股形式缴纳的，不再补缴探矿权、采矿权出让收益。

第五章 监 管

第三十二条 各级财政部门、自然资源主管部门和税务部门应当切实加强矿业权出让收益征收监督管理，按照职能分工，将相关信息纳入矿业权人勘查开采信息公示系统，适时检查矿业权出让收益征收情况。

第三十三条 矿业权人未按时足额缴纳矿业权出让收益的，从滞纳之日起每日加收千分之二的滞纳金，加收的滞纳金不超过欠缴金额本金。矿业权出让收益滞纳金缴入矿业权出让收益科目，并统一按规定分成比例分成。

第三十四条 各级财政部门、自然资源主管部门、税务部门及其工作人员，在矿业权出让收益征收工作中，存在滥用职权、玩忽职守、徇私舞弊等违法违规行为的，依法追究相应责任。

第三十五条 相关中介、服务机构和企业未如实提供相关信息，造成矿业权人少缴矿业权出让收益的，由县级以上自然资源主管部门会同有关部门将其行为记入企业不良信息；构成犯罪的，依法追究刑事责任。

第六章　附　则

第三十六条　省（自治区、直辖市）财政部门、自然资源主管部门、税务部门应当根据本办法细化本地区矿业权出让收益征收管理制度。

第三十七条　本办法自2023年5月1日起施行。《矿业权出让收益征收管理暂行办法》（财综〔2017〕35号）、《财政部 自然资源部关于进一步明确矿业权出让收益征收管理有关问题的通知》（财综〔2019〕11号）同时废止。

附：按矿业权出让收益率形式征收矿业权出让收益的矿种目录（试行）